die Grüne Grenze

de Groene Grens

Jeder hält die Grenzen seines eigenen Horizonts

für die Grenzen der Welt.

A. Schopenhauer

die Grüne Grenze

Ein Streifzug durch die deutsch-niederländische Grenzregion

de Groene Grens

Han Derckx und Hans Hendrickx

übersetzt von Paul Michels
mitübersetzt von Wiltrud Schnütgen

herausgegeben anläßlich der gleichnamigen internationalen Ausstellung des

Naturmuseums Nijmegen

BOSS-VERLAG

Photographien	Benno Neeleman, Nijmegen, mit Ausnahme von S. 66 und S. 181 Hans Hendrickx
Umschlagzeichnung	Anja Rheiter
Layout	Dispar, Hoogezand
Lithographie Karten	Junior Montage, Winschoten
Lithographie Umschlag	Peach, Groningen
Satz, Druck und buchbinderische Verarbeitung	Boss-Druck, Kleve

Übersetzung des gleichnamigen niederländischen Buches, 1992 hrsg. v. Stubeg-Verlag, Hoogezand/NL

Die Deutsche Bibliothek – CIP-Einheitsaufnahme

Die **Grüne Grenze:** ein Streifzug durch die deutsch-niederländische Grenzregion =
De groene grens / hrsg. anläßlich der gleichnamigen internationalen Ausstellung
des Naturmuseums Nijmegen. Han Derckx und Hans Hendrickx.
Übers. von Paul Michels mitübers. von Wiltrud Schnütgen. –
Kleve: Boss, 1993
Orig.-Ausg. u. d. T.: De groene grens
ISBN 3-89413-400-3
NE: Derckx, Han; Natuurmuseum ⟨Nijmegen⟩; PT

Postfach 1150, 47511 Kleve

ISBN 3-89413-400-3
Printed in Germany

Vorwort

Wir könnten doch laufen, sagten wir mal im Spaß, vom Dreiländereck bei Vaals und Aachen bis zum Dollart, an Bunde und Nieuweschans vorbei; von Grenzstein zu Grenzstein und das über eine Entfernung von 584 Kilometern.

Die deutsch-niederländische Grenze war uns vertraut, denn wir sind beide an der Grenze aufgewachsen, jedoch wußten wir wenig über die Grenzregion. Wie so viele Menschen lebten auch wir mit dem Rücken zur Grenze. Schritt für Schritt wuchs unser Interesse an der Natur und der Landschaft dieser Region, die ihren besonderen Charakter ab 1993 verlieren wird.

Im Schatten der deutsch-niederländischen Grenze hat die Natur hier und da eine Nische gefunden oder sich von alters her behaupten können. Gleichzeitig zeigt die Landschaft in der niederländisch-deutschen Grenzregion über die Grenze hinweg auffällige Unterschiede. Die Menschen haben ihre Umgebung durch die Jahrhunderte verschieden gestaltet und sie gehen jeweils auf ihre eigene Art damit um: Der Deutsche hegt seine Wälder so, wie der Niederländer sein Wasser liebt.

Mit „Europa 1993" werden Sackgassen geöffnet und gehen stille Winkel verloren. Durch den eisigen Wind der Wirtschaft droht die Grenzregion eine Gegend wie jede andere zu werden.

Die Grüne Grenze/de Groene Grens verschwindet. Nur durch grenzüberschreitendes Interesse und Zusammenarbeit kann die Natur der Grenzregion erhalten bleiben und die Grenzlandschaft an Wert gewinnen. Dieses Buch möchte einen kleinen Beitrag dazu leisten.

Legende

Maßstab der Karten in diesem Buch: 1:50 000. Ein Kilometer in der Landschaft entspricht zwei Zentimetern auf der Karte. Copyright für die Karten: Topografische Dienst, NL/Emmen

bebautes Gebiet	*built-up area*
a Gebäude b Mauer c Scheune	*high-rise building* *wall* *dutch barn*
Straße mit Mittellinie	*motorway: dual carriageway*
Straße ohne Mittellinie	*motorway: single carriageway*
Hauptstraße mit Mittellinie	*main road: dual carriageway*
Hauptstraße: mindestens 7 m Breite	*main road: 7 m wide or over*
Hauptstraße: 4–7 m Breite	*main road: 4–7 m wide*
Hauptstraße unter 4 m Breite	*main road: less than 4 m wide*
Befestigte Straße mit Mittellinie	*metalled road: dual carriageway*
Befestigte Straße: mindestens 7 m Breite	*metalled road: 7 m wide or over*
Befestigte Straße: 4–7 m Breite	*metalled road: 4–7 m wide*
Befestigte Straße unter 4 m Breite	*metalled road: less than 4 m wide*
Befestigte Straße mit loser o. schl. Fahrbahndecke	*loose or light surface road*
Unbefestigte Straße a wichtig b übrige	*unmetalled road: important; other*
Allee	*road, tree lined*
Weg	*path*
Fahrradweg	*cycle-track*
Straße in Bau	*road under construction*
Straße in Planung	*planned road*
Eisenbahn: zweigleisig	*railway: double track*
Eisenbahn: eingleisig	*railway: single track*
a Bahnhof b Laderampe	*station;* *loading-bay*
Straßenbahn – eigener Weg Straßenbahn – a. d. Fahrbahn	*tramway: reserved track* *tramway: street-track*
U-Bahn-Station	*underground-station*
a Deich: 2,5 m oder höher b Deich: 1–2,5 m hoch	*dike: 2.5 m high or over* *dike: 1–2.5 m high*
Kai: niedriger als 1 m	*earth bank: less than 1 m*

a Kirchturm, Turm, hohe Kuppel b Kirche ohne Turm c Lichtturm	*church tower, tower, high dome* *church without tower* *light tower*
Trigonometrische Punkte:	***triangulation points:***
a Kirchturm, Turm, hohe Kuppel	*church tower, tower, high dome*
b Leuchtturm c Trigonometrischer Punkt	*lighthouse* *state survey stone*
d Lichtturm	*light tower*
Schnittpunkt von Parallele und Meridian	*intersection of parallel and meridian*
a Rathaus b Post c Polizei	*town hall* *post office* *police station*
a Kapelle b Kreuz c Wegweiser	*chapel* *cross* *signpost*
a Windmühle b Wassermühle c kleine Windmühle	*windmill* *watermill* *windpump*
a Ölpumpanlage b Signalmast c Sendemast	*oil-pumping unit* *signalpost* *wireless mast*
a Hünengrab b Denkmal c Polderschöpfwerk	*cairn* *monument* *pumping-station*
Friedhof	*cemetery*
a Straßennumerierung (A28, E19, N20) b Parkplatz c Tankstelle	*road numbering* *parking* *filing-station*
a Anzahl der Fahrbahnen b Kilometerstein c Straßenende Grenzpfahl; Grenzstein (Gp, Gs)	*lane-information* *kilometre post* *road closing* *boundary post; -stone*
Schießstand	*firing range*
Einzäunung	*wire fence*
Hochspannungsleitung	*high tension line*
Landesgrenze Provinzgrenze Gemeindegrenze militärische Grenze militärisches Übungsgelände	*national boundary* *provincial boundary* *municipal boundary* *boundary of* *military training-area*
Höhenlinien (10, 5)	*contours*
Höhenzahl (12.4)	*spot height*
a Steilrand b Abhang	*escarpment* *slope*

befahrbarer Deich	*dike with road*
Graben	*cutting*
Viadukt	*viaduct*
Viadukt auf Pfeilern	*viaduct on piers*
Tunnel	*tunnel*
feste Brücke	*fixed bridge*
bewegliche Brücke	*movable bridge*
Brücke auf Pfeilern	*bridge on piers*
Wasserlauf: schmaler als 3 m	*watercourse: less than 3 m wide*
3–6 m breit	*3–6 m wide*
breiter als 6 m	*6 m wide or over*
a Entwässerungsrohr b Steg c Kammerschleuse d Brücke e Wall f Schleuse g Düker	*culvert siphon* *footbridge* *lock* *bridge* *weir* *sluice* *culvert*
a Weide mit Graben b Baumgarten c Hecke d Baumschule e Gewächshäuser f Acker mit Graben g Laubwald h Nadelwald i Mischwald j Weidengebüsch k Heide l Sand m Sumpf und Schilf n Hecke	*meadow with ditches* *orchard* *hedge* *tree nursery* *glasshouses* *arable land with trenches* *deciduous forest* *coniferous forest* *mixed forest* *osier* *heath; sand* *marsh and reed* *hedge-bank*
a Fähre b Fußgängerfähre c Wasserstandspegel d Kilometerpfosten e Kilometertafel f Bake g Dock h Anlegesteg i Flußrichtung j Ebbe/Flut-Anzeiger k Anlegestelle l Leuchtbake m Längsbuhne n verstärkte Böschung o ausgetrockn. Untergrund p Tiefenlinie r Niedrigwassermarke s Hochwassermarke t Buhne	*ferry; -for pedestrians* *water-level gauge* *kilometre post* *kilometre sign* *beacon; dock* *landing-stages* *direction of flow* *indication of tides* *mooring-place* *light beacon* *breakwater* *reinforced slope* *tidal flat* *bathymetric contours* *low water mark* *high water mark* *jetty*

●●●●●●●● deutsch-niederländische Grenze

➤ Richtung der Route

★★★★★★★★★ Routen

◎ Startpunkt der Route

Inhalt

Die Entstehung der deutsch-niederländischen Grenze

Als Geburtsjahr der Vereinigten Niederlande – und damit der Ostgrenze dieser Republik – wird gewöhnlich das Jahr 1648 genannt. In jenem Jahr wurde zwischen den damaligen westeuropäischen Großmächten der Friede von Münster geschlossen. Die Republik löste sich damit endgültig vom Deutschen Reich. Die Tendenz hierzu hatte aber bereits lange vorher eingesetzt. Ein Vorbote der Abspaltung war der Vertragsabschluß von Venlo im Jahre 1543. Der Vertrag sah vor, daß der Herzog von Jülich und Kleve seine Besitzungen in Geldern an Karl V. abtreten sollte. Zuvor hatten sich ihm Friesland (1524) und Groningen (1538) unterstellt. Das Stift von Utrecht stellte sich 1528 unter die Herrschaft der Habsburger und beendete so die weltliche Macht der Bischöfe von Utrecht. Hierdurch konnte sich Karl V. im Jahre 1543 Herr der siebzehn Provinzen nennen, die zusammen die Fläche der späteren Niederlande und Belgiens einnahmen.

Die Ostgrenze der siebzehn Provinzen war jedoch nicht eindeutig. Die sozialen, ökonomischen und kulturellen Strukturen waren auf beiden Seiten der Grenze gleich. Trotzdem wurden die siebzehn Provinzen als eigene politische Einheit betrachtet. Und Karl V., obwohl zugleich Kaiser des Deutschen Reiches, förderte den Sonderstatus der siebzehn Provinzen.

Der einheitliche Staat der Niederlande entstand 1648 keineswegs von einem Tag auf den anderen. Die Republik, die in jenem Jahr zustande kam, ähnelte stark der schweizerischen Flickendecke aus souveränen Kantonen, zu der noch zusätzlich allerlei andere, mehr oder weniger abhängige Teile gehörten. Der Zustand erinnerte stark an die mittelalterliche Vielfalt und Zersplitterung.

Das Territorium der Republik setzte sich nämlich aus staatsrechtlich sehr ungleichen Bestandteilen zusammen: Es existierten sieben souveräne Provinzen, die in der Union vereint waren; die Landschap Drenthe, die nicht vollständig souverän war, aber eine eigene Verwaltung hatte; die hinzugewonnenen Provinzen Brabant, Limburg, Vlaanderen und Westerwolde, die den Generalstaaten direkt unterstanden, und schließlich kleinere Einheiten, die zur Verwaltung einer der Provinzen zugeschlagen wurden, sowie einige strittige und fremde Enklaven.

Nach 1648 blieb das Territorium zum Osten hin noch über viele Jahre hinweg schlecht markiert. Mehrfach mußten Grenzstreitigkeiten geschlichtet werden. Diese Situation sollte bis 1815 fortdauern. So schloß die Stadt Groningen als Eigentümerin ihrer umliegenden Gebiete mit dem Grafen von Ostfriesland Grenzverträge, wenn die Eindeichungen im Dollart dazu Anlaß gaben.

Weiter im Süden wurde es durch die Kultivierung der Moorböden in Westerwolde und Drenthe ratsam, die Grenze gegenüber dem Bistum Münster besser zu bestimmen, aber die Generalstaaten hatten damit nie endgültigen Erfolg. Grenzschwierigkeiten traten in diesen Gegenden häufig auf. Nicht anders war dies im Bentheimer Gebiet und im Südosten von Drenthe, wo der frühere Herrensitz Coevorden unter Landschaftsverwaltung stand (mit einem

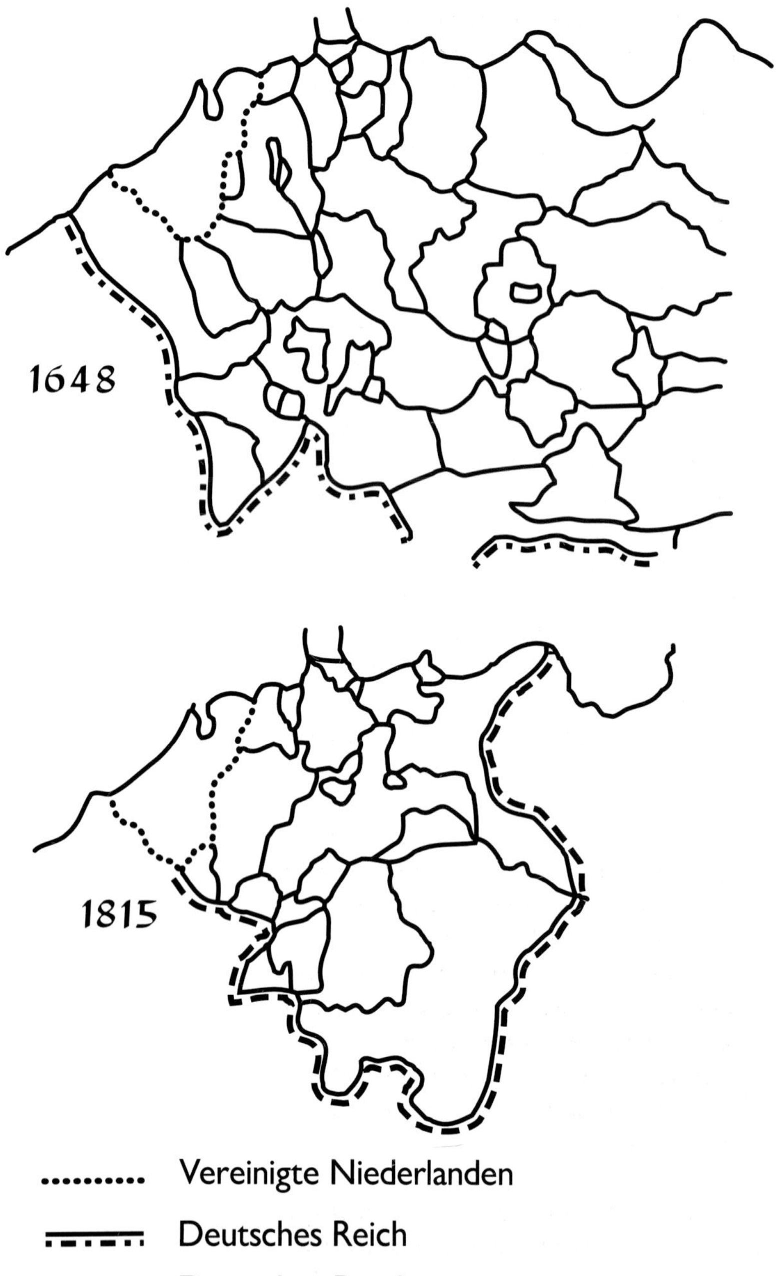

von der Generalität eingesetzten Militärkommandanten).

Im Grenzgebiet zwischen Overijssel, Gelderland und Münster und weiter südlich in den Gebieten zwischen Rhein und Maas ergaben sich ebenfalls regelmäßig Konflikte in Bezug auf die Territorialgrenzen.

Mit der Bildung der Republik im Jahre 1648 wurde also nicht der letzte, wohl aber der entscheidende Schritt hin zum späteren, kleineren Einheitsstaat getan.

Wie viel anders ist die deutsche Geschichte verlaufen. Im 17. und 18. Jahrhundert – der Zeit der absolutistischen Herrscher – läßt sich nur mit Mühe nachvollziehen, woraus Deutschland eigentlich bestand. Das Reich umfaßte mehrere regionale Mächte, die kaum eine gemeinsame Politik betrieben. Eine Hauptstadt gab es nicht. Nach 1648 wurde die Macht des Kaisers immer weiter eingeschränkt und einzelne Territorien praktisch autonom. Die Karte zeigt diese Zerstückelung des deutschen Reiches.

Die tanzenden Großmächte

Das Ende der französischen Herrschaft in Europa unter Napoleon führte 1815 zum Wiener Kongreß. In äußerst komplizierten diplomatischen Verhandlungen verteilten die europäischen Großmächte den Kuchen. Wie 1648 unternahm man den Versuch, ein ausgeklügeltes und stabiles Gleichgewicht der größeren und kleineren Staaten herbeizuführen. Ein Vergleich zwischen den Karten jener Jahre zeigt, daß sich die verwaltungstechnische Zerstückelung verringerte. Vor allem Preußen als großer Befürworter eines deutschen Einheitsstaates förderte dies. Jedoch war die Zeit für die staatliche Einheit Deutschlands 1815 noch nicht reif.

Die endgültige Bildung des Einheitsstaates der Niederlande wird meist mit einem Datum aus der Französischen Zeit, um 1800, angegeben. Damals ging die föderale Struktur der Republik der Vereinigten Niederlande ihrem Ende zu. Gleichzeitig hatten damit auch die Autonomie der Provinzen, die Kolonialgebiete und die Benachteiligung der Katholiken, die dort wohnten, ein Ende. Die Vereinigung war jedoch vor allem ein formales, politisches Ereignis. In vielen anderen Hinsichten sollte die Einigung der Niederlande noch etliche Jahre benötigen.

Beim Wiener Kongreß bestimmten die Großmächte Großbritannien, Deutschland und Frankreich, daß die Niederlande um Belgien und Luxemburg erweitert werden sollten. Die Niederlande sollten als mittelgroßer Staat einen Puffer gegen erneute französische Expansionsbestrebungen darstellen. Aber die Niederlande durften natürlich auch nicht so groß werden, daß sie sich zu einem möglichen Rivalen der Großmächte hätten entwickeln können. Die Niederlande selbst strebten außer nach einer Ausdehnung an der Südgrenze auch nach einer Ausdehnung nach Osten bis zum Rhein und an die Mosel. Damit wollte Preußen sich natürlich nicht einverstanden erklären. Schließlich erhielten die Niederlande den Streifen am östlichen Maasufer. So versuchte man, die Preußen von der strategisch bedeutsamen Maas fernzuhalten. Der tanzende Wiener Kongreß konnte natürlich keine politischen Lösungen finden, die für die Ewigkeit gelten.

Die Geschichte zeigte, daß der Pufferstaat der Niederlande nicht aufrechtzuerhalten war. Schon im Jahre 1839 spaltete sich Belgien ab und Luxemburg wurde ein unabhängiges Großherzogtum, nur über das Haus Oranien mit den Niederlanden verbunden.

Im Gegensatz zu Brabant fällte Limburg 1830 eine bewußte Entscheidung gegen die nördlichen Niederlande. Führende Limburger stellten sich auf die Seite der belgischen Aufständischen und sandten Abordnungen nach Brüssel. Von 1830 bis 1839 war Limburg mit Ausnahme Maastrichts und Venlos, die in nördlicher Hand blieben, ein Teil Belgiens. Als Wilhelm I. 1838 die Autonomie Belgiens anerkannte und ein Jahr später den Vertrag von London unterzeichnete, kam Limburg trotz starker Limburger Proteste wieder zu den Niederlanden.

Limburg erhielt durch diesen Vertrag einen doppelten politischen Status. Einerseits wurde es Herzogtum unter König Wilhelm I., der auf diese Weise einen Ausgleich für den Verlust jenes Teils von Luxemburg erhielt, das Belgien zugefallen war. Andererseits wurde Limburg mit Ausnahme der Festungen Maastricht und Venlo Mitglied im Deutschen Bund.

Die Proteste der Limburger gegen die staatliche Einverleibung durch die Niederlande waren durchaus verständlich. Große Teile Limburgs – mit der Mehrheit der Bevölkerung – hatten nur von 1815 bis 1830 zu diesem Land gehört. Bis 1795 waren sie selbständig gewesen oder fielen unter preußische bzw. österreichische Hoheit. Andere Teile bildeten bis 1795 Staats-Limburg und waren als abhängige Provinzen Holland untergeben gewesen.

Hier ist besonders wichtig, daß die Grenzen zwischen Deutschland und den Niederlanden vom Wiener Kongreß festgelegt worden sind. Die zugehörigen Grenzverträge sind zwischen dem Königreich der Niederlande und den Königreichen Hannover und Preußen abgeschlossen worden. Die Grenze zwischen dem Königreich Preußen und dem Königreich der Niederlande wurde in zwei Verträgen festgelegt: im Aachener Vertrag vom 26. Juni 1816 und im Klever Vertrag vom 7. Oktober 1816. Sofort nach Unterzeichnung der Verträge markierte man diese Grenze im Feld und legte sie in einem schriftlichen Protokoll nieder. Zwei Grenzsteine mit der Nummer eins stehen am heutigen Dreiländereck zwischen Frankreich, Deutschland und Luxemburg zu beiden Seiten der Mosel, die hier die Grenze bildet.

Am Dreiländereck bei Vaals und Aachen steht der Grenzstein Nummer 193. Der französische Text des „Procès-verbal général de la ligne de démarcation entre les Royaumes des Pays-Bas et de Prusse“ (Allgemeine Beschreibung der Grenze zwischen den Königreichen der Niederlanden und Preußen), aufgestellt und unterzeichnet zu Emmerich am 23. September 1818, nennt den Stein mit der Nummer 193 nicht, dagegen wohl den folgenden: „Du point de contact des anciens départements de l'Ourte, de la Roer et de la Meuse Inférieure, la démarcation entre les deux Royaumes est formé par le Landgrabe le long du bois d'Aix dit Aachener-Busch, jusqu'au pied de la montagne près de Vaals, où il a été planté un poteau, portant le no. 194, de manière que non seulement le dit bois d'Aix, mais aussi le Landgrabe appartient au Royaume de Prusse.“ Frei übersetzt: „Wo sich der alte Bezirk der Ourthe und der der Roer mit der unteren Maas berühren, bildet der Landgraben entlang dem Aachener Wald bis an den Fuß des Berges in der Nähe von Vaals, wo ein Stein mit der Nummer 194 steht, die Grenze zwischen den beiden Reichen und zwar so, daß nicht nur der genannte Wald, sondern auch der Landgraben zu Preußen gehört.“

Die Grenze zwischen dem Königreich Hannover und dem der Niederlande wird im Vertrag von Meppen geregelt, geschlossen am 2. Juli 1824. Der Artikel 10 dieses Vertrages lautet: „Die Hannoversch-Niederländische Grenze, von der Grafschaft Bentheim und der Provinz Overyssel an gerechnet, fängt in der Gegend des sogenannten Welperveen oder Vleer an, woselbst sich das Hannoversche, Niederländische und Preussische Gebieth bey dem Punkte, Drieland genannt, vereinigt und wo jetzt ein mit der Jahreszahl 1659 bezeichneter Grenzstein steht.“ Dieser Stein trägt die Nummer eins.

Die deutsche Einheit

Im Jahre 1815 wurde der Deutsche Bund gegründet. Ab dieser Zeit nennen sich die Fürsten von Habsburg nicht mehr Kaiser des Deutschen Reiches, sondern Kaiser von Österreich. Innerhalb dieses Bundes blieb der voll ausgebildete Einheitsstaat das Ziel vor allem Preußens. In den sechziger Jahren des vorigen Jahrhunderts wurde Otto von Bismarck dort Ministerpräsident. Bismarck stellte fest, daß Österreich, ebenfalls Mitglied des Bundes, Preußen ebenbürtig war. Dies stand der deutschen Einheit im Weg. 1866 provozierte er einen Krieg, in dem seine Armeen die Österreicher bei Königgratz (Sadowa) vernichtend schlugen. Anschließend besetzte Bismarck einige deutsche Staaten, die die Seite Österreichs gewählt hatten und löste den Deutschen Bund auf.

1867 gründete er jedoch den Norddeutschen Bund, in dem natürlich Preußen die Führung innehatte. Der deutsche Einheitsstaat erhielt seine Gestalt im Jahre 1871 nach dem deutsch-französischen Krieg (1870–1871), den die

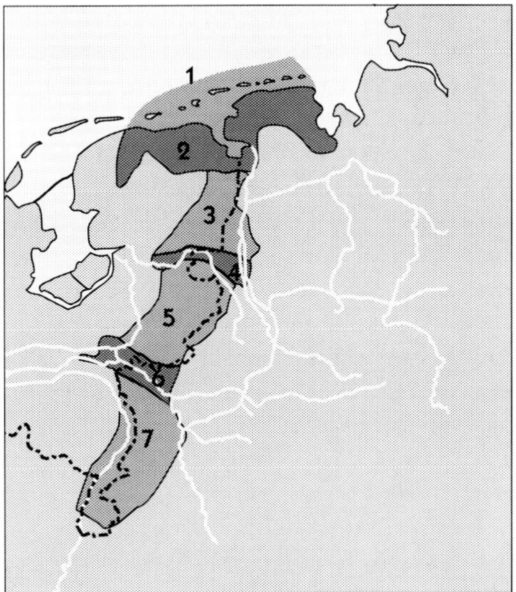

1 Wattenmeer, Ems und Dollart
2 Marschlandgebiet
3 Moorgebiet
4 Grenzgebiet von Drenthe und Twente mit Bentheim
5 Grenzgebiet des westlichen Münsterlandes zu Gelderland und Twente
6 Grenzgebiet der Moränen und des Rheins
7 Grenzgebiet zwischen Rhein und Maas

Deutschen gewannen. Der preußische König Wilhelm I. wurde neuer Kaiser.

Die politische Einheit Deutschlands wurde dadurch eine Tatsache. Es war jedoch auch hier sonnenklar, daß von einer echten Einheit noch lange keine Rede sein konnte. Die deutschen Grenzen sind seitdem noch oft geändert worden, zuletzt im Jahre 1990. Allerdings läßt sich mit dem Beginn des Jahres 1871 feststellen, daß sich die Niederlande und Deutschland an der Grenze in vielen Hinsichten voneinander entfernen: ökonomisch, sozial und kulturell, aber auch hinsichtlich Landschaft, Natur und Umwelt. Die Grenze machte sich stärker denn je bemerkbar. Beide Staaten haben sich mit dem Rücken zur Grenze und mit dem Gesicht zu ihren wichtigsten Städten entwickelt. Die Grenzregion geriet in den Windschatten starker ökonomischer und politischer Zentren.

Nach 1815 wurde die Grenze zwar noch an vielen Stellen geändert, aber es handelte sich dabei immer nur um kleinere Veränderungen. Die größten unter ihnen sind außerdem nach einiger Zeit wieder rückgängig gemacht worden. Besonders nach 1945 hörte man in den Niederlanden viele Stimmen, die es befürworteten, ein möglichst großes Stück von Deutschland, mit oder ohne dessen Einwohner, zu annektieren. Vorstellungen aus dem Jahre 1815 wurden wiederbelebt. Manche wollten die Ausdehnung bis zum Rhein und bis hinter die Lüneburger Heide. Die tatsächlichen Annektionen waren dagegen nur klein, und 1963 wurden sie zum überwiegenden Teil endgültig wieder rückgängig gemacht.

Eine jahrhundertelange Nachbarschaft besiegte vorübergehende Rachsucht.

Die Grenzlandschaften

1648, 1815 und 1992 sind bedeutsame Jahre für die deutsch-niederländische Grenze. Aber erst das detaillierte Studium der Grenzregion lehrt ganz klar, was bei der Bildung der Grenze zugrundegelegen hat. Erst dann kann auch deutlich werden, welchen Einfluß Natur und Landschaft auf die Grenze gehabt haben.

Der bekannte niederländische Geograph H. Keuning schreibt in seinem Buch „De Nederlandsch-Duitsche Grenslanden" (1948): „Vorausgeschickt sei hier, daß die Ostgrenze, mehr noch als die Grenze zu Belgien, das Ergebnis einer stetigen historischen Entwicklung gewesen ist. Dies gilt vor allem für den nördlichen Teil, wo sie die Begrenzung von Landschaften bildet, die sich praktisch seit dem Mittelalter in Form und Umfang nicht mehr geändert haben . . ." Keuning fährt fort: „. . . die niederländische Provinz Limburg, die insgesamt ein künstliches Gebilde ist und nur den Namen mit dem Herzogtum gemein hat." Keuning stellt also eindeutig fest, daß die menschliche Historie die deutsch-niederländische Grenze geprägt hat.

Gleichzeitig bemerkt er, daß auch die Historie der Natur sich dabei Geltung verschafft hat: „Doch wäre es falsch, diese gesamte Ostgrenze als rein politische Konstruktion zu betrachten, . . . zweifellos gilt diese Bewertung sehr wohl für jenen Teil unserer Grenze zu Deutschland südlich des Rheins; nördlich dagegen stützt sie sich über weite Strecken auf natürliche Grenzzonen, die einst eine scharfe Trennungslinie zwischen niederländischen und deutschen Gebieten markierten."

Mit anderen Worten: Namentlich oberhalb des Rheins konnte in der Vergangenheit von einem Einfluß von Natur und Landschaft auf den Grenzverlauf die Rede sein. Aber er wurde auch südlich des Rheins von Natur und Landschaft beeinflußt.

Die Landkarte zeigt die Lage der verschiedenen grenzüberschreitenden Landschaften. Für das Auffinden der im Folgenden benutzten Ortsnamen wird auf die topographischen Karten weiter hinten in diesem Buch verwiesen.

Das Wattenmeer, die Ems und der Dollart

Im Norden des deutsch-niederländischen Grenzgebietes liegt das Wattengebiet, das sich bis nach Dänemark erstreckt. Dieses sogenannte Ästuar des Dollart und der Ems ist einzigartig aufgrund der Tatsache, daß der Salzgehalt des Wassers nach Osten hin abnimmt.

Um die Inseln am Rande des Watt ist es unterschiedlich bestellt. Borkum, obwohl nicht weit von der Küste Groningens entfernt, gehörte schon im Mittelalter zu Ostfriesland. Rottum und die Inseln in seiner Umgebung wie Bosplaat, Hefzand und Korenzand waren Eigentum der Klöster auf Rottum und des Groninger Festlandes. Wahrscheinlich war die tiefe Fahrrinne zwischen Rottum und Borkum der Grund für die Aufteilung unter die verschiedenen Herren: Keiner war bereit, die Kontrolle über diese Rinne dem anderen zu überlassen.

In der Emsmündung ist die exakte Lage der Grenze nie vollständig und definitiv geregelt worden. Deutschland beanspruchte die Emsmündung anfänglich aufgrund einer Urkunde aus dem Jahre 1454, in dem die Grafschaft Ostfriesland gegründet worden sein soll. Allerdings soll vor langer Zeit nachgewiesen worden sein, daß diese Urkunde falsch ist und daß 1558 eine für Ostfriesland sehr nachteilige Klausel eingefügt worden sei.

Im Artikel 41 des Vertrages von Meppen (1824) wird die Grenzlinie durch Ems und Dollart als eine gerade und praktisch in nördliche Richtung verlaufende Linie beschrieben. 1830 erschienen deutsche Landkarten, auf denen die Grenze in der Bucht von Watum dicht an der niederländischen Küste entlang eingezeichnet war. Die genaue Lage der Grenze wurde erst im

Jahre 1863, zur vorläufigen Zufriedenheit beider Parteien, in der „Process-Verbal betreffend die Feststellung der zwischen den Königreichen Hannover und den Niederlanden bisher streitige Grenzlinie im Dollart" festgelegt. Die Fortsetzung der Grenze durch den Dollart und an den Inseln vorbei wird weder 1824, noch 1863 beschrieben.

Versuche in den Jahren 1911 und 1920, das Dollartproblem aus der Welt zu schaffen, mißlangen. Sogar nach dem Zweiten Weltkrieg gab es Grenzprobleme, die manchmal dazu führten, daß Fischerboote aufgebracht wurden.

Das Problem wurde nie gelöst. Im 1963 von beiden Staaten unterschriebenen Grenzvertrag, der die Grenzprobleme zwischen den Niederlanden und Deutschland regulieren sollte, stand im ersten Artikel: „Zur Regelung der Zusammenarbeit in der Emsmündung wird der Ems-Dollart-Vertrag geschlossen."

Aber selbst in diesem speziellen Ems-Dollart-Vertrag wurde keine Lösung gefunden. Der Artikel I daraus – teilweise von uns markiert – ist vielsagend: „Die Vertragsparteien werden in der Emsmündung im Bewußtsein ihrer gemeinsamen Interessen und in Achtung der besonderen Interessen der anderen Vertragspartei nach Maßgabe der nachstehenden Artikel im Geiste guter Nachbarschaft zusammenarbeiten, um eine den jeweiligen Erfordernissen entsprechende seewärtige Verbindung ihrer Häfen zu gewährleisten. Dieses Ziel soll – *unter Aufrechterhaltung der beiderseitigen Rechtsstandpunkte über den Verlauf der Staatsgrenze* – durch eine praktische Regelung beide Staaten berührender Fragen erreicht werden." Mit anderen Worten, jedes Land hielt seinen eigenen Standpunkt zum Verlauf der Grenze aufrecht, versprach aber, den des anderen in der Praxis zu respektieren.

Der Hintergrund für das Fehlen einer exakten Abgrenzung ist die natürliche Umwelt. Der Verlauf der Fahrrinnen ändert sich ständig und die Häfen wollen ihren freien Zugang zum Meer aufrechterhalten. Hinzu kommt, daß Maßnahmen zur Aufrechterhaltung dieser Fahrrinnen häufig Eingriffe auf dem Territorium des anderen nötig machen. Außerdem können wasserwirtschaftliche Eingriffe unerwünschte grenzüberschreitende Folgen haben.

Der Umstand, daß es in der Vergangenheit schwierig gewesen sein dürfte, in der Emsmündung eine Grenze zu bestimmen und zu markieren, wird das Fehlen einer exakten Grenze begünstigt haben.

Die letzte, bis zur höchsten Ebene geführte Diskussion über diese Grenzdifferenz hat in den achtziger Jahren stattgefunden. Die deutschen Behörden wollten den Seehafen von Emden enorm vergrößern, um die schwache Wirtschaft Ostfrieslands anzukurbeln. Die Fahrrinne der Ems mußte dazu auf der Höhe von Emden nach Süden verlegt werden, so daß der Hafen nördlich der Rinne erweitert werden konnte. Der bei den Arbeiten entstehende Baggerschlamm sollte auf die Geiseplatte aufgeschwämmt werden. Diese Platte lag im Süden der zu verlegenden Fahrrinne. Ursprünglich wollte man auf der aufgeschwämmten Platte ein 400 Hektar großes Industriegebiet anlegen. Angesichts der Tatsache, daß die Geiseplatte zu vier Fünfteln im umstrittenen Grenzgebiet liegt, mußte ein neuer Ems-Dollartvertrag abgeschlossen werden. Nach jahrelangen Verhandlungen zwischen deutschen und niederländischen Behörden legte man fest, daß die Geiseplatte bis zu zwölf Metern (!) Höhe mit Schlamm angeschwämmt und eingedeicht, aber nicht zum Industriegelände bestimmt werden durfte. Um dies für alle Ewigkeit sicherstellen zu können, sollten die Niederlande die angeschwämmte Geiseplatte als Besitz erhalten und zum Naturschutzgebiet erklären. Die Geiseplatte sollte so zum einzigartigen Naturgebiet werden: umdeichter Schwämmschlamm, zwölf Meter hoch, eine niederländische Exklave umgeben von deutschem und umstrittenem Gebiet.

Letztendlich ist doch nichts daraus geworden. Hatte die Zweite Kammer des niederländischen Parlamentes noch zögerlich seine Zustimmung gegeben, so gab es in der Ersten Kammer unüberwindliche Einwände gegen die juristischen Implikationen. Zu guter Letzt ließ die niedersächsische Landesregierung den gesamten Dollarthafenplan in der Versenkung verschwinden. Der erwartete wirtschaftliche Nutzen erwies sich bei genauerer Prüfung als mehrfach zu hoch eingeschätzt. Das Grenzproblem blieb ungelöst. Dank dieser offenen Grenzfragen sind die Werte der Natur im Ästuar geschont worden.

Der Dollart und die Ems bilden also einen einmaligen, weil grenzenlosen, Teil des deutsch-niederländischen Grenzgebietes.

Das Seemarschland

Südlich des Wattenmeeres liegt über die Grenze hinweg ein Streifen Marschland, das in jahrhundertelangem Bemühen dem Meer abgerungen worden ist.

Im Mittelalter reichte die Macht der Stadt Groningen für einige Zeit bis an die Ems. Diese Macht wurde jedoch ständig durch regionale Machthaber östlich dieses Flusses angefochten, mit Rückendeckung der Zentralgewalt. Damit ist noch nicht ganz erklärt, warum die Ems nicht die Grenze geblieben ist. Dies hing auch mit der Entwicklung der Natur im Reiderland zusammen. Reiderland war ursprünglich ein ausgedehntes Gebiet, das von Oldambt und Westerwolde bis zur Ems und in die Nähe von Emden reichte. Reiderland hatte seit dem 13. Jahrhundert große Teile seiner Oberfläche durch Wassereinbrüche verloren, die den Dollart haben entstehen lassen. Dieser verschlang bei wiederholten Überschwemmungen den westlichen Teil des Reiderlandes und reichte in der Zeit seiner größten Ausdehnung bis nach Westerwolde. Um 1500 lag Winschoten am Ufer des Dollart.

Ein großer Teil des Reiderlandes verschwand also in den Fluten. Das Überbleibsel bildete eine Halbinsel zwischen Ems und Dollart. Die natürliche Verbindung dieses Restbestandes zum Groninger Umland war verschwunden. Die Stadt Groningen erwies sich als nicht mächtig genug, das abgeschnürte Gebiet zu halten, so daß es den Grafen von Ostfriesland zufiel. Für die Niederlande ist die Ems als Grenze seitdem kein Thema mehr.

In den vergangenen Jahrhunderten, vor allem im 17. Jahrhundert, hat man sowohl in Ostfriesland als auch in Groningen große Teile des untergegangenen Reiderlandes wieder eingedeicht. Als Ausgangspunkt für die Grenze wurde der alte Lauf der Aa genommen. Da dieser alte Verlauf stellenweise nicht mehr aufzufinden war, wurden wiederholt Verhandlungen nötig. Zahlreiche genauere Absprachen sind auch über die Entwässerung der Polder notwendig gewesen. Man wahrte den Grundsatz, daß bei den Einpolderungen die Wasserwirtschaft abgetrennt wurde. Außerdem war es eine Grundregel, daß dem

Nachbarland keine Wasserprobleme beschert werden durften.

Auf hoher Ebene wurde auch vorab festgelegt, wem die natürlichen Anschwemmungen an der Küste gehören sollten.

Das Moorgebiet

Ausgedehnte sumpfige Moorgebiete bildeten eine natürliche Grenze. Zunächst waren die Moore die Grenze zwischen der Herrlichkeit Westerwolde und der Landschaft Drenthe gegenüber Münster, später zwischen den Niederlanden und Deutschland. In dem gesamten Gebiet muß ein Landschaftstyp vorgeherrscht haben, wie er hier und da nur in Südost-Drenthe und vor allem in den angrenzenden deutschen Moorlandschaften erhalten geblieben ist. Nur war er noch ungastlicher, weil in der heutigen Zeit sogar die unkultivierten Moorgebiete von einem Netz aus Gräben, Kanälen, Pfaden und Wegen durchzogen werden.

Vor den großen Versumpfungen verliefen nur einzelne Routen in Ost-West-Richtung, zum großen Teil über schmale Sandrücken, die sogenannten Zangen. Die wichtigste unter ihnen war die Route über Bourtange, die durch eine Schanze bewacht wurde.

Um die natürliche Grenzsicherung, die das Moor bot, zu erhalten, wurde das Abgraben des Moores auf niederländischer Seite verboten. Die Folge dieses Verbotes war, daß die Moore besonders an der Ostseite stark angegriffen wurden. Sogar die Bewohner von Westerwolde beteiligten sich daran. Darum versuchte man bereits im Jahre 1729 zu einer Grenzregelung zu gelangen, die jedoch erst im Jahre 1784 erreicht werden konnte. 1824 wurde sie in den Vertrag von Meppen aufgenommen.

Im Moorgebiet quellen einige Bäche hervor, die aus zwei Gründen Beachtung verdienen. Erstens, weil an diesen Bächen Grünland lag, das für die Siedler Grundlage für die Inbesitznahme des unberührten Moores war. Dieses Grünland stellte schließlich ausgezeichnetes Weideland dar. Zweitens, weil die Bäche das Gerüst für das sich später herausbildende Siedlungsmuster bildeten. In den Senken der Bäche wurden nämlich die ersten Kanäle gegraben, die eine großangelegte Kultivierung des Moores ermöglichten.

Das Grünland war Eigentum der Dörfer zu beiden Seiten der Grenze. Diese Situation hat die Geschichte der Grenzbildung stark geprägt, wobei das gemeinschaftliche Weiderecht, das sogenannte Allmendrecht oder Compascuum, galt.

Die Aufhebung der gemeinschaftlichen Markgründe in der zweiten Hälfte des vorigen Jahrhunderts ermöglichte auch im Grenzgebiet die endgültige Kultivierung des Moores. Die Notwendigkeit, ein grenzüberschreitendes Allmendrecht zu regeln, verschwand. Durch die Moorkultivierung fand die natürlichste Grenze, die jemals zwischen den Niederlanden und Deutschland bestanden hat, ein Ende.

Die Grenze zwischen der Grafschaft Bentheim und den Provinzen Drenthe und Overijssel

Im Süden des Bourtanger Moores und des Flußbettes der Vecht(e) liegt eine Moränenlandschaft, die sich bis zur Linie Kleve–Nijmegen erstreckt. Dieses Gebiet ist als geologische, geomorphologische und größtenteils auch landschaftliche Einheit zu betrachten. Wird es noch weiter in historische Abschnitte aufgegliedert, wird die Beziehung zwischen der Geschichte der Grenze und der der Landschaft noch deutlicher.

Im Norden liegt das Grenzgebiet der alten Grafschaft Bentheim mit den Provinzen Drenthe und Overijssel. Die Grenze verläuft hier vom Schoonebeekerdiep bis zu Driland bei Losser und Gronau.

Viel eher und auf jeden Fall viel stärker als im Gebiet der Moore oder des Marschlandes kann im Moränengebiet von menschlichen Siedlungen gesprochen werden. Hier ist der Verlauf der Grenze daher auch immer viel enger mit menschlichen Interessen verknüpft gewesen.

Die Grafschaft Bentheim ist in ihrer Form und Größe von natürlichen Gegebenheiten zumindest mitbestimmt worden. Die Form der Grafschaft paßt sich dem Lauf der Vechte an. Die Vechte war die Lebensader Bentheims. Sie lieferte Wasser sowie Wasserkraft und fungierte als Verkehrsader; das Grünland an ihren Ufern war als Weideland geeignet.

Im Norden wurde die Grafschaft vom Schoonebeekerdiep begrenzt. Dieses Diep war aus dem Moor entstanden und von allen Seiten von Moor umschlossen. Im Westen Bentheims lagen die Moore von Overijssel im Stromtal der Vechte. Auf der Südwestseite lagen die Echteler Heide und das Getelomoor. Bei Nordhorn befanden sich ebenfalls ausgedehnte Heidegebiete.

In groben Umrissen ist die Staatsgrenze seit dem neunten Jahrhundert unverändert geblieben. Als der Vertrag von Verdun (843) geschlossen wurde, legte man fest, daß hier die Grenze zwischen dem Ostteil und dem mittleren Teil des Fränkischen Reiches verlaufen sollte.

Natürlich tauchten an bestimmten Orten immer wieder Probleme auf, die den korrekten Verlauf der Grenze betrafen und lagen sich die Erben der Marken Twente, Bentheim und Münster in den Haaren. Aber durch die Überlieferung wußte jeder Grenzbewohner mit Hilfe natürlicher Grenzmarkierungen wie einem einzelnen Baum, einem Waldrand oder einem Bach

oder mit Hilfe der von Menschenhand geschaffenen Zeichen, wo die eigene Markung endete und wo die andere begann. Und wenn es Probleme gab, so wußten die Marken sie auch selbst untereinander und ohne die Hilfe der Obrigkeit zu lösen.

Trotzdem konnten sich die Herren in bezug auf eine gute Grenzmarkierung nicht völlig gleichgültig verhalten, war sie doch unmittelbar mit der Abgrenzung ihres Besitzes verbunden. Später, als die finanziellen Belange immer mehr mit der Größe und Begrenzung ihres Territoriums zusammenhingen, widmeten die Herren der offiziellen Festlegung der Grenzen ganz sicher viel Aufmerksamkeit.

Ein schönes Beispiel, wie geringfügig menschliche Interessen bei einer Grenzziehung sein konnten und wie man auf alte Verabredungen zurückgriff, zeigt das folgende Zitat aus dem Vertrag von Meppen, Artikel 21. Es ging dabei um Bestimmungen eines Vertrages aus dem Jahre 1548, die erst 1815 zur Ausführung kamen. Das Stückchen Grenze, um das es hier geht, liegt im Norden des Forstes Bentheim und südlich von Coevorden, am Grenzstein 117: „Da die in dem Grenzvertrage vom Jahre 1548 schon festgesetzte Theilung des zwischen dem Melenberg und dem Stein bey Schültman nach Laarwold hin, auf Hannoverschen Grundgebiete belegenen Venne, zur einen Hälfte, behuf der Hannoverschen Eingesessenen von Laarwold und zur anderen Hälfte behuf der Niederländischen Eingesessenen von Holtheem und ten Velde, noch immer nicht in Vollziehung gesetzet worden, so ist man nunmehr dahin übereingekommen, daß die benannten Niederländischen Bauerschaften von Holtheem und ten Velde, für ihre völlige Abfindung wegen des questionirten Venne, eine mit Steinen abzusetzende Fläche erhalten werden ..." Danach folgt eine auf die Elle genaue Aufstellung der Aufteilung des Moores.

1815 wurde die Grafschaft Bentheim in das Königreich Hannover aufgenommen und die alte Grenze integral in die neuen Verträge eingefügt.

Die Grenze Twentes und des Gelderlands zum westlichen Münsterland

Die Grenzziehung südlich von Losser und Gronau bis zum Stromgebiet des Rheines ist erheblich komplizierter als die Grenzziehung im Norden. Eine der Ursachen ist, daß in diesem Gebiet während des Mittelalters eine starke ökonomische Verknüpfung über die spätere Reichsgrenze hinweg bestanden hat. Diese Verknüpfung erstreckte sich über den ganzen Osten der späteren Niederlande, des Münsterlandes und Westfalens bis hin nach Köln. In späteren Jahrhunderten sind diese ökonomischen Bande durch konkurrierende politische Mächte zerrissen worden. Auf der Westseite waren das die Bischöfe des Stiftes Utrecht und die Herren von Geldern, auf der Ostseite die Bischöfe von Münster und die Herren von Kleve und Köln.

Die Region zwischen IJssel und Rhein war ein von allen Seiten umstrittenes Gebiet. So verlangten die Bischöfe von Münster Mitte des 16. Jahrhunderts neben der geistlichen auch die weltliche Macht über einen breiten Streifen der Achterhoek. Als „Nebenprodukt" dieses Streites sind kleine, mehr oder weniger autonome Güter entstanden, wie die von Anholt, Breedevoort, Borculo und Lichtenvoorde. Im 17. und 18. Jahrhundert war es in der Achterhoek und im westlichen Münsterland ziemlich unruhig. Dafür sorgten kleinere, aber außerordentlich hartnäckige Grenzprobleme.

Ein Beispiel dafür ist die langwierige Auseinandersetzung zwischen der Münsteraner Mark van Nichterden und der Gelderschen Mark van Kotten. Die ältesten Urkunden in dieser Sache gehen bis auf das Jahr 1636 zurück. Der Streit spitzte sich insbesondere auf den Stein mit der Nummer 86 zu, der zwischen Winterswijk und Stadtlohn auf der heutigen Reichsgrenze am östlichen Rand des Tenkinkbosch steht. Es gab Probleme um die exakte Lage der Grenze, aber auch um das Recht des Sodenstechens. Eine endgültige Lösung gab es erst, als Gelderland und Münster im Jahre 1765 einen ausführlichen Vertrag über ihre beiderseitigen Grenzen schlossen. Man vereinbarte darin die Aufstellung von 184 Steinen, mit dem Stein Nummer eins bei Driland und dem letzten bei der Restapperbrug zu Dinxperlo-Suderwick. Da bei der Aufstellung des ersten Steines auch eine Vertretung von Overijssel anwesend sein mußte, wurde mit diesem Stein gewartet. Die anderen Steine wurden aufgestellt, wobei man unter den Stein Nummer 2 Kohlengrus streute, um so die Stelle zu markieren. Ein heimliches Versetzen des Steines hätte man hierdurch nachweisen können. Die im Jahre 1765 festgelegte Grenze wurde fast ganz in das „Procès-verbal général" des Jahres 1818 übernommen.

Die Grenze in dieser Regio ist nicht auf natürliche Art entstanden. Wohl wurden natürliche Bestandteile, wie das jetzt noch existierende Wooldsche Veen/Burlo-Vardingholter Venn, das Witte Veen und das Aamsveen/Amtsvenn, integriert. Viele dieser natürlichen Bestandteile haben sich verändert oder sind ganz verschwunden. So heißt es im Vertrag aus dem Jahre 1818 zur Lage der Grenze beim Zwillbrocker Venn, das zwischen Eibergen und Vreden liegt: „De la pierre no. 796, la ligne séparative se dirige à travers la bruyère ... où un poteau a été posé avec le no. 800 ... De la pierre no. 51, la ligne séparative se dirige à travers les tourbières dites Schwilbroekerveen, vers un angle rentrant sur les Pays-Bas, jusqu'à une borne en pierre dite Hakenstein qui porte le no. 48 et où a été planté un poteau portant le no. 803."

Also: „Ab dem Stein 796 verläuft die Grenze durch die Heide, vorbei am Stein 800 ... Ab dem Grenzstein Nummer 51 verläuft die Grenze durch das Moor in Richtung des Grenzsteines 803." Die Heide, die hier erwähnt wird, ist gänzlich verschwunden. Außerdem ist der niederländische Teil des Moores vollständig kultiviert.

An anderer Stelle des Vertrages heißt es: „Du Kessenbult, elle (also die Grenze) se dirige à travers la bruyère et les tourbières ..." (Ab der Kessenbult läuft die Grenze durch Heide und Moor ...) Auch von diesem Moor und dieser Heide bei Aalten und Bocholt ist in der Landschaft nichts mehr zu sehen.

Die Entstehung des Grenzverlaufes bei IJssel, Rhein und der südlichsten Moräne

Der Rhein und seine größeren und kleineren Arme wie die Oude IJssel und die Bocholter Aa verlaufen rechtwinklig zur Grenze. Das gleiche gilt für die Moräne zwischen Nijmegen und Kleve. Die Festlegung der Grenze in dieser Gegend war daher auch eine sehr mühsame und langwierige Angelegenheit.

Der Wiener Kongreß hat sich bei der Bestimmung der Grenze zwischen Dinxperlo und der Moräne Kleve–Nijmegen herzlich wenig um historische Schablonen gekümmert. Mit einem Schlag hackte man den schwierigen Knoten durch. Dieser lästige Knoten hatte zwei Ursachen: Erstens war die Macht der Herzöge von

Geldern in den Jahrhunderten vor 1815 grenzüberschreitend. Ihre Herrschaft erstreckte sich über die vier sogenannten Quartiere. Die Heimbasis hieß Over-Quartier oder Ober-Geldern. Die wichtigsten Ortschaften waren Geldern, Roermond, Venlo, Erkelenz und Viersen. Andere Ortschaften waren Straelen, Wachtendonk und Kevelaer, die heute zu Deutschland gehören. Horst, Helden, Beesel, Echt und Montfort sind 1815 niederländisch geworden. Die anderen drei Quartiere, die von Arnhem, Nijmegen und Zutphen, lagen vollständig in den späteren Niederlanden. Diese politische und wirtschaftliche Macht hat jahrhundertelang einen ganz eigenen Platz zwischen Mächten wie Utrecht, Brabant und Kleve eingenommen. Das Geldrische Territorium war jedoch keine geschlossene Einheit. An mehreren Stellen wurde es von anderen Mächten durchschnitten.

Den zweiten Faktor, der bei der späteren Grenzziehung für Verwirrung sorgte, bildete der sich stets ändernde Lauf des Rheins und in geringerem Maß der der IJssel. Außerdem stellten diese Flüsse mit ihren Hauptströmen und zahlreichen Armen sowohl Barrieren als auch Verbindungen dar. So drang das Klever Territorium 1650 bis nach Arnhem vor. Huissen, Zevenaar, Pannerden, Millingen, Lobith und Kekerdom waren Klever Eigentum und Wehl in der Achterhoek war eine Klever Exklave. Außerdem dehnten die Herren von Kleve ihre Macht bis an die Maas aus und sogar darüber hinaus: Mook, Gennep und Oeffelt gehörten zu ihren Besitzungen.

Der bereits erwähnte Vertrag von Venlo (1543) war schädlich für die Einheit Gelderns und beschnitt seine relative Unabhängigkeit. Der Friede von Münster von 1648 bedeutete das endgültige Aus für die Geldrische Macht. Ober-Geldern verblieb bei den Südniederlanden und fiel an den spanischen König. Die drei nördlichen Quartiere bildeten die staatliche Provinz Gelderland. Die Einheit des Landes zwischen Maas und Rhein war damit verlorengegangen.

Erwähnenswert ist in diesem Zusammenhang die folgende Feststellung des Historikers Jappe Alberts in seinem Buch „Geschiedenis van de beiden Limburgen". Beim Lesen sollte man sich vergegenwärtigen, daß der Herzog von Geldern 1539 die Herrschaft über die Länder Kleve, Jülich, Berg und Ravenstein antrat. Diese Einheit von Geldern und Kleve dauerte jedoch nur bis 1543.

Jappe Alberts schreibt: „Zur Bedeutung des Vertrages von Venlo hat der deutsche Historiker Petri unter anderem bemerkt: ‚Ohne das Eingreifen Karls V. wären Arnheim, Nimwegen, Zutphen, Roermond und Venlo vermutlich deutsche Städte geworden.' Man könnte mit dem gleichen Recht sagen: ‚Ohne das Eingreifen Karls V. wären Emmerich, Kleve, Wesel und einige andere niederrheinische Städte vermutlich niederländische Städte geworden.' "

1815 sind zwischen Gelderland und Kleve größtenteils neue Grenzen gezogen worden. Kekerdom und Leuth fielen an die Niederlande, wie Gennep, Heijen, Mook und Ottersum. Auch Huissen, Malburgen, Zevenaar und Wehl gingen an die Niederlande.

Schenkenschanz, die an der Verzweigung einiger Rheinarme gelegene Festung, wurde Deutschland zugeteilt. Von den ca. 60 Kilometern Grenze zwischen dem heutigen Kreis Kleve und den Niederlanden sind zwei Drittel erstmalig vom Wiener Kongreß festgelegt worden. Die bereits bestehenden Teile waren: ein sechs Kilometer langes Stück von der Mitte des Rheins bis zur Straße zwischen Leuth und Niel; zehn Kilometer vom Wijlerberg bis nach

Grafwegen; und schließlich ein vier Kilometer langes Stück durch die damalige Hülmer Heide zwischen Siebengewald und Goch. Diese Teilstücke der Grenze sind nach 1815 nie Gegenstand internationaler Diskussionen gewesen, ganz im Gegensatz zu einigen größeren Teilen der 1815 neu gezogenen Grenze.

Bis in unser Jahrhundert hinein ist die Grenze zwischen Rhein und IJssel stellenweise geändert worden. Auf die Bedeutung des Rheins bei der Grenzziehung und auf die grenzüberschreitende Bewirtschaftung von Wasser und Deichen werden wir an anderer Stelle noch ausführlich eingehen.

Die Grenze im Rhein-Maas-Gebiet

Das Gebiet zwischen dem Niederrhein und der Maas bildete im Prinzip eine natürliche und geographische Einheit. Diese Einheit ist nur durch den Lauf der Geschichte gespalten worden. Die Grenze zwischen den Niederlanden und Deutschland südlich von Mook ist nämlich rein politisch bedingt. Man scheint sich bei der Grenzbestimmung kaum auf die natürlichen Gegebenheiten gestützt zu haben. Sogar die von den örtlichen Gemeinwesen seit jeher anerkannten Grenzen sind mißachtet worden.

Mit der Geschichte Gelderns und Kleves ist schon zum Teil die Entstehung der Grenze zwischen Maas und Rhein südlich von Gennep beschrieben. Die spanische Zeit, die für Geldern und die südlichen Niederlande 1648 begann, dauerte bis 1703. Das ehemalige Kaiserreich Karls V. zerfiel. Ober-Geldern wurde aufgeteilt: Venlo und Stevensweert kamen unter die unmittelbare Hoheit der Generalstaaten, Roermond fiel an Österreich und Erkelenz an Jülich. Alles, was nördlich von Venlo lag und das Land von Kessel auf dem Westufer der Maas wurde zu Preußen geschlagen. Da das Klever Land 1609 von Brandenburg besetzt worden war (also auch Heijen, Gennep, Oeffelt, Siebengewald und Mook), befand sich ab 1703 ungefähr das gesamte Gebiet der heutigen Provinz Limburg nördlich von Venlo im Besitz Preußens.

Die Großmächte des Wiener Kongresses zogen dessen ungeachtet eine völlig neue Grenze. Man entschied sich für eine Grenze, die es den Preußen unmöglich machen sollte, die Maas zu bedrohen. Der Abstand Preußens von der Maas mußte 800 rheinische Ruten betragen, was 3014 Metern entspricht. Orte, die weniger als 1000 rheinische Ruten von der Maas entfernt lagen, wurden samt ihrer Untertanen zu den Niederlanden geschlagen.

Durch die Entfernung von 800 Ruten konnten die modernen preußischen Kanonen jener Zeit die Schiffahrt auf der Maas nicht bedrohen. Ein derartiger Maßstab hätte in späteren Jahren allerdings zu einer völlig anderen Gebietsaufteilung geführt.

Die Folge der Wiener Maßnahme war, daß die Grenze zwischen Mook und Roermond parallel zur Maas verläuft. Nur auf der Höhe von Siebengewald, Venlo und Roermond wird davon abgewichen. Die natürliche Lage der Maas bestimmte also die Lage der Grenze mit.

Stärker noch als nördlich von Roermond war das südlicher gelegene Gebiet zwischen Maas und Rhein ein Wirrwarr von größeren und kleineren Domänen, Exklaven und Enklaven sowie von Abhängigkeitsbeziehungen untereinander. Es gab Liegenschaften des Kaisers und des Herrschers über die österreichischen Niederlanden, des Königs von Preußen, der gleichzeitig Herzog von Geldern und Kleve war, des Kurfürsten von der Pfalz, der Herzog von Jülich war, des Bischofs

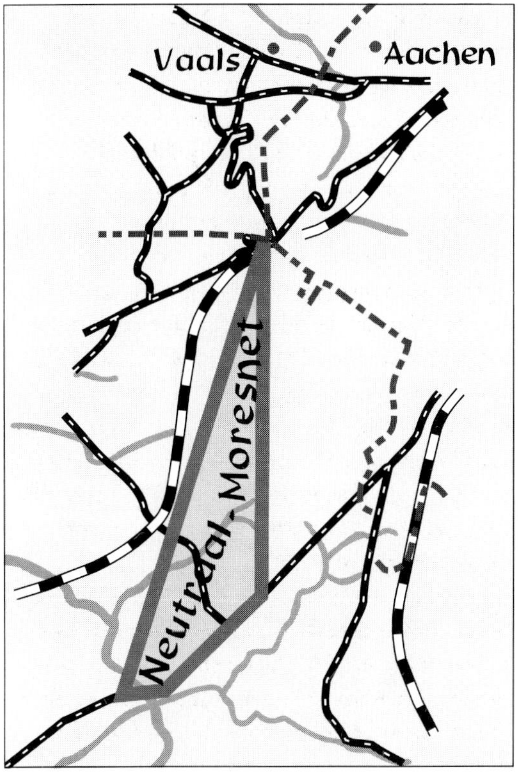

von Liège, der Generalstaaten der Niederlande und auch noch einige kleinere Domänen.

Die nachstehende Liste führt die Ortschaften auf, die laut Aachener Vertrag den Niederlanden zugeschlagen wurden. Die Liste ist nicht vollständig, aber sie vermittelt ein deutliches Bild des Gordischen Knotens, vor dem man im Jahre 1815 stand. Den Niederlanden wurde übertragen:

- die Ländereien Overmaze, mit Ausnahme eines kleinen Teils im Osten, darunter Herzogenrath;
- eine Reihe Jülicher Ortschaften wie Bleijerheide, Eygelshoven, Melick, Herkenbosch, Tegelen und Steijl; außerdem Teile von Laurensberg und Richterich, die zu Vaals bzw. Bocholtz kamen; Teile von Kaldenkirchen kamen zu Belfeld und Tegelen;
- die Hälfte des aus Jülicher Ortschaften bestehenden Kreises Sittard;
- das früher staatsniederländische Ober-Geldern mit u. a. Venlo, Beesel, Belfeld, Echt, Posterholt, Maasbracht und Nieuwstadt;
- das früher österreichische Ober-Geldern mit Roermond und Swalmen; Elmpt, Niederkrüchten und einige Streifen von Maasniel fielen an Preußen.

Die Niederlande nahmen die Ortschaften auf dem östlichen Maasufer am 12. Mai 1815 in Besitz. Drei Jahre später, am 16. Oktober 1818, folgte die Übernahme der Dörfer und Gebiete, die seit dem Vertragsabschluß im Jahre 1815 noch von Preußen gehalten worden waren. Darunter waren unter anderen Tegelen, Melick und Herkenbosch.

Im Jahre 1815 wurde der Grenzverlauf bis zum Dreiländereck zwischen Frankreich, den Niederlanden und Deutschland in der Nähe der Ortschaft Schengen festgelegt. Mit der Unabhängigkeit Belgiens im Jahre 1839 verlagerte sich der südlichste Punkt der Grenze zwischen den Niederlanden und Deutschland nach Vaals bei Aachen. Damals handelte es sich hierbei aber nicht um ein Drei-, sondern um ein Vierländereck. Südlich von Vaals lag nämlich der Kleinstaat Neutral Moresnet. Dieser kleine Staat von einigen hundert Hektar Größe lag wie eine Kuchenspitze zwischen Belgien und Deutschland. Moresnet verdankte seine Existenz wichtigen Zinkvorkommen. Belgien und Deutschland konnten sich nicht einigen, welchem der beiden Ländern die Rohstoffe zufallen sollten. Moresnet hat bis 1919 existiert; in jenem Jahr fällten seine Bewohner die Entscheidung, dem Königreich Belgien beizutreten.

Von Grenzstein zu Grenzstein

Das Dreiländereck

Es gibt mindestens vier gute Gründe, einen Ausflug entlang der deutsch-niederländischen Grenze im Süden, am Dreiländereck, zu beginnen. Der erste und wichtigste Grund ist nicht, daß Wirtschaft und Verwaltung im Dreiländereck so viel mit Europa im Sinn hätten, sondern daß die Einwohner dieser Region ein Recht darauf haben; denn eines sind die Bewohner des Städtedreiecks Aachen–Maastricht–Liège von Natur aus und von alters her: Europäer. Ihre Sprache spricht für sich: Deutsch, Niederländisch und Französisch klingen in ihr an: „Allez Sjengske, kömt doch sjnel, doe!"

Der zweite Grund ist der, daß der Vaalserberg überzeugend die Menschlichkeit einer Grenze repräsentiert. Niederländer stehen während ihrer Tagestour stolz oben auf dem belgischen Tour Baudouin, der auf ihrem mit 321 Metern höchsten Berg steht. Daß einige Kilometer weiter im Aachener Stadtwald ein deutscher Hügel 336,8 Meter hoch ist, übersehen sie lieber. Es wird auch ganz vergessen, daß das Dreiländereck vor der Loslösung Belgiens von den Niederlanden weiter südlich in den Ardennen lag, bei Schengen. Grenzen sind menschlich, aber auch heilig.

Drittens zeigt das Dreiländereck, wie relativ Länder sein können: Von Vaals aus führt der Viergrenzenweg zur höchsten Erhebung. Der Name dieser Straße erinnert noch an die kurzfristige Existenz des Kleinstaates Neutral Moresnet. Seine Vergänglichkeit hält uns die zukünftige Entwicklung vor Augen.

Schließlich zeigt das Dreiländereck auf, daß der moderne Mensch nicht die Wahrheit, sondern nur Unterhaltung will. Es gibt nämlich ein touristisches und ein echtes Dreiländereck. Das touristische Dreiländereck fällt sofort auf, denn es besteht aus einigen fotogen plazierten Steinen. Das echte Dreiländereck liegt beim Grenzstein Nr. 193 mit den Inschriften N, D, B, jeweils in die Richtung der drei Länder zeigend, die sich hier berühren. Dieser Stein liegt unauffällig etwas im Grünen versteckt.

Der Vaalserberg ist trotzdem eine Reise wert. Bei klarer Sicht hat man einen Ausblick über die Ardennen und die Eifel im Süden und Südosten und über die Ebenen und Täler im Westen und Norden. Bei bewölktem und nebligem Wetter wird der Ausblick auf den Dreiländerwald rund um den Aussichtsturm begrenzt. Dieser 3250 Hektar große Wald, in Belgien sogar Bois de Preuss genannt, verdankt seine Existenz dem Boden, der keine nennenswerte Löß-Schicht besitzt und eine Bewirtschaftung nicht lohnend erscheinen ließ.

Nicht sichtbar ist, wie sich die Grenzen unterirdisch bemerkbar machen. Die niederländischen Behörden haben nicht zugelassen, daß die Bahnlinie zwischen Visé und Aachen nördlich um den Vaalserberg herumgeführt wurde. Darum wurde ein Tunnel durch den Berg notwendig. Auch heute fahren die Züge unter dem Dreiländereck her, haarscharf an den Niederlanden vorbei.

Vaals und Aachen

In der Nähe des Dreiländerecks steht noch ein Rest der Aachener Landwehr, die im Jahre 1338 von der freien Reichsstadt angelegt worden ist. Am Fuße des Hügels, wo der Wald in die Bebauung von Vaals und Vaalserquartier übergeht, steht auf der heutigen Grenze eine alte Buchenhecke, die in späterer Zeit wahrscheinlich ebenfalls Teil dieser historischen Abgrenzung gewesen ist. Die Landwehr war ein etwa vier Meter hoher Erdwall von 70 Kilometern Länge. Der Wall war dicht bepflanzt mit Bäumen und Sträuchern, die als Kleinholz kurzgehalten und zum undurchdringlichen Hindernis wurden. Neben dem Wall verlief ein Graben. Der Weg, der hier auf der Höhe des Grenzsteines 194 neben der Grenze verläuft, heißt deshalb auch Landgraben. Obwohl diese jahrhundertealte Landwehr praktisch völlig aus der Landschaft verschwunden ist, blieb die Grenze zwischen Vaals und Aachen unübersehbar bestehen.

Vaals war lange Zeit ein agrarisches Dorf mit einer Kirche, einem Gut des Aachener Adelbertstifts und einigen kleinen Bauernhöfen. Im 17. und 18. Jahrhundert wurde es zu einer Zuflucht für Protestanten aus Deutschland. Vor allem deswegen besaß Vaals in der Mitte des 18. Jahrhunderts immerhin sechs Kirchen. Als im Jahre 1816 die Staatsgrenze gezogen wurde, mußte dies den Glauben unmittelbar berühren. Auf der Höhe des Grenzsteines 195A, im Jahre 1990 unauffindbar, verlief die kerzengerade durchgezogene Grenze quer durch das Schlafzimmer eines Geistlichen. Die Niederlande hielten dies für unzulässig und boten Preußen in Oud-Lemiers ein ganzes Haus im Tausch für das halbe Schlafzimmer an. Das Angebot wurde dankbar angenommen und der zusätzliche Grenzstein 195A wird wohl zur Markierung des Knicks aufgestellt worden sein.

Am Ende des 18. Jahrhunderts hatte sich Vaals durch den Bau einer Textil- und einer Nadelfabrik stark vergrößert. Beide Betriebe wurden von den protestantischen Unternehmern wegen der religiösen Intoleranz und wegen der strengen Zunftbestimmungen aus Aachen verlagert. 1790 beschäftigte die erste Fabrik 160 Arbeiter, die zweite im Jahre 1800 300 Arbeiter. Die Grenzziehung im Jahre 1816 beraubte Aachen – und das galt auch für eine Ortschaft wie Sittard – eines großen Teils seines wirtschaftlichen Hinterlandes und störte die Bande zwischen Vaals und Aachen. Trotzdem hat sich die Beziehung stärker als die Grenze erwiesen und hat die beiden Ortschaften aufeinanderzuwachsen lassen. Die Städte verwuchsen auch in politischer Hinsicht: Eine nicht unbedeutende Zahl von Vaalser Einwohnern begrüßte 1940 die deutsche Besatzung.

In der Folgezeit hat man wieder gelernt, mit der Grenze zu leben. Zwischen der Bebauung von Vaals und der des Vaalserquartiers ist der Grenzübergang auf der Akenerstraat auf der Höhe des Grenzsteines 196 durch einige wuchtige Blumenkübel für den Autoverkehr gesperrt. Das markante Zollhäuschen verfällt ungenutzt. An einer Fassade dokumentiert die Losung: *„Ik kan niets, ik ben niets, geef mij maar een uniform“* (Ich kann nichts, ich bin nichts, gebt mir eine Uniform) die gewandelten Ansichten.

Am nördlichen Rand der Bebauung von Vaals, auf der Höhe des Grenzsteines 196B, will die Grenze noch einmal zur Geltung kommen. Über eine Länge von einigen Dutzend Metern verläuft sie hier mitten über einen Rad- und Gehweg. Sie wird durch Eisenknöpfe markiert, die in den Asphalt eingelassen sind. Schilder warnen vor dem Überschreiten der Grenze, wenn man nicht im Besitz der richtigen Papiere ist. Ein Pedant, der dies beachtet.

Oud-Lemiers und Mamelis

Rasche Entwicklungen haben während der vergangenen Jahrzehnte in der Gegend des Städtedreiecks Aachen–Maastricht–Liège um sich gegriffen. Die Region ist dicht bevölkert und zählt heute schon 3,5 Millionen Einwohner. Die Internationalisierung von Wirtschaft und Verwal-

tung macht dieses Dreieck zu einer zentral gelegenen europäischen Metropole. Die Landschaft, die sich seit der Römerzeit allmählich entwickelt hat, verliert ihre Gestalt und gerät aus dem Gleichgewicht. Durch unseren Eifer herrscht in den alten Dorfzentren und in der Grenzlandschaft nur noch eine touristische und malerische Ruhe.

Im Norden von Vaals bildet der Senserbeek über vier Kilometer die Grenze. Dieser Bach entspringt nordwestlich von Aachen, an der Ostflanke des Massivs von Vijlen. Zu Beginn dieses Jahrhunderts schwammen im Senserbeek und seinen Seitenarmen der Salm, die Bachforelle, der Flußgründling und die Bartgrundel. Als in Aachen jegliche Textilproduktion wegen ihrer Verunreinigungen verboten wurde, ließ diese sich in Vaals nieder. Durch die Abwässer der Färbereien und Wäschereien wurde das Wasser des Senserbeeks in jenen Tagen so schlecht, daß es nicht mehr zur Bewässerung der Äcker genutzt werden konnte. Der Fischbestand hat sich seitdem nicht mehr erholt. Im Senserbeek gibt es heute kaum Fische, und Pflanzen fehlen praktisch ganz. Die Seitenläufe besitzen dagegen noch eine akzeptable Wasserqualität und beherbergen hier und da noch die charakteristische, aber selten gewordene Flora.

Der Senserbeek schlängelt sich durch Oud-Lemiers, ein Dörfchen am Rande der großen Straße nach Vaals und Aachen. Hier steht eine merkwürdige romanische Saalkirche, die Sint Catharinakapel, die aus dem 11. Jahrhundert stammt. Außen an der Kirchenmauer steht ein vergitterter Grenzstein mit einem in Stein gehauenen Reichsadler. Dieser Stein ist zur Abgrenzung des Landgrabens um Aachen benutzt worden. Im Jahre 1772 hatte der Landvermesser Coupzoo 75 solcher Steine um die freie Reichsstadt Aachen herum gezählt. Im Jahre 1980 waren es noch 18. Die Gitterstäbe sind also alles andere als überflüssig.

Wahrscheinlich hat man die Kapelle mit den Steinen einer alten römischen Villa, die in der Nähe gestanden hatte, erbaut. Es ist übrigens noch immer ein Rätsel, woher die Römer den Karbonsandstein geholt haben. Der obere Teil des Chores ist aus Kunrader Sandstein gebaut worden, eine Steinsorte, die im nahen Orsbach gebrochen wurde. Das Innere der Kapelle ist im Jahre 1976 von dem Kunstmaler H. Truijen bearbeitet worden. Farbenprächtig und expressionistisch schuf er dort eine Verbindung zwischen Himmel und Erde. Die Harmonie zwischen Alt und Neu in der kleinen Kirche bietet dem Passanten Trost.

Simpelveld
Bocholtz
30
Baneheide
Bocholtzerheide
Vlengendaal
Grenskantoren
Vetschau
Richterich
Uersfeld
Rumpen
Nijswiller
Bosschen
Grünenthal
Hasenwald
Berensberg
E314
N281
Hand
Laurensberg
Orsbach
Beulardstein
Soers
Mamelis
Klooster
Wildbach
Heumesser
Vijlen
Im Juttenkuhl
Hausen
Sportpark
Tivoli
Stadion
Seffent
Lousberg
Oud Lemiers
Lemiers
Schneeberg
Harles
Vaals
Golfterrein
Hörn
Quellenhof
Melaten
Karting baan
Zuiveringsinst.
Königshügel
Holset
Zwembad
Dom
AACH
Vaals
Westpark
Winnebroek
Holsetterbosch
Raren
De Linde
Vaalserquartier
Malensbosch
Wilhelminatoren
Eliashofen
Ziekenhuis
Wolfhaag
Reinartskehl
Burtscheid
Schimperbosch
Terstraten
Bungalowpark
Uitzichttoren
Drielandenpunt
Eesdal
Grünebenneten
Botzelaar
Gemmenich
Völkerich
Nouvelaar
Preusberg
Ronheide
Steineb
Chorusberg
Stadion
Wittenweg
Homesberg
Bois de Preuss
Preuswald
Preusswald
Tunnel
Brandenberg
Düsberg
Roerberg
Roerbergerheide
Rotes Kreuz
Entenpfuhl
Aachener
Wind
Vosheid
Chapelle
Rabenpfuhl
Grenskantoren
Teneiken
Schimper
Buschhausen
Brandenhövel
Bildchen
Wolfsberg
Grenzhof
Tatarenkop

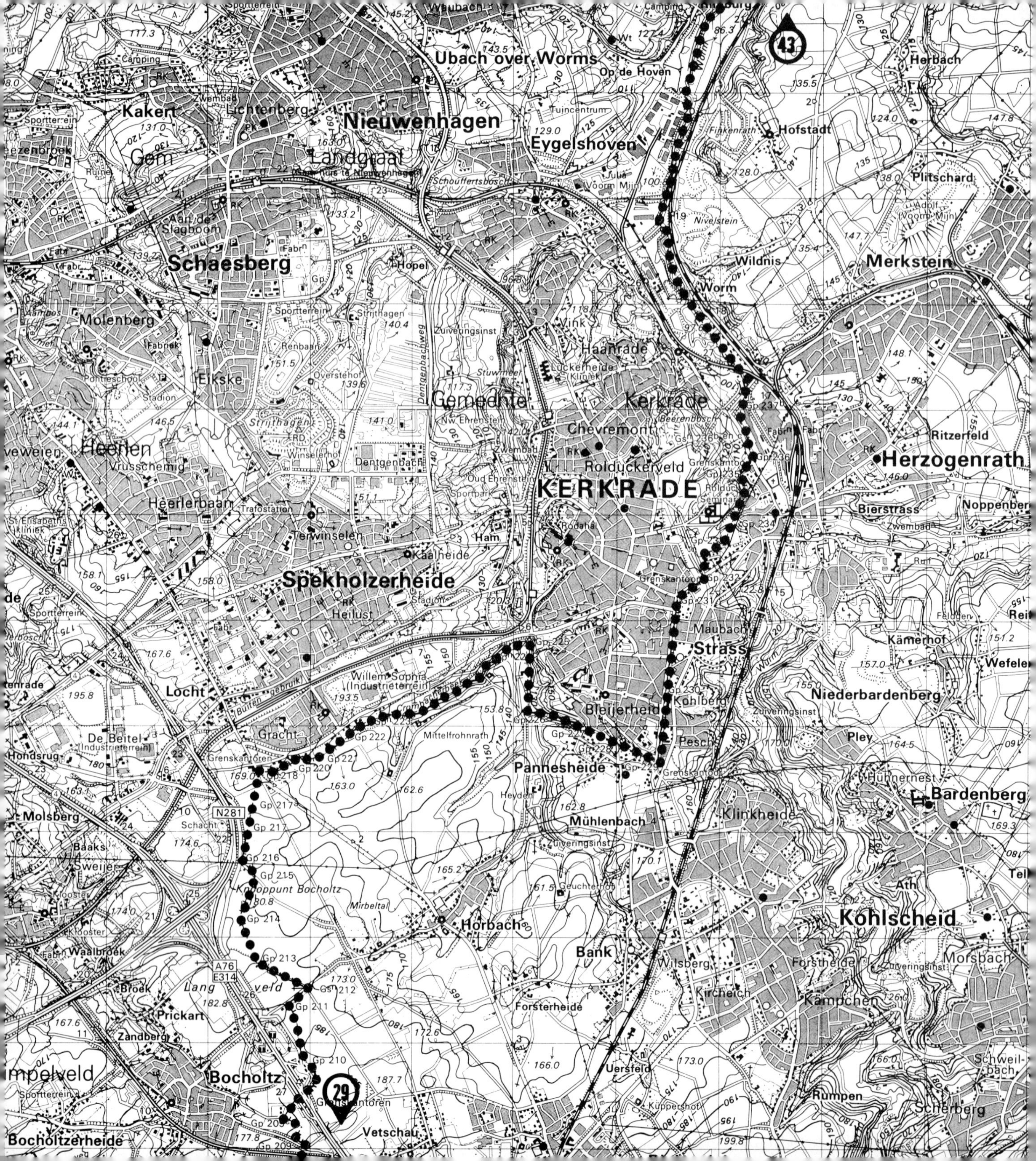

Ubach over Worms
Op de Hoven
Herbach
Kakert
Lichtenberg
Nieuwenhagen
Eygelshoven
Hofstadt
Landgraaf
Plitschard
Schaesberg
Hopel
Wildnis
Worm
Merkstein
Molenberg
Haanrade
Kerkrade
Chevremont
Rolduckerveld
KERKRADE
Herzogenrath
Ritzerfeld
Heerlen
Heerlerbaan
Terwinselen
Spekholzerheide
Heilust
Bierstrass
Noppenberg
Strass
Maubach
Kämerhof
Locht
Gracht
Bleijerheide
Kohlberg
Pesch
Niederbardenberg
Pley
Pannesheide
Hühnernest
Bardenberg
Molsberg
Mühlenbach
Klinkheide
Knooppunt Bocholtz
Horbach
Kohlscheid
Bank
Wilsberg
Forstheide
Morsbach
Kirchelch
Kämpchen
Forsterheide
Prickart
Zandberg
Bocholtz
Uersfeld
Rumpen
Scherberg
Bocholtzerheide
Vetschau
43
29

Der Türschlüssel ist gegenüber der Kapelle bei dem Haus Nummer 17 erhältlich.

Hinter Oud-Lemiers bildet der Senserbeek bis Mamelis die Grenze. Wo der Grenzstein 201 im Wasser liegt, verläßt die Grenze den Bach. Sie verläuft aufwärts zwischen der Nerzfarm mit dem Namen Gut Bergwiese (Baujahr 1903) und dem Hühnerstall, den Bienenkörben und der Weide der Abtei Sint-Benedictus.

Anfangs lag das Gut Bergwiese in den Niederlanden. Eine kleine Grenzkorrektur hatte jedoch zur Folge, daß die Grenze an der Eingangstür des Bauernhofes verlief. Das Kloster (Baujahr 1923) liegt in den Niederlanden, wurde aber von deutschen Mönchen gestiftet. Vor und im Zweiten Weltkrieg sympathisierte der Orden mit dem Nationalsozialismus.

Wegen der Abgeschiedenheit von der Außenwelt versorgen die Mönche sich möglichst selbst. Sie versuchen dabei, die Regel des heiligen Benedikts in ihrem Leben umzusetzen:

„So wie es einen schlechten Eifer gibt, der von Gott entfremdet und zur Hölle führt,

so gibt es einen guten Eifer, der von der Untugend wegführt und zu Gott und dem ewigen Leben hinführt."

Die Hochebene von Bocholtz

Aus dem Tal des Senserbeeks steigt die Grenze zur Hochebene von Bocholtz auf. Von jeher lagen die Siedlungen mit vorwiegend Weideland in den Tälern. Die steilen Abhänge konnten nicht bewirtschaftet werden und blieben daher bewaldet. Die fruchtbaren Lößhochebenen waren ausgezeichnete Ackerböden.

Früher wurde dort wechselweise Roggen, Buchweizen, Klee, Kartoffeln, Gerste, Möhren,

Rüben und Raps angebaut. Wie in den Tälern, wurde auch auf den Hochebenen Obst gezüchtet. Die Parzellen waren kleiner als heute und wurden oftmals durch Hecken und Wälle abgegrenzt.

An Abhängen, die bewirtschaftet werden konnten, wurden Graften angelegt. Graften, im Volksmund „graven" (Gräben), sind Grünstreifen, die rechtwinklig zum Abhang angelegt bzw. stehengelassen wurden. Diese Bepflanzung sollte das Erdreich, das vom Hang heruntergespült wurde, festhalten. Im Laufe der Jahre sind hierdurch Absätze mit üppig bewachsenen Steilrändern entstanden.

Hecken, Wälle und Graften waren nicht nur für die Landwirtschaft von Bedeutung. Viele Vögel fanden dort eine Bleibe und ihre Nahrung.

Zahlreiche Säugetiere wie Dachse und Kaninchen lebten dort in ihren Höhlen. Dank der Graften konnten Amphibien und seltene Pflanzen überleben.

Im Verlauf einiger Jahrzehnte sind auf einer Länge von Tausenden von Kilometern Hecken, Wälle und Graften verschwunden und ihre Bewohner mit ihnen. An den verstreut liegenden Abhängen versucht man, durch intensive Überwachung und Verwaltung die alte Vielfalt aufrechtzuerhalten. Den früheren Reichtum und Zusammenhang kann man damit aber nicht zurückholen.

Heute wird auf der deutschen Seite der Bocholtzer Hochebene hauptsächlich Getreide angebaut. Auf niederländischer Seite gibt es deutlich mehr Weideland. Bis zum Grenzstein 214 sind die Parzellengrenzen mit der Landesgrenze identisch. Auf der Höhe der Grenzsteine 207 und 208 steht auf der mit Steinen übersäten Landesgrenze ein teilweise zugewachsener Holzwall, der eine hügelige Weide zerschneidet. Auch hier handelt es sich um einen Rest der Aachener Landwehr. Es ist der Grenze zu verdanken, daß uns heute noch einzelne Graften erhalten geblieben sind.

Zwischen den Grenzsteinen 214 und 218 wird überwiegend grenzüberschreitende Landwirtschaft betrieben. Da die Grenze Äcker und Wiesen durchquert, ist ihr Verlauf im Feld nicht zweifelsfrei festzustellen.

Im weiten Umkreis ist die Ebene kahl und ohne Bewuchs. Nur an der Kreuzung zweier

Feldwege beim Grenzstein 212 steht ein einsamer kleiner Baum, an dessen Stamm ein Kruzifix angenagelt ist. Den Autolärm einer durch das Zechengebiet verlaufenden Schnellstraße im Hintergrund und hoch in den Lüften das Trällern einer Lerche, verkündet ein Schriftzug auf dem kleinen Schild unter diesem Kreuz:

„Gott
ist mein Schutz."

Die Zechengebiete

Am östlichen Rand der Hochebene von Kerkrade, nahe beim Grenzstein 234A und mit Blick auf Herzogenrath, liegt das Kloster Rolduc. Einer Legende zufolge sollen Hirten dort süße Melodien himmlischer Geister gehört haben. Wegen dieses göttlichen Zeichens stifteten Mönche an diesem Ort ein Kloster. Die Geistlichen fanden Holz im Überfluß vor, einen Bach, der die Fischteiche, die angelegt werden sollten, mit Wasser versorgen konnte und einen nahen Steinbruch mit den nötigen Baumaterialien. Die Chroniken berichten weiter, daß bereits im Mittelalter Steinkohle gewonnen wurde. Sie lag nicht tiefer als 20 Meter. Die arkadische Landschaft sollte später dem schwarzen Gold geopfert werden.

Bis zum Beginn dieses Jahrhunderts war das östliche Limburg eine wenig bevölkerte und agrarische Gegend. Heerlen lag noch im Tal des Geleenbeek und ein erheblicher Teil seiner Bewohner arbeitete in der Landwirtschaft. Im etwas größeren Kerkrade pendelte der größte Teil der berufstätigen Bevölkerung zu den Zechen in Deutschland, wo Bergbau und Industrialisierung bereits im Aufschwung begriffen waren.

In den Grenzvertrag von 1816 war die Bestimmung aufgenommen worden, daß Grundbesitz sich nicht automatisch auf die Bodenschätze unter der Erde erstreckt. Ohne eine solche Bestimmung wäre effektiver Bergbau nicht möglich gewesen. Alte grenzüberschreitende Konzessionen behielten so ihre Gültigkeit und neue konnten geschlossen werden.

Durch die frühe und starke Industrialisierung der Becken von Liège und Aachen entstand dort trotz der eigenen Produktion ein Steinkohlemangel. Wegen dieser Mängel im eigenen Land erwarben belgische und deutsche Unternehmer die meisten Konzessionen auf niederländischem Territorium und begannen tatkräftig mit der Errichtung von Zechen. Es waren auch Deutsche, die Gebrüder Honigmann, die das Problem, Schachtanlagen durch wasserführende Decklagen abzuträufen, lösten.

In der Anfangsphase hatten die Zechen es schwer, genügend Arbeiter zu bekommen, so daß Menschen von auswärts geholt werden mußten. Arbeiter kamen von nah und fern, aus allen Teilen der Niederlande, aber auch aus Ländern wie Polen, später aus der Tschechoslowakei, Jugoslawien und Italien.

Mitte der sechziger Jahre wurde der niederländische Steinkohlenabbau stillgelegt. Kurz hinter der Grenze gibt es noch Zechenbetriebe, deren Zukunft ungewiß ist.

Der Bergbau hat die Landschaft Limburgs drastisch verändert. Seine vielen unmittelbaren Spuren sind jedoch so gut wie verwischt. Die Zechen hatten sich nicht nur unterirdisch weit ausgedehnt, auch überirdisch belegten sie große Räume. Um die Schächte herum befanden sich die Betriebsgebäude wie die Wäscherei und die Kohlenschrotmühle. Ein Kraftwerk besorgte die nötige elektrische Energie. Große Flächen

waren für die Kohlehalden vorgesehen. Und dann gab es noch den Abraum. Berechnungen weisen aus, daß in Zuid-Limburg 500 Millionen Tonnen Steinkohle und 120 bis 230 Millionen Tonnen Abraum aus der Erde heraufgeholt worden sind. Dieser Abfall ist an 120 Stellen auf Abraumhalden gekippt worden. Mehrere Dutzend Meter hoch bestimmten die schwarzen Berge den Horizont der Südlimburger.

Auf alten Zechengeländen sind Wohngebiete entstanden, Grünflächen zur Erholung wurden auf umgestalteten Schuttbergen angelegt. Die Verstädterung der niederländischen Zechenregion konnte in Spekholzerheide und Bleijerheide nur durch die Grenze aufgehalten werden. Dort blicken die Niederländer aus ihren Wohnungen auf das schöne Tal mit dem jahrhundertealten Gut Fronrath am deutschen Talhang, wo die Zeit stehengeblieben zu sein scheint. Zwischen Kerkrade und Herzogenrath ist die Verstädterung grenzüberschreitend. Der Steinberg Oranje-Nassau 2 in Schaesberg wurde in eine Trab- und Rennbahn verwandelt. Skifahrer fahren vom nahegelegenen Wilhelminaberg ihren Slalom hinab. So wurde die Geschichte des schwarzen Goldes in Zuid-Limburg innerhalb kurzer Zeit wieder weißgewaschen. In den Steinbergen befanden sich jedoch viele chemische Verunreinigungen, was noch heute zu Problemen führt.

Auf der deutschen Seite der Grenze wird die Stadtlandschaft noch immer vom Bergbau bestimmt. Vom Wald des Rolduc aus ist zu sehen, wie die Schutthalde bei der Siedlung Zopp wie ein Mont Ventoux in den Himmel ragt. Aber auch hier wird der Abbau der Kohle schon bald der Vergangenheit angehören.

De Nieuwstraat und die Neustraße

Im Jahre 1816 wurde die Grenze zwischen Kerkrade und Herzogenrath von der Wurm nach Westen verlegt, so daß die niederländische Seite der Straße Aachen–Geilenkirchen hierdurch über eine Länge von zwei Kilometern die Grenze bildete und die Abtei Rolduc dabei einen Teil ihres Grundbesitzes an Preußen verlor. Die Tranchotkarte – um 1800 unter Anleitung des französischen Leutnants Hauptmann Jean-Joseph Tranchot gezeichnet – zeigt, daß Kerkrade kein Grenzort war, im Gegensatz zu Bleijerheide, ein Dorf mit wenigen Straßen. Nach dieser Karte gab es die Nieuwstraat-Neustraße schon damals mit einer Abzweigung nach Maastricht auf der Höhe des später gesetzten Grenzsteines 231.

Zu dieser Zeit wohnten mehr Menschen östlich der Nieuwstraat-Neustraße als auf der westlichen Seite. Etwa einen Kilometer von der heutigen Grenze entfernt lagen einige Steinkohlezechen sowie Stein- und Sandgruben.

Die Entwicklungen im Bergbau sorgten dafür, daß die Nieuwstraat-Neustraße nun mitten in der Stadt lag. Für die Grenzüberwachung war dies natürlich problematisch. Während und um den Ersten und Zweiten Weltkrieg verlief eine unfreundliche Stacheldrahtsperre entlang der Straße. In den sechziger Jahren wurde sie entfernt und durch eine kleine Mauer von einigen Dezimetern Höhe in der Mitte der Straße ersetzt. So ergab sich eindeutig eine eher symbolische Abgrenzung. Wer hier im Jahre 1991 zu den Nachbarn von gegenüber wollte, durfte aber nicht einfach über die Mauer steigen. Das unablässig wachsame Auge der Zöllner versuchte damals noch immer und stets verzweifelter, die Bevölkerung den Umweg über eine der beiden offiziellen Aussparungen in der Mauer machen zu lassen. Aber niemand störte sich daran und die vielen Drogenkuriere, Springer genannt, sorgten für einen florierenden Handel.

Wie ihre größeren Vorbilder steht auch die kleine Mauer auf der Nieuwstraat-Neustraße kurz vor dem Zusammenbruch. Die Gemeinderäte von Kerkrade und Herzogenrath vereinbarten 1991 feierlich, die Doppelstadt Eurode zu gründen. Der Beschluß wurde in einem Festzelt bekannt gegeben, das natürlich in der Nieuwstraat-Neustraße aufgebaut war. Den ersten Tagesordnungspunkt stellte die Entfernung der Mauer und der Ausbau der Nieuwstraat-Neustraße zur Hauptstraße von Eurode dar. Es existieren Pläne, die Raumordnung grenzüberschreitend aufeinander abzustimmen.

Vielleicht erhält der Gegensatz der Baustile zu beiden Seiten der Nieuwstraat-Neustraße in ferner Zukunft Denkmalscharakter. Gegenüber deutschen Wohnungen mit den typischen kleinen Fenstern trifft man auf den Kerkrader Sonnenneubau, errichtet auf dem ehemaligen Gelände der Domaniale Mijn.

Die Zollstation beim Grenzstein 231 wird in Kürze der Vergangenheit angehören. Am Grenzübergang steht ein Kunstwerk mit dem Titel „Alle Menschen werden Brüder". Dieses hoffnungsvolle Lied wurde von Ludwig von Beethoven zu Ehren des Wiener Kongresses komponiert. In Eurode scheint es Wirklichkeit zu werden.

Die Wurm

Der Buchenwald bei Rolduc – die Stämme stehen wie die Säulen einer Kathedrale – liegt wie eine Halbinsel in der Stadtlandschaft von Eurode. Mit ein wenig Mühe und Phantasie läßt sich eine grüne Schneise zur Wurm, einige hundert Meter weiter, ausmachen. Zwischen dem Wald und der Wurm liegt eine deutsche Autoglasscheibenfabrik. Die Wurm fließt streng kanalisiert zwischen den Fabriksgebäuden hindurch. Beim Fabrikstor und der Grenze angekommen, gewinnt der Fluß anscheinend seine alte Freiheit und strömt wild durch sein gewundenes Bett.

Die Wurm entspringt südlich von Aachen am Rand der Eifel und der Ardennen. In zahlreichen Biegungen strömt sie quer durch Aachen und durch ihr waldreiches Tal zwischen Kohlscheid, Würselen und Herzogenrath. Hinter der Fabrik für Autoglasscheiben und dem Grenzstein 237B fällt die Wurm über eine Länge von zehn Kilometern mit der Grenze zusammen. Hinter dem Grenzstein 239 fließt sie wieder nach Deutsch-

land hinein und erreicht bei Heinsberg die Rur, die ihrerseits wieder in die Maas mündet. Eine zu schöne Geschichte besagt, daß die Wurm ihren natürlichen Charakter und ihren ursprünglichen Verlauf behalten hat, weil sie ein Grenzfluß war.

An der Brücke über die Wurm stehen an der Straße von Kerkrade nach Merkstein auf dem niederländischen Ufer die Reste einer jahrhundertealten Wassermühle. Für sie wird der Fluß ein kurzes Stück umgeleitet. Etwas weiter mündet ein Rohr in die Wurm, aus dem pro Minute etwa zwölf Kubikmeter Zechenwasser ausfließen. Der Pegel des Zechenwassers der aufgegebenen niederländischen Flöze muß mittels einer Pumpe tiefer als 380 Meter unter der Erdoberfläche gehalten werden. Die Gänge der deutschen Steinkohlenbetriebe im Aachener Revier könnten sonst geflutet werden. Die Wassermenge, die die Wurm abzuführen hat, wird in noch größerem Maße von der Verdichtung in ihrem Stromgebiet bestimmt: Die Verstädterung hat dazu beigetragen, daß das Regenwasser nicht mehr in den Boden sickern und von dort allmählich in den Fluß strömen kann, sondern von der Kanalisation beschleunigt in den Fluß gelangt. Bei schweren Regenfällen stauen sich so riesige Wassermassen.

Vor allem bei Haanrade zeigt sich, daß es mühsam ist, den Abtrag an den Wandungen und am Boden des Flußbettes einzudämmen. Um dieses Abbröckeln der Ufer zu stoppen, ist der Lauf mit Steinen ausgelegt. An mehreren Stellen hat man Weiden gepflanzt, um den Boden festzuhalten.

Die Wurm trägt weiter die Uferböschung ab, wie es sich für einen Grenzfluß gehört. Diese Angelegenheit führte im Jahre 1868 zu einem Vertrag zwischen den Niederlanden und Preußen: „Über die Grenzziehung zwischen den beiden Reichen an einigen Stellen zwischen der Provinz Limburg und dem Distrikt Aachen". An vier Stellen der Wurm konnte festgestellt werden, daß Boden von einem Staat zum anderen übergegangen war. Das folgende Zitat zeigt, daß es sich um schwierige Millimeterarbeit gehandelt hat: „... beim Punkt A, zwischen der Gemeinde Merkstein, Kreis Aachen und der Gemeinde Kerkrade, Herzogtum Limburg, ist die Wiese in der Nähe der Marienthaler Hütte, mit der Bergisch-Märkischen Eisenbahn-Gesellschaft als Eigentümer, registriert in der Sektion B, Nr. 2782, des niederländischen Katasters, wie auch die Hälfte des Flußbettes der Wurm, die an dieser Wiese entlangströmte, vom linken zum rechten Ufer des Flusses übergegangen. Nach den Bestimmungen des Vertrages von Aachen haben sie sich damit aus dem Gebiet der Niederlande gelöst und sich dem von Preußen hinzugefügt." Nach langem Aufrechnen stellte sich heraus, daß staatliche Gewinne und Verluste sich gegeneinander aufhoben. So blieb die Wurm die Grenze.

Etwas weiter im Norden kann von einem natürlichen Flußbett schon keine Rede mehr sein. Am Ufer der Wurm, in der Höhe von Eygelshoven und Wildnis, lagen früher die Flecken Vinckenrode und Nivelstein. Vinckenrode (Finkenrath) und Nivelstein wurden in den fünfziger Jahren der Braunkohlengewinnung geopfert. Die Braunkohle wurde im Tagebau gewonnen, ohne daß auf das Flußbett der Wurm Rücksicht genommen wurde. Auf der Höhe des Grenzsteines 238D und der ehemaligen Mijn Julia sank das Flußbett seinerzeit um acht Meter ab.

In den Niederlanden sind die Braunkohlenreserven wesentlich geringer als die immensen deutschen Vorräte, die auch heute noch häufig in Stromkraftwerken als Brennstoff eingesetzt werden. Der Abbau der niederländischen Braunkohle zwischen Waubach, Rimburg und Haanrade wurde darum lange Zeit für unrentabel gehalten. Die Niederlande haben immer mit einem offenen Energiemarkt gelebt. Solange ausländische Produzenten billiger liefern konnten, importierte man die Energie, auch die Braunkohle. Durch den Ersten Weltkrieg fiel der Import aus Deutschland weg und der Abbau der Braunkohle in Limburg wurde rentabel. Innerhalb

kürzester Zeit wurden zahlreiche Konzessionen vergeben. 1918 waren fünf Gruben in Betrieb, die Braunkohle im Tagebau förderten und in Spitzenzeiten 3000 Menschen beschäftigten. Nach 1918 verschwand der Abbau in Limburg ebenso schnell wie er entstanden war. Im Zweiten Weltkrieg nahm er wieder zu und nach 1945 allmählich wieder ab. Mit der Stillegung der Groeve Anna nördlich von Haanrade wurde die Gewinnung der Braunkohle in den Niederlanden endgültig eingestellt. Aus einer deutschen Grube in Grenznähe hat man bis 1968 Braunkohle gefördert.

Heute erinnern nur noch alte Karten und Straßennamen an Vinckenrode und Nivelstein. Bei der Wiederherstellung des Gebietes sind die Gruben wahrscheinlich mit Abraum aus dem Bergbau zugeschüttet worden. Das Flußbett der Wurm wurde wieder auf sein altes Niveau zurückverlegt.

Die Grenz-Wurm wirkt zur Zeit etwas verwahrlost. Auf dem östlichen Ufer trennt die Eisenbahnlinie Aachen-Geilenkirchen Fluß und Uferböschung, aus der die Fabrik für Autoglasscheiben ihren feinen Sand gewinnt. Auf dem westlichen Ufer beherrschen die grünen Lagerhallen der NATO das Bild dort, wo sich früher die Mijn Julia befand.

Um Rimburg ist die Wurm kanalisiert. Der frühere Herrensitz Rimburg ist im späten Mittelalter entstanden. Das kleine Dorf mit seinen denkmalwürdigen Höfen hat sich seitdem zu einer bandförmigen Siedlung entlang der Straße Eygelshoven–Geilenkirchen entwickelt. Vor 1816 verlief die Grenze noch östlich der Wurm und der Herrensitz Rimburg gehörte zu den österreichischen Niederlanden. Durch die Grenzverlegung verläuft die Grenze heute durch die Wassermühle Rimburgs, und das Schloß liegt auf deutschem Gebiet. Eine alte Brücke beim Grenzstein 238F verbindet das Schloß mit dem Dorf.

Eine unmittelbare Folge der Kanalisation und der beschleunigten Ableitung des Regenwassers ist, daß stromabwärts regelmäßig erhebliche Überschwemmungen vorkommen. Dies will man jetzt mit dem Bau eines Auffangbeckens lösen. Durch das Becken kann das Wasser kontrolliert und stufenweise für den Unterlauf freigegeben werden. Das Becken soll einen natürlichen Charakter erhalten. Vielleicht erhält die Wurm dadurch einen Teil ihres früheren Glanzes zurück.

Trotz allem finden viele Pflanzen und Tiere hier noch immer ihren Lebensraum. Bei einer Bestandsaufnahme der Uferzone konnte man Pflanzensorten wie die Hanfnessel und den Körner-Steinbrech entdecken. Der Fischbestand scheint sich zu erholen, und kürzlich wurde der Eisvogel wieder gesehen.

Die Grenzregionen

Durch den Wiener Kongreß wurden Gemeinwesen wie die Herrengüter von Rimburg und Millen aufgeteilt. Einige Ortschaften wie Sittard und Aachen verloren Teile ihres Grundbesitzes. In den ersten Jahrzehnten nach 1815 hatte das keine großen Auswirkungen auf die Kontakte zwischen den Dörfern und den Menschen zu beiden Seiten der neuen Grenze gehabt. Der weitaus größte Teil der Bevölkerung war in die Politik nicht miteinbezogen. Die Ursache für dieses Desinteresse lag in der jahrhundertelangen Beherrschung des Gebietes um das Städtedreieck durch ständig wechselnde Herrscher. Eine Reihe niederländischer Limburger hatte am belgi-

schen Aufstand teilgenommen, und Limburg war von 1830 bis 1839, mit Ausnahme von Maastricht und Venlo, ein Teil Belgiens. Die gehobenen Stände fühlten und unterstützten dagegen eine staatspolitische Verbundenheit mit den Niederlanden. Die einfachen Südlimburger fühlten sich durch Arbeit, Religion und Dialekt eher dem Rheinland als den übrigen Niederlanden zugehörig. Im 19. Jahrhundert war die Deutsche Mark in großen Teilen Limburgs die gängige Münze. Die Priester hielten ihre Predigt in der Kirche oft in Deutsch. Und im Dorf Waubach kam es regelmäßig vor, daß die gesamte Schuljugend ins deutsche Scherpenseel zur Schule ging, weil das Schulgeld dort niedriger war, oder umgekehrt.

Nach 1850 aber wurde die Einheit des staatlichen Territoriums immer mehr von seiten der Obrigkeit erzwungen. Wie im angrenzenden deutschen Gebiet spielten die Steinkohlezechen in Zuid-Limburg für die nationale Wirtschaft eine bedeutende Rolle. Man baute daher Verkehrsverbindungen zu den nördlichen Niederlanden. Der Bau der Zuid-Willemsvaart durch Noord-Brabant, das Kempener Land, über Maastricht nach Liège ist eine dieser Verkehrslinien. König Wilhelm I. wollte mit dem Bau dieses Kanals neben der wirtschaftlichen auch die staatliche Einheit zwischen den Nord- und den Süd-Niederlanden (dem späteren Belgien) verstärken. Später wurde die Maas kanalisiert und Nationalstraßen in Nord-Südrichtung angelegt.

Durch diese politischen und wirtschaftlichen Entwicklungen entfremdeten sich die Grenzregionen voneinander. Nur in Rimburg, an der Straße Eygelshoven–Geilenkirchen, überbrückt zur Zeit

die Kunst die Grenze. Am Grenzstein 240 hat Herr Driessen aus Landgraaf das Bild einer Biene aufgestellt mit dem Text:

„Wie die Welt der Bienen;
ohne Grenzen, dynamisch,
bewohnbar
durch Bündelung der Kräfte."

Und als sei das noch nicht genug, haben deutsche und niederländische Jugendliche einträchtig am Grenzstein 241, hundert Meter weiter, ein zweites Kunstwerk aufgestellt, das besagt:

„Wißt, der Euch
den Haß lehrt,
wird Euch nicht
erlösen."

Und das in sechs Sprachen, darunter Polnisch.

Die Brunssummerheide und die Teverener Heide

Am Anfang dieses Jahrhunderts lag zwischen Brunssum und Geilenkirchen eine wilde, ausgedehnte Heidelandschaft, die von Wäldern durchbrochen war. Im Gegensatz zu dem südlicher gelegenen Gebiet mit seinen fruchtbaren Lößböden machten die Sandböden Landwirtschaft hier so gut wie unmöglich. Die Brunssummerheide und die Teverener Heide bildeten auch nach der Grenzziehung noch für lange Zeit eine Einheit. Nach und nach wurde diese Landschaft kultiviert. So liegt in der Nähe des Grenzsteines 256, nicht weit von Abdissenbosch und Scherpenseel, ein Bauernhof mit dem Namen Nieuwenhof, der früher Heihof hieß. Die Fassade gibt 1819 als Baujahr an. Auf der topographischen Militärkarte aus dem Jahre 1842 liegt der Bauernhof noch ziemlich abgeschieden an der Grenze, mit dem Zeichen für Heide auf deutscher Seite und dem für Niederwald bei Abdissenbosch. Auf derselben Karte findet sich ein Grenzweg zwischen den Grenzsteinen 263 bei Hohenbusch und 267 bei Op den Hering. Dieser Weg führte seinerzeit hauptsächlich durch ein Alléebusch genanntes Waldgelände. Hohenbusch und Op den Hering waren einsam gelegene Rodungen.

Die ausgedehnte Teverener Heide und die Brunssummerheide sind verlorengegangen. Kleine Restbestände werden künstlich erhalten. Die Brunssummerheide, die mit ihren 100 Hektar für Limburger Verhältnisse als groß bezeichnet werden darf, kann sich trotz und wegen einer Zahl von zwei Millionen Besuchern im Jahr behaupten. Die Teverener Heide, drei Kilometer weiter östlich gelegen, ist wie die frühere Brunssummerheide größtenteils bewaldet. Ein Überbleibsel liegt zwischen den Zäunen des Flugplatzes Teveren.

In der jüngsten Vergangenheit hat man in grenzüberschreitender Zusammenarbeit versucht, die Heidegebiete zu bewirtschaften. Niederländische Schafherden auf der deutschen Heide weiden zu lassen, war eine der erwogenen Möglichkeiten. Dazu hätte man die Herde aber für insgesamt 10 000,– Gulden impfen müssen. Außerdem hätte man die Schafe, die in Deutschland weiden, nicht mehr in die Niederlande zurückbringen dürfen, wenn irgendwo in Deutschland, zum Beispiel an der polnischen Grenze oder in Bayern, eine Viehseuche ausgebrochen wäre. Man hat darum lieber darauf verzichtet, den Plan umzusetzen.

Es wäre übrigens auch nicht einfach gewesen, eine Schafherde unbeschadet von der einen Heide zur anderen zu treiben. Die zahlreichen Lehm-, Sand- und Kiesgruben, die sich mit den Abraumhalden abwechseln, machen dies so gut wie unmöglich. So verläuft nicht weit hinter dem Bauernhof Nieuwenhof die Grenze auf einem Grat zwischen zwei Gruben. Diese Situation mit Gruben zu beiden Seiten der Grenze setzt sich über etwa fünf Kilometer hinweg fort. Gruben, die nicht mehr in Betrieb sind, werden nun anders genutzt. So hat man am Grenzstein 257 eine alte Grube zum Moto-Cross-Gelände umgestaltet. Daneben findet sich eine gigantische Müllkippe in unmittelbarer Nähe zur Grenze. Eine traurige Birkenreihe am Zaun rund um die Kippe versucht mühsam, den Eindruck einer blühenden Heide zu vermitteln. Am Rand der riesigen deutschen Grube beim Grenzstein 258 ruft das Schild „Naturschutzgebiet" Erstaunen hervor.

Ab dem Grenzstein 259 verläuft in Richtung 260 der geteerte Waubacherweg über den Grenzgrat. Der Pächter der Grube erzählte uns, daß der Lehm sogar unter der Straße weggegraben und durch anderes Material ersetzt worden sei. Eine niederländische Grube in der Höhe des Grenzsteines 259 wurde zum Golfplatz umgebaut. Auf dem sanft hügeligen Gelände sind Weiden gepflanzt und Teiche angelegt worden. Ein Bläßhuhn schüttelte sich einsam und verloren im Wasser. Neben dem Golfplatz war man eifrig damit beschäftigt, eine Abraumhalde abzutragen; direkt davor standen militärische Lagerhallen. Man berichtete uns von Plänen für eine Pferderennbahn, für eine Skipiste und für die Erweiterung des Golfplatzes um einige zusätzliche Löcher.

Erst beim Grenzstein 263 in Hohenbusch hört die Verschandelung der Landschaft auf.

Die niederländische Uithoek ...

Ab Grenzstein 263 scheint die Landschaft zur Ruhe zu kommen. Beim Blick auf die Karte und beim Wandern fällt auf, daß die Grenze in dieser niederländischen Uithoek, in diesem abgelegenen Winkel, als gerade Linie durchgezogen ist: vom Grenzstein 263 bis 267 über 2,5 Kilometer in nördliche Richtung, vom Grenzstein 267 bis knapp vor der 270-Marke über die gleiche Entfernung in westliche Richtung.

Der sogenannte Neutrale Weg bildet die erste gerade Linie. Bei einem solchen Weg hat man die Grenzsteine auf beiden Seiten in die Böschungen gesetzt. Im Vertrag von 1816 wurde ein Streifen Land zwischen den Grenzsteinen 263 und 266, der Viehweg oder Veeweg genannt wurde, zur Grenze erklärt. Die wechselnde Breite dieses Streifens führte dazu, daß auf beiden Seiten Eigentümer die Gelegenheit zu unrechtmäßigen Aneignungen ergriffen. Dadurch wurde der exakte Grenzverlauf auf die Dauer unsicher. Nach dem im Jahre 1868 in Aachen geschlossenen „Vertrag über die Grenzziehung zwischen beiden Reichen an einigen Stellen zwischen der Provinz Limburg und dem Distrikt Aachen" vereinbarten die Niederlande und Preußen, an dieser Stelle einen zehn Ellen breiten Weg anzulegen, dessen Achse genau die Grenze markieren sollte. Die Kosten sollten von beiden Seiten gleichermaßen getragen werden.

Auf der zweiten Geraden verläuft eine zehn Meter breite Feldhecke im Tal des Rodebachs, das hier einen Kilometer breit ist. Dieses Tal liegt eingebettet zwischen der Brunssummerheide und der Teverener Heide auf der Südseite und der Lößlandschaft des Selfkant mit seinen sanft wogenden Hügeln auf der Nordseite. Vor dem Abschluß des eben genannten Vertrages aus

Vintelen
Kreuzrath
Birgden
Gangelt
Stahe
Hatterath
Rischden
Gillrath
Niederbusch
Niederheid
Op den Hering
Heringsbosch
Panneschopp
Nierstrass
Bocket
Bauchem
Schinveld
(Gemeente Onderbanken)
Nieuwe Heide
Staatsforst
Geilenkirchen
Hohenbusch
Teveren
BRUNSSUM
Hambach
Grotenrath
Siepenbusch
Windhausen
Zweibrüggen
Teverener Heide
(Natuurreservaat)
Scherpenseel
Abdissenbosch
Marienberg
Gem Heerlen
Gem Landgraaf
(Gem hûis te Schaesberg)
Ubach over Worms
Rimburg
Nieuwenhagen
Frelenb
Übach
14
30

Heide
Kavinksbosch
Schalbruch
Koningsbosch
Aan Reijans
Isenbruch
Havert
Nieuwstadt
Spaanshuisken
Saeffelen
Lind
Stein
Heilder
Millen-Bruch
Millen
Höngen
Grosswehrhagen
Broichhoven
Buscherheide
Der Selfkant
Kleinwehrhagen
Tüddern
N274
Hastenrath
Overhoven
Stadbroek
Broeksittard
Sittard
Wehr
Süsterseel
Lahrhof
Haagsittard
Ophoven
Kollenberg
Mindergangelt
Wildpark
Roermolen
Hillensberg
Jabeek
Etzenrade
Paulus Stichting
Windraak
Bingelrade
Meetstation
Saeffeler Bach
Zuiveringsinst
Grenskantoor
Gp 311
Gp 310
Gp 309
Gp 298
Gp 296
Gp 295
Gp 294
Gp 291
Gp 281
Gp 280
Gp 279
Gp 278
Gp 277
Gp 276
Gp 275
Gp 274
Gp 273
Gp 271
Gp 270
Gp 318
Gp 316
Gp 315
Gp 314
Gp 313
Gp 329
Gp 328
Gp 326 en 327
55
43

dem Jahre 1868 folgte die Grenze den Windungen des Baches, der in diesem Vertrag „la Rigole“ genannt wurde. La Rigole bildete gleichzeitig die Grenze zwischen Schinveld und Gangelt. „Dieser Bach“, so schreibt der Vertrag, „ist vom Grenzstein 268 bis zu den Doppelsteinen 272 schon seit einigen Jahren zum Teil ausgetrocknet und zum Teil im Morast verschwunden.“ Ein neuer Grenzverlauf wurde darum festgelegt und mit Steinen im Feld markiert. Dieser Verlauf fiel mit einem Graben zusammen, der im Jahre 1847 gezogen wurde, um die Besitzansprüche der Gemeinden Schinveld und Gangelt voneinander zu trennen.

Das Ziehen einer radikalen, geraden Grenze konnte neue Grenzprobleme nicht einmal in dieser Uithoek für alle Zeiten ausschließen.

Auf der Höhe des Grenzsteines 263 liegt der Flugplatz Teveren. Die NATO hat hier ihre AWACS stationiert. Diese Flugzeuge, ausgerüstet mit einem Radargerät auf dem Rumpf und innen vollgestopft mit Computern, haben wesentliche Bedeutung für die Informationsversorgung der Alliierten. Bei der Planung der Startbahn ist ein kleiner Fehler unterlaufen, der allerhand Konsequenzen nach sich zog. Man war von einem Steigungswinkel der AWACS von 2,5% ausgegangen, der sich in der Praxis aber als 2% erwies. Das hatte zur Folge, daß das an der Grenze gelegene Waldstück des Schinvelder Waldes den Flugzeugen im Weg war. Nach vielem grenzüberschreitendem Hin und Her wurden die störenden Bäume ohne Genehmigung gefällt. Das rechtzeitige Eingreifen einer in Schinveld eiligst gebildeten politischen Partei hat den völligen Kahlschlag verhindert. Trotz des Versuches höherer Stellen, der Gemeindeverwaltung von Schinveld ihren Widerstand mit einem neuen Rathaus und einer Sporthalle abzukaufen, schwelt die Angelegenheit noch immer vor sich hin.

Das Tal des Rodebach war zwischen dem Heringshof und Jabeek ziemlich versumpft. Der Rodebach mit seinem gewundenen Lauf floß durch prachtvolle Bruchwälder. In den zwanziger Jahren änderte sich dies. Der Bach wurde durch die Abwässer der schnell wachsenden Bergbaustadt Brunssum und durch Schlick im Zechenwasser der Staatsmijn Hendrik erheblich belastet. Hochwasser trug den Schlamm auf die Ufer und verdarb das Weideland. Sowohl von niederländischer als auch von deutscher Seite wurde die Notwendigkeit erkannt, den Wasserabfluß des Baches zu regulieren. 1938 wurde der Unterlauf reguliert. In den fünfziger Jahren wurde die Regulierung des Rodebachs in Gangelt fertiggestellt. Gleichzeitig wurde der Gangelter Bruch erschlossen.

Das Ergebnis paßt nicht in die Umgebung einer Hügellandschaft. Die kerzengeraden Gräben und die kahlgeschlagenen, flachen Parzellen erinnern eher an die viel weiter nördlich gelegenen Moorgebiete. Nur auf der Grenze ist eine Feldhecke stehengeblieben. In der Nähe dieser Hecke, beim Grenzstein 269 B, ragt ein eigenartiger Buckel drei Meter hoch empor. Auf einem Schild ist zu lesen: *„Schanzberg, errichtet um 1500.“* Möglicherweise stellte dieser Buckel einen Teil der Verteidigungslinie dar, zu der auch die 3,5 Kilometer lange Landwehr zwischen Stahe und Gillrath gehörte (beide östlich von Gangelt). Diese Landwehr ist auf der topographischen Militärkarte aus dem Jahre 1842 zu erkennen.

Heute findet man auf dem kleinen Berg fünf riesige Eichen, ein paar weidende Schafe und ein Grabmal als letztes Zeichen einer religiösen Grenzlandschaft. Mit viel Mühe kann man auf dem Grabstein entziffern:

„Mein Jesus Barmherzigkeit."

... und die toteste Ecke Deutschlands

Der Selfkant ist eine deutsche Uithoek, ein toter Winkel. Es wurde schon erwähnt, daß durch die Grenzziehung im Jahre 1815 die Gemeindegebiete Sittards und Millens geteilt wurden. Bis in die moderne Zeit hinein scheint der Selfkant als Folge der Grenzziehung das Prädikat „nicht richtig deutsch" mitbekommen zu haben.

Der Selfkant besitzt einen fruchtbaren Lößboden. Das Gebiet war daher schon in der zweiten Hälfte des vorigen Jahrhunderts fast ganz erschlossen und landwirtschaftlich von Bedeutung. Die Agrareinkünfte reichten aber nicht für alle Einwohner aus. Viele fanden Saisonarbeit in den benachbarten Industriegebieten. Auch wurde in Heimarbeit gewoben, wozu Kaufleute aus der Stadt das Material lieferten. Als Folge der Mechanisierung in den Webereien verschwand diese Heimarbeit nach 1850. Zu Beginn des zwanzigsten Jahrhunderts fanden die Selfkantbewohner in der Umgebung, auch in den Niederlanden, Arbeit im Bergbau, im Braunkohlentagebau und in der Papier- und Textilindustrie. Auf diese Weise konnten mehr Menschen im Selfkant wohnen bleiben und die Einwohnerzahlen stiegen. Die Rezession der dreißiger Jahre verursachte unter den Bewohnern eine enorme Arbeitslosigkeit und warf den Selfkant wieder zurück auf die Landwirtschaft.

Der Anschluß der Selfkantdörfer an das deutsche Straßennetz wurde erst verwirklicht, als militärische Interessen im Zweiten Weltkrieg dies verlangten. Nur Hillensberg, in der südwestlichen Ecke des Kreises, blieb noch lange Zeit isoliert. Die wirtschaftliche Bedeutung des Selfkant für Deutschland blieb gering.

Es ist daher auch nicht weiter verwunderlich, daß die Grenze zwischen Brunssum und Koningsbosch im Jahre 1949 ein ganzes Stück verkürzt wurde. In diesem Jahr annektierten die Niederlande nämlich den Selfkant. In vierzehn Jahren Zelfkant drückten die Niederlande dieser Region ihren Stempel auf. Zur Reparation der Kriegsschäden und zur Verbesserung der Wirtschaftsstruktur stellten die Niederlande erhebliche Mittel zur Verfügung. Auch deutsche Behörden trugen die nötigen Mittel dazu bei. Diese doppelte Hilfe ermöglichte die Modernisierung der Landwirtschaft. Ein Bauprogramm sorgte für 900 Mittelstandswohnungen in einem einheitlichen niederländischen Baustil. Die Infrastruktur wurde durch den Bau von 70 Kilometern asphaltierter Straßen verbessert. Bei Tüddern wurde der Wildpark Safariland als Touristenattraktion angelegt. Dem Safariland war kein langes Leben beschieden. Das Hochwild-Freigehege in Gangelt hat seinen Platz eingenommen. Aber Dreh- und Angelpunkt der touristischen Aktivitäten im Selfkant ist derzeit die Selfkantbahn, die von einer Dampfeisenbahn zwischen Gillrath und Schierwaldenrath befahren wird. Fahrräder werden kostenlos transportiert.

Der Bau einer Straße zwischen Brunssum und Koningsbosch sollte die wirtschaftlichen und sozialen Bande zwischen dem Selfkant und den nördlich und südlich von ihm gelegenen niederländischen Regionen verstärken. Die Straße war überdies eine zusätzliche und kürzere Erschließung der Limburger Bergbauregion in nördlicher Richtung.

Anfangs hatte man auf der 8,5 Kilometer langen Strecke 18 ebenerdige Kreuzungen geplant. 1963 wurde Zelfkant wieder zum Selfkant und ließ die Straße als infrastrukturelles Kuriosum zurück. Die Straße führt durch den Selfkant, läßt sich aber von dieser Gegend aus nicht nutzen. Es sind nämlich sieben Viadukte angelegt worden.

Von dieser Straße aus gesehen macht „die toteste Ecke“ einen etwas verlorenen Eindruck.

Die Landwirtschaft im Selfkant ist an vielen Stellen grenzüberschreitend. Zwischen Jabeek und Süsterseel (ab dem Grenzstein 277) verläuft die Grenze quer durch außergewöhnlich große Parzellen. Sogar die Grenzsteine sind dort überdimensioniert. Diese Gegend ist eine Kulturwüste, die lediglich an der Grenze einige steile Böschungen und kleine Wälder verschont hat. Abgesehen von der Unterbrechung durch einen bewaldeten Abhang zwischen den Grenzsteinen 291 und 294 auf der Höhe von Hillensberg und Windraak verändert sich die Landschaft bis Broeksittard nicht. Landwirte erzählen, daß viele Bauern früher beiderseits der Grenze Grund besessen oder gepachtet hatten. Durch die Flurbereinigung wurden viele diese Agrarflächen weggetauscht, und die grenzüberschreitende Landwirtschaft ging stark zurück.

In Broeksittard wiederholt sich im kleineren Maßstab, was diese Grenzlandschaft im Großen vorführt: Seit Jahren liegen hier eine Reihe Schrebergärten auf der Grenze. Mitten in einem der Gemüsegärten steht der Grenzstein 302.

Millen

Der Selfkant liegt am Rand der südlicher gelegenen Plateaulandschaft. Der Rodebach und der Saeffeler Bach teilen den Selfkant in drei Streifen und haben für die charakteristischen Terrassen gesorgt. Auf niederländischer Seite gehen diese Terrassen in die von der Maas gebildete Mittelterrasse über. Der Selfkant ist eine alte Kulturlandschaft. Bevor sie erschlossen war, strömten der Rodebach und der Saeffeler Bach durch ein ausgedehntes, bewaldetes Gelände. Auf den Terrassen entlang dieser Bäche sind allmählich Dörfer entstanden, oft von Landwehren umgeben. Der Saeffeler Bach und der Rodebach sind für den Selfkant wahre Lebensadern. Entlang des Saeffeler Bachs reihen sich von Ost nach West die Dörfer Harzelt, Breberen, Saeffelen und Havert. In Richtung Isenbruch geht der Saeffeler Bach in den Rodebach über. Ihm haben die Dörfer Gangelt, Mindergangelt, Süsterseel, Tüddern und Millen ihre Existenz zu verdanken. Am Rodebach, der ursprünglich über seinen gesamten Verlauf mäandrierte, standen schon allein zwischen Mindergangelt und Isenbruch drei niederländische und sieben deutsche Wassermühlen.

Auf der westlichen Seite des Selfkant, ab Broeksittard – das Wort „broek" bedeutet „Sumpf" – bis zur nördlichsten Spitze des Selfkant beim Grenzstein 312, wird die Hochebene durch die Mittelterrassen der Maas begrenzt. Diese Terrassen sind Niederungen, durch die der Geleenbeek, der Rodebach und sonstige Gewässer nur langsam in Richtung Maas abfließen. Diese sumpfigen Niederungen bildeten früher eine mehr oder weniger natürliche Begrenzung des Selfkant.

In diesem Jahrhundert konnte die Entwässerung durch den Bau eines Flutgrabens und durch die Kanalisation der Bäche wesentlich verbessert werden. Der Rodebach hat ein Betonbett erhalten. Diese Verbesserung ermöglichte die gesamte landwirtschaftliche Erschließung. Einigen Gärtnern aus Venlo gelang es in den fünfziger Jahren, das Moor beim Grenzstein 306 unter Kontrolle zu bringen.

Zwischen Isenbruch und Susteren (hinter dem Grenzstein 310) ist ein Teil der Niederung unerschlossen geblieben bzw. nach zeitweiliger Bewirtschaftung wieder aufgegeben worden. Das „Procès-verbal général de la ligne de démarcation entre les Royaumes des Pays-Bas et de Prusse" aus dem Jahre 1818 befaßt sich mit einem Scheidegraben, der zwischen den Grenzsteinen 310 und 312 verläuft. Dies läßt vermuten, daß die Ländereien zur Zeit des Scheidegrabens landwirtschaftlich genutzt wurden. Für die landwirtschaftliche Nutzung hat man dagegen das frühere Zwischenmoor auf halber Strecke in Richtung Grenzstein 312 erschlossen. Dort gibt es große Ackerparzellen, die zu einem bioindustriellen Betrieb auf der Höhe des Grenzsteines

311H gehören. Die Grenze wird hier durch Wassergräben, Schilfgürtel und Teile eines vermoderten Holzwalles gebildet. Einen dieser kleinen Reste ziert ein Schild mit dem Ehrentitel „Naturschutzgebiet". Am Ende der Baumreihe liegt ein kleiner sumpfiger Bruchwald (Grenzstein 312).

Das Schloß von Millen liegt in einer Niederung, in der man den natürlichen Schutz, den das Wasser bietet, nutzen konnte. Das Dorf Millen, dessen Kirche und Schloßturm etwa tausend Jahre alt sind, wurde auf Ausläufern der Hochebene gebaut. Bei der Aufteilung zwischen den Niederlanden und Preußen im Jahre 1815 schlug man einige Grundstücke des Herrengutes Millen zu Nieuwstadt (ihr niederländischer Name endet mit einem deutschen „t"). Da der Rodebach zum Grenzfluß wurde, verlief die Grenze auch bei Millen mitten durch die Wassermühle.

Der Rodebach bildet die Trennlinie zwischen zwei unterschiedlichen Landschaften. Auf niederländischer Seite liegen große Ackerparzellen, durchschnitten von einem 1991 modernisierten Flutgraben. Wo früher Gärten mit hochstämmigen Obstbäumen lagen, umgeben heute kahle Äcker das Schloß. Am Horizont erkennt man deutlich die näherrückenden Wohnviertel und die Industriegebiete Sittards und Nieuwstadts.

Auf deutscher Seite liegt inmitten einer freundlicheren Landschaft das verschlafene Millen.

Spaanshuisken

Nördlich des Selfkant verläuft die Grenze durch das Land zwischen Maas und Rhein. In dieser Gegend dominieren die für die Landwirtschaft weniger geeigneten Sandböden.

Das Landschaftsbild zwischen Maas und Rhein unterschied sich im 19. Jahrhundert nicht sehr stark von dem des vorausgegangenen 17. und 18. Jahrhunderts. An heutigen Normen gemessen, machte es einen ziemlich ungeordneten, ineffizienten und daher wenig produktiven Eindruck. Auf alten Karten sind ausgedehnte Heide- und Bruchgebiete, Moore und Sümpfe zu erkennen. An Bächen und Flüssen lag hin und wieder einmal eine Siedlung. Nach der Auffassung der meisten Zeitgenossen des frühen 19. Jahrhunderts erfüllte diese Ordnung in großen Zügen die Forderungen nach Überschaubarkeit und Funktionalität. Es war aber eine Ordnung, die ein erhebliches Ausmaß an Hindernissen, Fehlern, Risiken, Zufällen, Chaos, kurz: die Natur selbst zuließ und zulassen mußte.

Im bäuerlichen Betrieb war der Mist der Angelpunkt, von dem Erfolg oder Mißerfolg des gesamten Unternehmens abhing. Ohne Mist blieb der Sandboden so gut wie unfruchtbar. Die kleinen Betriebe auf Sandböden waren nur durch eine enge Verbindung zwischen Ackerbau und Viehhaltung überlebensfähig. Vor allem Schafe waren hier von Bedeutung. In Tiefställen auf der Heide, wo sie unter Aufsicht eines Schäfers über Nacht blieben, sorgten die Schafe für den nötigen Mist.

In seinem Bericht über das Jahr 1684 beschrieb der Rentmeister einen Waldbrand, der in jenem Jahr einen Teil des Echterbosch zerstört hatte. 1720 wurden 100 Hektar dieses Waldes zur Urbarmachung an Saeffelener Einwohner übertragen. Dieses Stück wurde dabei als „De Brand" bezeichnet. Um 1800 bezeichnet die Tranchotkarte den südöstlichsten Teil des Echterbosch, der an Saeffelen grenzt, als „Grote Brand" und „Kleine Brand". Nach dieser Karte wurden beide Flächen als Ackerböden erschlos-

sen. Diese Urbarmachung scheint den ersten Anstoß zur Entstehung von Spaanshuisken gegeben zu haben.

Der Name Spaanshuisken erinnert an den spanischen König, der als Herzog von Geldern mehr als ein Jahrhundert lang Eigentümer des „Königs Busch" gewesen ist. Die Namen Pepinusbrug und Pepijnkliniek – beide an der Straße von Koningsbosch nach Pey – verweisen ebenfalls auf diesen König.

Um 1800 war das deutsche Gebiet von Saeffelen bis Karken schon ziemlich dicht besiedelt und erschlossen. Die Siedlungen wurden durch kleine Bäche wie den Kitsch-Bach ermöglicht. Auf der niederländischen Seite der Grenze gab es zu jener Zeit fast überall unkultiviertes Land: viel Bruchwald, Moore und Moraste. Nur am östlichen Rand des Echterbosch und des Ortes Königsbosch haben Bewohner der damals Jülich'schen Ortschaften Waldfeucht, Brüggelchen und Haaren von deutscher Seite aus gegen die Zahlung von Abgaben an die Domäne Montfort Böden kultiviert.

In der zweiten Hälfte des 19. Jahrhunderts verbot Bismarck den Katholiken während des Kulturkampfes, ihre Religion zu praktizieren. Um dennoch ihren kirchlichen Verpflichtungen nachkommen zu können, suchten deutsche Katholiken ihr Heil auf der anderen Seite der Grenze. Darum wurde 1857 in Spaanshuisken eine kleine Fluchtkirche gebaut. Man erzählt sich, daß eine Prozessiongruppe aus Deutschland zu dieser Kapelle unterwegs war, um Regen zu erbitten. In der Kapelle angekommen, hörten die Pilger plötzlich einen Platzregen herunterprasseln. Der Rest der Geschichte ist in der Kapelle auf Bleiglas dargestellt . . .

„Mist ist ein Heiliger"

Die Politik Bismarcks hatte für die Landwirtschaft Folgen, die viel weiter reichten als ein einziger Platzregen. Das Ackerland in den Niederlanden wurde im vorigen Jahrhundert größtenteils zum Anbau von Getreide genutzt. Der freie Handel ermöglichte den Export in ausländische Industriestädte, besonders nach Deutschland und Belgien. Um 1880 sanken die Getreidepreise dramatisch und es entstand plötzlich eine Krise, weil große Mengen Getreide aus Amerika und Australien, dort von europäischen Emigranten produziert, zu niedrigen Preisen auf den Markt kamen. Als Bismarck zum Schutz des Marktes Zolltarife durchsetzen konnte und sowohl Deutschland als auch Belgien wiederholt zu Grenzschließungen übergingen, trieb das die Limburger Bauern fast zur Verzweiflung. Der Getreideanbau mußte eingeschränkt und Äcker zu Weideland umgewidmet werden. Innerhalb weniger Jahrzehnte entwickelte sich die Limburger Landwirtschaft zur Veredlungsindustrie, deren wichtigste Erwerbszweige die Butterproduktion, Schweinemast und Hühnerhaltung waren. Der deutsche Markt blieb für die Limburger Bauern lebensnotwendig.

Etwa zur Zeit der Getreidekrise wurde der Kunstdünger eingeführt. „Mist ist ein Heiliger, wo er erscheint, bewirkt er Wunder", lautet ein altes Sprichwort. Es ist in der Tat veraltet.

Die Gewinnung von Kulturböden durch Kunstdünger bot neue Chancen. Einige Pioniere konnten mit diesem Dünger ausgezeichnete Ergebnisse verbuchen. Die wichtigsten Pioniere im Land der Maas und des Rheins stammten aus einer Familie deutscher Herkunft mit Namen van Ophoven. Sie nutzte dabei, wie wir später sehen werden, dankbar die Vorteile der Grenze.

Die van Ophovensche Tradition der Urbarmachung begann in Karken. 1839 kaufte Peter van Ophoven zusammen mit seinem Bruder Arnold einen großen Landbaubetrieb im Zentrum des Dorfes. Der Bauernhof wurde Spieringshof genannt und hatte früher den Herren von Karken gehört. 1862 kaufte der Sohn Dominicus von seinem Onkel Arnold den Tenghof, der in unmittelbarer Nähe des Spieringshofes lag. Auf den Ländereien des Tenghofes lag der Huegeberg. Dieser Hügel war vor langer Zeit von den Eburonen als Zufluchtsort bei Hochwasser und als Verteidigungsanlage gegen Angriffe feindlicher Stämme aufgeschüttet worden. Auf dem Hügel stand noch die Ruine der Burg, die die Herren von Karken errichtet hatten. Diese Ruine wurde von Dominicus van Ophoven abgerissen und der Huegeberg zum größten Teil abgetragen. Zum Tenghof gehörte ein großes Stück Sumpfland, das von Dominicus kultiviert wurde. Er ließ Gräben ausheben, um überschüssiges Wasser abfließen zu lassen. Der Sand aus den Gräben und vom Huegeberg wurde auf den sumpfigen Boden aufgetragen. So entstand ein gutes Saatbett.

1867 verkaufte Dominicus van Ophoven den Tenghof und pachtete anderswo einen größeren Hof. Um 1900 wurden die Gebäude des Spieringshofes verkauft, nachdem man außerhalb des Dorfes neue Höfe gebaut hatte.

1886 pachtete Dominicus van Ophoven von der Gemeinde Echt 110 Hektar Brachland, das von ihm kultiviert wurde. Im gleichen Jahr konnte er 313 Hektar tief gelegenes, sumpfiges Land erwerben. Die Erschließungsarbeiten standen diesmal unter der Aufsicht des Ignaz van Ophoven. Gleichzeitig begann man mit dem Bau eines Hofes. Der Betrieb erhielt den Namen Pepinushof. Mit dieser Erschließung steigerte sich die Gesamtfläche, die van Ophovens bebauten, auf mehr als 1000 Hektar. Das deutsche Dorf Ophoven und der Ophovener Wald erinnern noch heute an diese Pioniersfamilie.

Diese Beispiele der ersten großen Erschließungen fanden nach 1900 Nachahmung. Jetzt traute sich auch der einfache Bauer, der sich mit eigenen Augen von der Macht des Kunstdüngers hatte überzeugen können, ein Stückchen Land zu kultivieren. Die Kultivierung der Sandböden erforderte erheblich weniger Kapital und Knowhow als zum Beispiel eine Trockenlegung. Außerdem war es möglich, daß sie von Einzelbauern im kleinerem Maße angegangen wurde. Es waren kleinste und allerkleinste Bauern, die sich mit primitiven Mitteln – einer Sodenhütte und einer Schaufel – auf der Heide niederließen. In den ersten Jahrzehnten des 20. Jahrhunderts ist so das Siedlungsdorf Koningsbosch entstanden.

Die Rur

Von Spaanshuisken aus der Grenze folgend, sehen wir auf deutscher Seite überwiegend Äcker und auf niederländischer Seite hauptsächlich Weideland. Die Grenze macht sich ausschließlich als Parzellengrenze bemerkbar, wobei die Grenzsteine und die Hochspannungsleitung, die parallel zur Grenze nach Norden verlaufen, die Orientierung unterstützen. Von der Grenze aus ist nicht der kleinste Bach auszumachen. Daß hier Menschen wohnen und Tiere leben, ist kaum zu sehen.

Der niederländische Geologe Gonggrijp beschreibt das Gebiet zwischen Koningsbosch und der Grenze bis zum Vlootbeek beim Grenzstein 353 als das Plateau von Koningsbosch. Natürlich hört das Plateau nicht an der Grenze auf.

Dieses grenzüberschreitende Plateau ist Teil der älteren, viel größeren Hochebene, die der Rhein hier geschaffen hat. Maas und Rur haben diese ausgedehnte Hochebene zu einem Plateau umgeformt. Kleine Bäche wie der Kitsch-Bach und der Vlootbeek haben das Relief des Plateaus verfeinert.

Wie schon bemerkt, suchten sich die hier lebenden Menschen die Versorgungsanschlüsse für ihre Häuser in erster Linie an deutschen Bächen. Der niederländische Teil des Plateaus war von seinem Vorland isoliert. Eine Wohnung in der Nähe des Grenzsteines 340B macht dies deutlich: Elektrizität und Abwasser sind an die deutschen Netze angeschlossen und natürlich auch die Wasserversorgung.

Erst nach knapp sechs Kilometern nördlich von Spaanshuisken, hinter dem Grenzstein 343 und auf der Höhe von Haaren, verliert die Grenzlandschaft ihre Eintönigkeit, weil kleine

Bäche sich der Grenze unmittelbar nähern und sie überschreiten. Beim Café Berghoes an der nur einige Meter höheren, westlichen Seite der Grenze bietet sich ein malerischer Ausblick über das kleine Tal des Kitsch-Baches, in dem auch die Ortschaft Driesch mit ihrem sauber geharkten Friedhof liegt.

Wieder etwas weiter nördlich bildet der Kitsch-Bach über eine kurze Strecke die Grenze, die hier vom Vlootbeek als Vorboten der Rur überquert wird. In der Niederung, wo Kitsch-Bach und Vlootbeek sich kreuzen, liegt ein sumpfiges und sehr vogelreiches Wäldchen. Weil die Sandschichten der Tiefebene kaum durchlässig waren, war die Entwässerung in dieser Gegend infolge des geringen Höhenunterschiedes anfangs sehr mühsam. Die Normalisierung des Vlootbeek im Jahre 1880 ermöglichte die Entwässerung und die Erschließung. Der sumpfige kleine Grenzwald, den die Grenze auf einem Deich durchquert, ist ein letztes Überbleibsel der natürlichen Situation.

Das Tal der Rur ist tief in den sogenannten Roerdalslenk (Rurtalbruch) eingeschnitten, der nördlich des Plateaus von Koningsbosch liegt. Dieser Talbruch stößt auf seiner nordöstlichen Seite an den südwestlichen Rand des Erkelenzer Horstes. Dieser Horst ist die östliche Fortsetzung des westlich der Maas gelegenen Peelhorstes.

Das Rurtal ist eine schöne und ausgedehnte Aneinanderreihung von teilweise verlandeten Flußwindungen und Uferböschungen. Als die Rur noch über die Ufer trat und das Land regelmäßig frei und ungebändigt überschwemmte, wurden am Rande ihres Tales die ersten Siedlungen gegründet. Auf den höheren Lagen entlang des Rurtales verliefen auch die Straßen, die Dörfer wie Vlodrop und Karken verbanden. Das Tal selbst ist jedoch bis heute praktisch unbewohnt geblieben und wird vorwiegend als Weideland genutzt.

Der Roer in den Niederlanden wird erheblich mehr freier Lauf gelassen als der Rur in Deutschland, wo man viele Flußwindungen begradigt hat. Der Wert für den Natur- und Landschaftsschutz liegt auf der Hand. Die Roer, die durch Umweltschutzmaßnahmen erheblich sauberer geworden ist, beherbergt zahlreiche Fischarten und seltene Amphibien. Daß der Fluß selbst auch lebt, beweist die Lage der Grenze an Ort und Stelle: Die früheren Mäander, die zwischen den Grenzsteinen 363 und 371 die Grenze bildeten, hat der Strom inzwischen abgeschnitten.

Der Grenzfall Meinweg

Der gewundene Lauf des Roode Beek, der zum Meinweg führt, bildet die Grenze im Norden der Rur. Wie der Boschbeek, der die nördliche Begrenzung des Meinwegs bildet, hat der Roode Beek sich einen Durchgang zu den verschiedenen Terrassen gebahnt, aus denen der Meinweg besteht. Ein auffälliger geologischer Aspekt des Meinweges ist sein Aufbau aus vier vom Südwesten zum Nordosten ansteigenden Terrassen. Ursache hierfür ist eine Reihe von Brüchen in der Erdkruste. Die Höhe der Terrassen schwankt zwischen 30 und 80 Metern über NAP (Neuer Amsterdamer Pegel). Vor allem der Boschbeek wird mit Grundwasser gespeist, das am Fuß einer solchen Terrasse heraustritt.

Das Wasserhaltevermögen der Böden im Meinweggebiet ist, wenige Lößböden ausgenom-

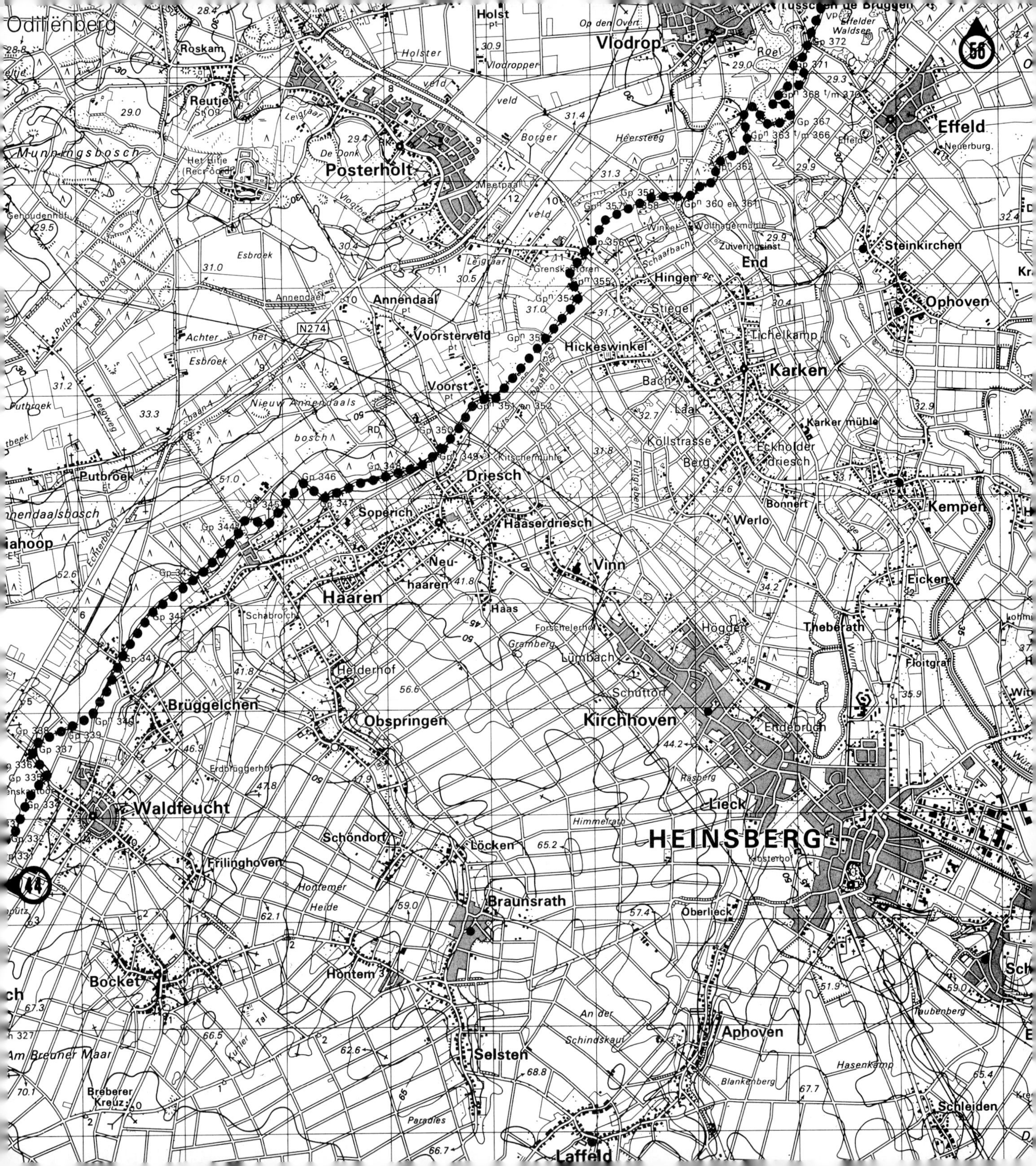

Odilienberg
Roskam
Holst
Vlodrop
Effeld
Reutje
Posterholt
Munningsbosch
Het Hitje
Esbroek
Annendaal
Voorsterveld
Voorst
Driesch
Hickeswinkel
Karken
End
Hingen
Steinkirchen
Ophoven
Putbroek
Nieuw Annendaals bosch
Soperich
Haaserdriesch
Kempen
Haaren
Neuhaaren
Vinn
Haas
Eicken
Theberath
Heiderhof
Lümbach
Brüggelchen
Obspringen
Kirchhoven
Waldfeucht
Schöndorf
Löcken
Lieck
HEINSBERG
Frilinghoven
Braunsrath
Oberlieck
Bocket
Hontem
Aphoven
Selsten
Schleiden
Laffeld
56
44

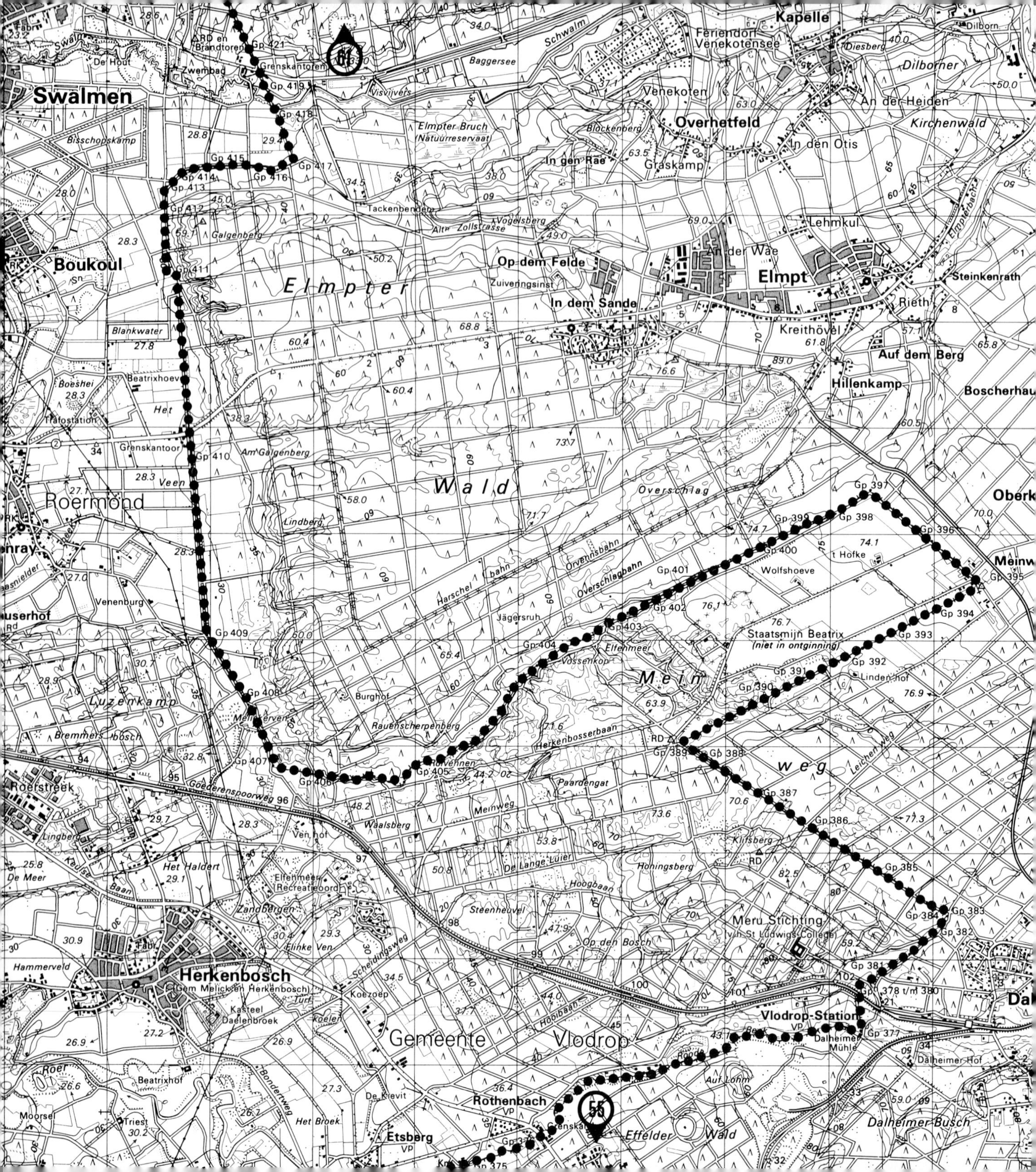

Swalmen
Swalm
De Hout
RD en Brandtoren
Zwembad
Grenskantoren
Gp 421
Gp 419
Gp 418
Gp 417
Gp 416
Gp 415
Gp 414
Gp 413
Gp 412
Gp 411
Gp 410
Gp 409
Gp 408
Gp 407
Gp 406
Gp 405
Gp 404
Gp 403
Gp 402
Gp 401
Gp 400
Gp 399
Gp 398
Gp 397
Gp 396
Gp 395
Gp 394
Gp 393
Gp 392
Gp 391
Gp 390
Gp 389
Gp 388
Gp 387
Gp 386
Gp 385
Gp 384
Gp 383
Gp 382
Gp 381
Gp 378 t/m 380
Gp 377
Gp 375
61
55
Kapelle
Feriendorf Venekotensee
Dilborn
Diesberg
Dilborner
Schwalm
Baggersee
Visvijvers
Venekoten
Overhetfeld
An der Heiden
Kirchenwald
Elmpter Bruch (Natuurreservaat)
Blockenberg
In den Otis
In gen Rae
Graskamp
Bisschopskamp
Tackenbenden
Alte Zollstrasse
Vogelsberg
Galgenberg
Lehmkul
An der Wae
Op dem Felde
Zuiveringsinst
In dem Sande
Elmpt
Steinkenrath
Rieth
Kreithövel
Boukoul
Elmpter
Blankwater
Auf dem Berg
Hillenkamp
Boscherhau
Boeshei
Beatrixhoeve
Trafostation
Het
Grenskantoor
Am Galgenberg
Veen
Roermond
Wald
Overschlag
Oberk
Lindberg
Harschelbahn
Orvennsbahn
Overschlagbahn
Wolfshoeve
t Hofke
Meinw
Venenburg
Jägersruh
Staatsmijn Beatrix (niet in ontginning)
Elfenmeer
Vossenkop
Linden hof
Mein
Luzenkamp
Burghof
Rauenscherpenberg
Meinweg
Herkenbosserbaan
Bremmers bosch
Roerstreek
Goederenspoorweg
Paardengat
Leichenweg
Lingberg
Ven hof
Waalsberg
Klifsberg
Honingsberg
Het Haldert
Kauler Baan
De Meer
Elfenmeer (Recreatieoord)
De Lange Luier
Hoogbaan
Zandbergen
Steenheuvel
Meru Stichting (v.h. St Ludwigs-College)
Flinke Ven
Scheidingsweg
Op den Bosch
Hammerveld
Herkenbosch
(Gem Melick en Herkenbosch)
Koezoep
Kasteel Daelenbroek
Turf
Hooibaan
Vlodrop-Station
Dalheimer Mühle
Dalheimer Hof
Gemeente
Vlodrop
Roer
Beatrixhof
Bondertweg
De Kievit
Rothenbach
Auf Lohm
Moorsel
Triest
Het Broek
Etsberg
Effelder
Wald
Dalheimer Busch

men, schlecht. Die Entwässerung ist gut und der Grundwasserstand tief. Wasser steht hauptsächlich in den wenigen Mooren.

Gerade durch seine außerordentlich interessante geologische Struktur bietet der Meinweg eine reiche Vielfalt an Pflanzen und Tieren. Knoblauchpfad, Schlange und Wildschwein sprechen die Phantasie am meisten an. Der Meinweg ist heute Teil eines zusammenhängenden Waldgebietes von zirka 9000 Hektar Größe. Dieser Wald ist wiederum Teil des grenzüberschreitenden Maas-Schwalm-Nette Naturparks. Über diese Zugehörigkeit versucht man, wie in seiner jahrhundertealten Geschichte, eine gemeinschaftliche Verwaltung des Gebietes aufzubauen. Die wichtigste – in der Geschichte des Meinwegs neue – Zielsetzung ist dabei der Naturschutz . . .

Historische Quellen aus dem Jahre 1389 nennen den Meinweg ein „grant bois", einen großen Wald. Andere Quellen berichten jedoch, daß in dem Gebiet schon um 1500 keine hochgewachsenen Eichen mehr gestanden haben und daß es nur noch für Kleinholz genutzt worden sei. Der Waldordnung des Jahres 1633 kann entnommen werden, daß bereits zu jener Zeit von einem zusammenhängenden Waldstück keine Rede mehr sein konnte.

Das Word Mein stammt von „Gemeijn" und bedeutet gemeinschaftlich. Auf der Tranchotkarte heißt der Meinweg „Meyn Weg" und wird bezeichnet mit „Terre commun à Villages". Der Meinweg stellte einige Jahrhunderte lang ein eigenes Rechtsgebiet, einen gesonderten gerichtlichen Bezirk dar. Die Nutzungsrechte waren in Waldordnungen festgelegt. Diese Rechte hatten für alle Einwohner der Gemeinden um den Meinweg Gültigkeit. Es war ihnen erlaubt, dort ihr Vieh weiden zu lassen, Holz zu schlagen, Torf- und Heidesoden zu stechen usw. Weil die Holzbestände schneller gefällt wurden als sie nachwachsen konnten, veränderte sich die Vegetation des Meinwegs vom Wald zum Niederwald und dann zur Heide.

Nach der französischen Herrschaft wurde das Gebiet 1818 schließlich nach den jeweiligen Besitzanteilen der Gemeinden in einen niederländischen Teil mit ca. 2050 Hektar und in einen preußischen Teil mit ca. 1000 Hektar aufgeteilt. Bei der Festlegung der Reichsgrenze zwischen Preußen und den Niederlanden wurde es als reines Heidegebiet aufgeführt. Heutzutage wird ein Teil des Meinweges landwirtschaftlich genutzt, der Rest ist eine teilweise als Erholungsgebiet dienende Naturlandschaft.

Durch seine Ausdehnung, seine abgelegene Lage und seine natürliche Vielfalt ist der Meinweg unbedingt einen Besuch wert. Beim Grenzspaziergang fallen die Spuren, die die Geschichte in der Landschaft hinterlassen hat, ins Auge.

Folgt man der Grenze am Roode Beek entlang, trifft man auf die jahrhundertealte Gitstappermolen (Grenzstein 375) und auf die Dalheimer Mühle (Grenzstein 377). Beide Wassermühlen werden zur Zeit gastronomisch genutzt.

Hinter der Dalheimer Mühle kreuzt die Bahnlinie Antwerpen–Roermond–Mönchengladbach die Grenze. Beim Teilungsvertrag zwischen Belgien und den Niederlanden 1839 wurde Belgien das Recht zuerkannt, eine Verkehrsverbindung quer durch das Herzogtum Limburg nach Preußen anzulegen. Anfangs hatte man an einen Korridor gedacht, vergleichbar mit der Straße durch den heutigen Selfkant, eine Straße ohne Zollstationen. Die Entscheidung fiel schließlich zugunsten einer Bahnlinie, dem sogenannten IJzeren Rijn (Eiserner Rhein). 1879 wurde die Linie zur Benutzung freigegeben, aber es war ihr kein langes Leben vergönnt. Wehmütig denken die Menschen im Roerstreek an die Zeiten zurück, als man für „éen kwartje" (ein viertel Gulden) mit dem Zug nach „Vlodrop Statie" fahren konnte. Hier machte man sich einen schönen Tag und genoß ein Glas Bier am „Dalheimermeulke".

Hinter der Bahnlinie liegt auf der Höhe des Grenzsteines 378 eine parkähnliche Landschaft. Hier findet man, noch gerade auf niederländischem Gebiet, das ehemalige Sint Ludwigs College. Das deutsche Seminar hatte sich hier als Folge des Kulturkampfes niedergelassen. Die Anlage der Straßen läßt noch ganz deutlich erkennen, daß das Kloster hauptsächlich nach Deutschland hin orientiert war. Vor einigen Jahren ließ sich der Guru Maharishi im Kloster nieder, um dort das europäische Zentrum für Transzendentale Meditation zu errichten. Quelle der Erleuchtung sind für den Guru die alten Vedischen Schriften. Maharishi will weltweit Veda-Vision Parks einrichten, alternative Spielparks, in denen die Besucher auf spielerische Weise die Erleuchtung der Transzendentalen Meditation kennenlernen können.

Der Grenze folgend wird auf der Höhe des Hoge Klifsbergs der Wald von Heide und einigen landwirtschaftlich genutzten Parzellen unterbrochen. Entlang der Grenze verläuft ein Elektrozaun, der unerwünschte Grenzübertritte von Wildschweinen verhindern soll.

Nördlich des Grenzsteines 390 liegt ein nie genutzter Schacht der Staatsmijn Beatrix. Das Gasvorkommen von Slochteren hat die Nutzung dieser modernen Zeche verhindert. Zum Kochen und Heizen haben die Niederlande auf das sauberere Erdgas umgestellt. Den Schacht der Mijn Beatrix nutzt zur Zeit ein Tauchclub.

Das Rechteck östlich der Zeche, die sogenannte Lange Luier, ist wegen der dort vorkommenden fruchtbaren Lößböden Agrargebiet. Es gibt hier einige Bauernhöfe und bei Grenzstein 395 eine kleine Siedlung. Hier steht das deutsche Haus Waldesruh; in dieser niederländischen Uithoek wohnen etwa zehn Familien. Nach alten Karten lagen die Bauernhöfe ebenso wie Waldesruh dort schon im Jahre 1890. Waldesruh war damals noch eine Herberge. In den dreißiger Jahren hat man auf der niederländischen Seite der Grenze eine Schule und eine Kapelle gebaut.

Einige Kilometer weiter auf der Westseite der Langen Luier liegt der Bruchgraben, aus dem Elfenmeer und Boschbeek ihr Wasser beziehen. Dieser Teil des Meinwegs ist der interessanteste. An warmen Sommertagen reizt der Duft von Gagel und blühender Glockenheide, und wenn es ganz still ist, kann man vielleicht eine Viper oder ein Wildschwein beobachten. Aber gerade dieser Teil des Meinwegs ist am stärksten bedroht.

Naturschützer fürchten im Grenzgebiet Meinweg – mehr noch als Versauerung und Tourismusauswirkungen – vor allem die beängstigende Absenkung des Grundwasserspiegels. Eine Untersuchung wies vor einigen Jahren aus, daß der Grundwasserspiegel im Meinweg in den letzten Jahrzehnten um einen Meter abgesunken ist. Diese Absenkung schreibt man im wesentlichen dem deutschen Braunkohleabbau zu. Die Universität Berlin, die zusammen mit ihrem Schwesterinstitut in Aachen eine Studie über die möglichen Folgen des Braunkohleabbaus erstellt hat, kam zu dem Ergebnis, daß bei fortgesetztem Tagebau das Grundwasser im Grenzgebiet um mindestens sechs Meter absinken wird. Die Flüsse Schwalm und Roer werden wahrscheinlich völlig austrocknen, wenn keine Gegenmaßnahmen ergriffen werden. Der Roode Beek und der Boschbeek werden dann ebenfalls betroffen sein.

Zum ersten Mal in seiner Geschichte wird der Meinweg als Naturgebiet verstanden und verwaltet. Der Naturpark Maas-Schwalm-Nette ist das erste Naturschutzgebiet, das von den Niederlanden und Deutschland grenzüberschreitend geschützt wird. Es ist allerdings auch das erste Mal in der Geschichte des Meinwegs, daß seine geologische Basis gefährdet ist.

Über die Grenze

Vom Grenzstein 407 an, in der Nähe des mit Wasserlilien bedeckten Melickerven, verläuft die Grenze über eine Strecke von rund hundert Kilometern in Kanonenschußweite von der Maas entfernt. Die Kanone, von der wir sprechen, stammt allerdings aus dem Jahre 1815. Bis Venlo fällt diese Linie mit dem Rand der Hochebene zusammen. Westlich dieses Randes hat die

Maas in früheren Zeiten ein breites Flußbett gebildet.

Zu Beginn des vorigen Jahrhunderts war die Hochebene noch eine schier endlose und kahle Landschaft, ein weiter, leerer Raum mit viel lockerem Sand, stellenweise von Heide überdeckt. Namen wie Ravensheide, Schäferstrauch und Holter Heide weisen noch darauf hin. Nach einer Karte aus dem Jahre 1890 war die gesamte Hochebene an der Grenze jedoch mit umfangreichen Wäldern aufgeforstet.

Am Fuß des Steilrandes lagen an vielen Stellen sumpfige Moraste und Moore. So ist das Melickerven der nördliche Teil eines früheren, erheblich größeren Torfmoores. Dieses Moor bildete damals mehr oder weniger eine Einheit mit dem südlich gelegenen Herkenbosscher Ven. Zwischen den Grenzsteinen 410 und 411 liegt das Blankwater, ein Überbleibsel des Sumpfstreifens, der hier zu Beginn des Jahrhunderts mehrere Kilometer lang den Steilrand begleitete. Nördlich der Schwalm bis zur Linie Belfeld–Kaldenkirchen erinnert der Name Meerlebroek an die frühere Situation. Der sumpfige Streifen am Fuße des Steilrandes wurde aus zahlreichen Quellen gespeist. Die Flora und Fauna solcher Quellgebiete sind sehr wertvoll. Einige Jahrzehnte nach der Aufforstung der Hochebene begann man mit der Entwässerung und Erschließung der Tiefebene.

Die im Jahre 1815 festgelegte Grenze war natürlicher Art. Später entwickelte sie sich zu einer Grenze zwischen zwei Kulturlandschaften. Eine Grenzwanderung lehrt, daß jeder auf seine eigene Art mit der Grenze umgeht . . .

Ein ohrenbetäubender Lärm verrät, daß der britische Flugplatz Brüggen nicht weit ist. Vor einigen Jahren war wegen dieser Lärmbelästigung die Einebnung des Dörfchens Asenray im Gespräch. Durch Lärmschutzmaßnahmen, die Zehntausende von Gulden pro Wohnung an Subventionen verschlingen, können die Bewohner von Asenray und Umgebung zumindest in ihren Häusern etwas Ruhe finden. Einigen Gemeinden beschert dies Probleme bei der Raumordnung, da Neubauten in Gegenden mit hoher Lärmbelastung nicht in Frage kommen.

Am Grenzstein 412, dort erreicht der Steilrand eine Höhe von 60 Metern, liegt der Galgenberg. Früher, das heißt bis 1795, ließ man dort die Leichen der Verurteilten so lange hängen, bis ihre Knochen durch Verwesung und Krähen einigermaßen sauber waren. Im weiten Umkreis erinnerte der Gestank die Menschen für einige Zeit an die Einhaltung des rechten Weges.

An der Stelle, die Tranchot mit dem Galgen bezeichnete, steht heutzutage ein Markstein zur Landvermessung. Bis zum 19. Jahrhundert stand die Kartographie hauptsächlich im Dienst militärischer Zwecke. Nach 1815 war die Landvermessung von großer Bedeutung für die Abgrenzung der modernen Nationalstaaten. Die Technik der Dreiecksvermessung läuft darauf hinaus, daß der Landvermesser zwischen markanten Punkten, oft Türmen oder Hügeln wie dem Galgenberg, eine Reihe von Dreiecken bestimmt. Diese Technik erforderte neben gutem Wetter viel Zeit und nicht zuletzt die Zustimmung der Bevölkerung. Was letzteres betrifft, haben die politischen Verwicklungen zu Beginn des 19. Jahrhunderts hemmend gewirkt. Tranchot selbst hatte sich auch mit Behinderungen durch die örtliche Bevölkerung auseinanderzusetzen. Wenn die Ingenieure bei ihren Vermessungen einen festgelegten Meßpunkt anpeilen wollten, mußten sie mehr als einmal feststellen, daß ein hölzerner Turm abgerissen oder ein Stein umgeworfen worden war. Die Ingenieure sind von der ansässigen Bevölkerung mehrmals belästigt worden.

Kaldenkirchen
Heidenend
Grenskantoren
Gpn 541 en 452
Vergelt
Nabben
Kasteel Ganzenap
Leemhorst
Sportpark
Op de Heide
Kasteel d'Erp
Bergen
De Raay
Boekenderhof
Boschbeek
Roffaerts
Geloo
Kozakkenberg
De Cavalerie
In de Horsten
Huis Oijen
Oijen
Belfeld
Ravensheide
Kreuzmönchdorf
Sportterrein
Klooster
Camping
Galgenvenn
Tomp
Struck
Stevensend
Begijnenberg
Hout
Putting
Zonneveld
Bolenberg
Hoverveld
Maas
Onderste Weg
Tasbeek
Schijfweg
Meelderbroek
Wilhelminahoeve
Visvijver
Gansbeek
St Leonardushoeve
Koelesweg
Langes Venn
Heidhausen
Bass
Kempkes Venn
Heide
Reuver
(Gem Beesel)
Zandgroeve
Christen Venn
Bracht
Offenbeek
De Beucketen
Keulse Weg
Leeuwen
Bergerhof
Witte Steen
Schäferstrauch
Angenthoer
Alst
De Schans
Brachter Wald
Hollenberg
St Lambertushoeve
Führsteinsberg
Meerlebroek
Dassenberg
Prinsendijk
Dierentuin
St Gerardushoeve
Kasteel Waterloo
Genholt
St Petrushoeve
Grenzweg
St Jozefshoeve
Brüggener Wald
Holter Heide
Öbel
Gelagweg
Boschheide
Kahlberg
Diergardtscher Wald
Öbeler Bruch
Eggenberg
Brüggen
De Bosberg (Sportpark)
Gp 425
Gp 424
Gp 423
Gp 422
Gp 426
Gs 426
Gp 427
Gp 428
Gp 429
Gp 430
Gp 431
Gs 432
Gp 433
Gp 434
Gp 435
Gp 436
Gp 437
Gp 438
Gp 439
Gp 440
Gp 441
Gp 442
Gp 443
Gp 445
Gp 446
Gp 448
56
62

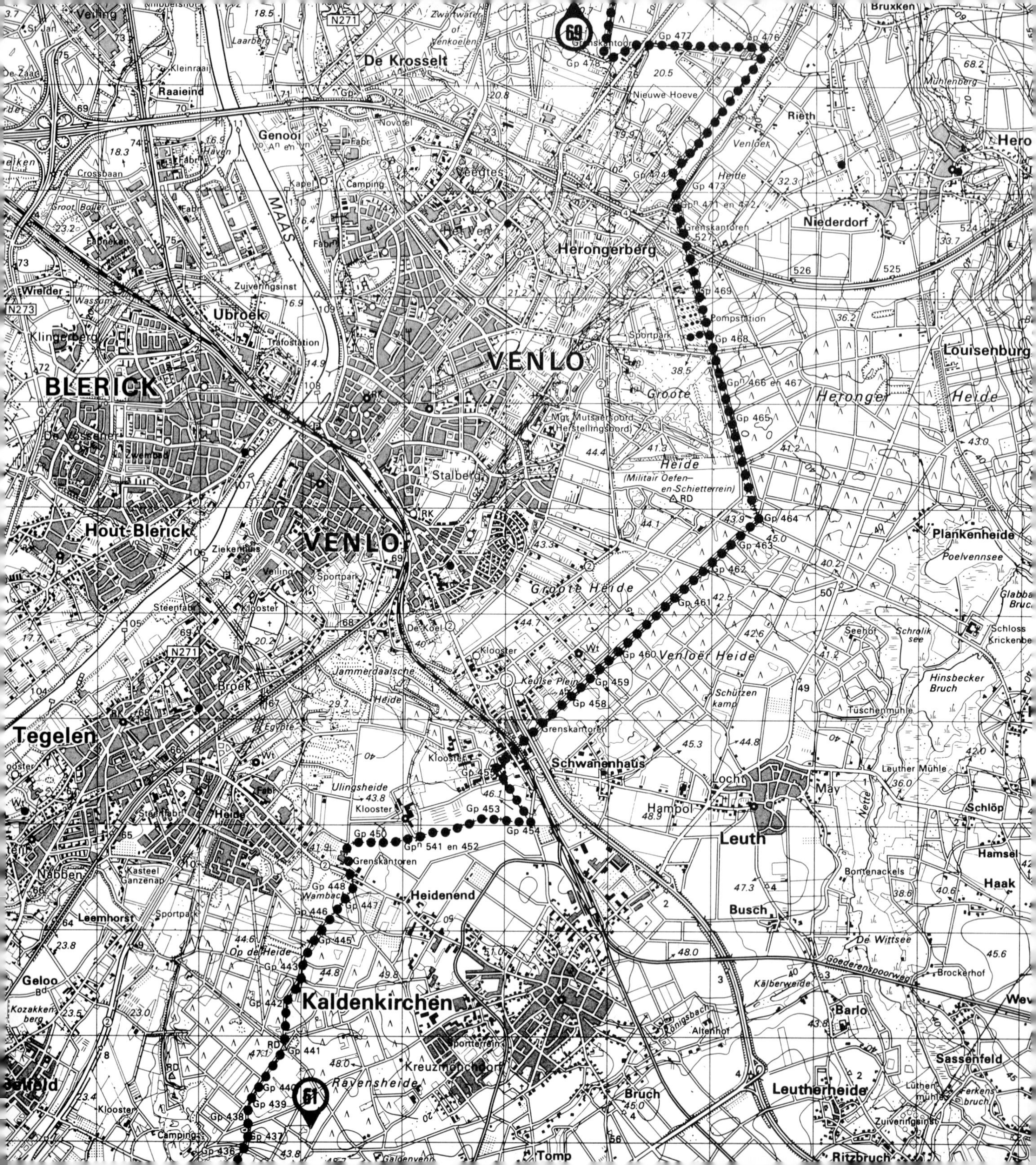

69
De Krosselt
Raaieind
Genooi
Veegtes
Herongerberg
Niederdorf
Rieth
Venloer Heide
BLERICK
VENLO
Ubroek
Klingerberg
Louisenburg
Heronger Heide
Groote Heide
Hout-Blerick
Stalberg
Plankenheide
Poelvennsee
MAAS
Tegelen
Broek
Jammerdaalsche Heide
Venloër Heide
Schwanenhaus
Hinsbecker Bruch
Leuth
Hampol
Locht
May
Schlöp
Heidenend
Kaldenkirchen
Kreuzmönchoorf
Ravensheide
Bruch
Leutherheide
Barlo
Sassenfeld
Busch
Geloo
Leemhorst
Op de Heide
Heide
Tomp
Ritzbruch
61
Grenskantoren
Gp 477
Gp 476
Gp 464
Gp 454
Gp 441
Gp 436
N271
N273

Nachdem der schlimmste Lärm hinter uns liegt, beobachten wir am Grenzstein 418 eine harmlose Form des illegalen Grenzübertritts: Ein fünfzig Zentimeter hoher Elektrozaun soll deutsche Wildschweine zurückhalten. Ein niederländischer Bauer hat von seiner Schweinewiese aus einen Graben unter den Elektrodraht hindurch zu einem deutschen Tümpel geschaufelt. Seine Schweine können sich daher problemlos in deutschem Schlamm suhlen.

An einer sandigen Stelle (kurz hinter dem Grenzstein 418) in der Nähe von Schwalm kann man den „Kleinen Winterpostelein" (Lat: Portulaceae) in voller Blüte beobachten. Diese Pflanze wurde im vorigen Jahrhundert mit Getreideimporten aus Amerika nach Europa eingeführt. In Amerika ist sie unter dem Namen „Indianersalat" und „Bergmannssalat" bekannt. Die Indianer wußten die Pflanze wegen ihrer nahrhaften Wurzelknollen und zarten Blätter zu schätzen.

Etwas weiter stoßen wir auf die Schwalm, die sich in der Hochebene ein Tal geschaffen hat. Wie die Rur ist auch die Schwalm in Deutschland stärker kanalisiert als in den Niederlanden. Durch Salmtreppen versucht man – wie vor allem in der Maas – auch in der Schwalm den Salm wieder heimisch werden zu lassen.

Nördlich des Grenzsteines 425 liegt am Fuß des bewaldeten Steilrandes die weitläufige Kulturlandschaft Meerlebroek. Bis zum Witte Steen (Grenzstein 429) bildet der Prinsendijk, die frühere römische Heerbahn von Heerlen nach Xanten, die Grenze. Grenzpfähle zu beiden Seiten zeigen, daß dieser Weg später zur neutralen Straße geworden ist. Am Straßenrand liegen zwischen den Grenzsteinen 426 G und 428 einige kleine Bunker aus dem Zweiten Weltkrieg.

Am Witte Steen, Ecke Keulse Baan und Prinsendijk, liegen ein Geschäft und die Kombination einer Gastwirtschaft mit der Übungsbahn der Bogenschützen „de Grensschutters". Nach der Literatur ist der Witte Steen im Mittelalter ein Richtplatz gewesen. Das auf der Tranchotkarte verzeichnete „Grotgensgericht" am Grenzstein 425 hängt möglicherweise hiermit zusammen.

An der grünen Grenze Witte Steen wird hemmungslos geschmuggelt. Deutsche Kunden fahren an und ab, parken ihr Auto an der Grenze, steigen über den Schlagbaum oder . . . kriechen unter ihm her. Man könnte meinen, man sei in Venlo.

Venlo, Vorposten des Ruhrgebietes

Für den Schriftsteller J. Craandijk, der bei einer seiner vielen Wanderungen durch die Niederlande in den Jahren 1882 bis 1890 die Stadt besuchte, lag Venlo sozusagen halb im Ausland. Craandijk schildert treffend: „Die Mauern sind jetzt dem Erdboden gleichgemacht. Venlo ist keine Festung mehr und die Tage sind vorbei, in denen sie eine wichtige Rolle in der Geschichte spielte. Als eine Stadt des Handels und der blühenden Industrie hat sie stattdessen eine Bedeutung erhalten, die sie früher nicht hatte, obwohl sie zu den Hansestädten zählte, indem sie zum Mittelpunkt eines immer lebhafteren Schienenverkehrs wurde. Man merkt ihr an, daß sie unter dem Einfluß verschiedener Nationalitäten gestanden hat. Wer Venlo betritt, merkt fast nicht, in welchem Land er sich befindet. Den Niederländer des Nordens erinnern nur ein paar Beschriftungen in seiner Sprache an sein Vaterland. Aber auch von diesen Worten und Namen ist die Schreibweise zu mehr als der Hälfte flämisch. Deutsch und Französisch überwiegen

bei den zahllosen Gastwirtschaften – auf drei Häuser kommt ein Café – und man kann durcheinander ‚Schenkwirthschaft', ‚Estaminet' und ‚Tapperij' lesen. Die Stadt macht einen ausländischen Eindruck. Wir stoßen nicht nur auf die großen Kutschentore und geräumigen Innenhöfe, die wir von Noord-Brabant kennen, sondern auch auf die Mauern aus dunklen, unverfugten Backsteinen, in die die Fenster und Türen ohne Rahmen eingesetzt sind, was den deutschen Häusern oft ein so ungemütliches Äußeres verleiht, während weißer, grauer, grüner oder rosaroter Verputz an vielen Wohnungen und die Tapeten in Vorhäusern und Gängen einen eindeutigen Beitrag dazu leisten, daß der Besucher Venlos den Eindruck hat, sich außerhalb seines Vaterlandes zu befinden."

Im Gegensatz zu Vaals, Maastricht und Roermond ist der französische Stil in Venlo nach Craandijk praktisch ganz verschwunden. Seine Beziehung zu Deutschland und besonders zum Ruhrgebiet ist dagegen stark gewachsen. Zehntausende von Deutschen reisen jeden Samstag für Obst, Gemüse, Zigaretten und Kaffee an. Im Zentrum Venlos ist Niederländisch zur Zweitsprache geworden. Für den Kreisverkehr in Venlo gilt die deutsche Vorfahrtsregelung. Wichtig ist auch der ausgedehnte Gartenbau in den Gewächshäusern der Region, der vor allem auf den Millionenmarkt des keine hundert Kilometer entfernten Ruhrgebietes ausgelegt ist. Diese modernen Funktionen beherrschen die Landschaft an der Grenze. Aber nicht nur darin zeigt sich, daß Venlo ein deutscher Vorposten ist.

Hinter dem Witte Steen verläßt die Grenze den Steilrand und verläuft weiter östlich über die Hochebene, um nördlich von Venlo wieder zu dem Rand zurückzukehren. Auf der bewaldeten Hochebene liegen viele Lehm- und Sandgruben. Die Backstein- und Dachpfannenindustrie, die in Midden-Limburg eine lange Tradition hat – der Ortsname Tegelen (d. h. Ziegel) stammt vom römischen Tegula – litt zunehmend unter einem Rohstoffmangel. Darum gründeten niederländische Unternehmer in den letzten hundert Jahren auf der anderen Seite der Grenze Filialunternehmen. Deutsche Unternehmer traten in ihre Fußstapfen und so wuchs die Region Elmpt-Brüggen-Kaldenkirchen zum bedeutendsten Dachpfannenproduzenten Deutschlands heran. Eine Parallele dazu läßt sich beim Gewächshausanbau aufzeigen. Aus der Region Venlo hat sich dieser Betriebszweig ins angrenzende Deutschland ausgeweitet, besonders in die Umgebung von Straelen. Im Augenblick gibt es sogar Gespräche über eine mögliche Fusion der Märkte dieser Regionen.

Hinter der Wambacher Grube und den Steinfabriken an der Straße Tegelen–Kaldenkirchen liegt Ulingsheide, ein überraschend freies und offenes Agrargebiet. Auf der Höhe des Grenzsteines 450A befindet sich in grüner Abgeschiedenheit das Kloster gleichen Namens. Das Kloster Ulingsheide wurde Ende des 19. Jahrhunderts von deutschen Trappisten gegründet. Hinter dicken, hohen Mauern schufen sie eine Zuflucht für ihre stille Meditation. Jedoch brachte die Planung einer Schnellstraße durch die Ulingsheide, als Abkürzung zwischen Tegelen–Venlo und der Bundesautobahn von Kaldenkirchen nach Mönchengladbach, sogar diese Mönche auf die Barrikaden. Die Klöster mit den Pflegeeinrichtungen Maria Auxiliatrix und das angrenzende, in Deutschland gelegene Kloster Maria Helferin liegen am nördlichen Rand der Ulingsheide und werden durch den Bau dieser Verbindung weniger Schaden erleiden.

Hinter der Bahnlinie Venlo–Kaldenkirchen und dem Grenzübergang Schwanenhaus liegen auf einer Hochebene die niederländische Groote Heide und die deutsche Venloer Heide. Diese Namen suggerieren eine landschaftliche Einheit. Die stark vergrasten Reste der Groote Heide werden jedoch von Süd nach Nord von Gewächshäusern, einer Umgehungsstraße um Venlo, einem Segelflugplatz, einem militärischen Übungsgelände und einer Reihe gigantischer Öltanks an der Pipeline Rotterdam–Ruhrgebiet beherrscht. Heidelandschaft ist hier kaum noch zu finden.

Die Venloer und die angrenzende Heronger Heide sind vollständig bewaldet und werden größtenteils als militärisches Übungsgelände genutzt. Das einzige Signal für eine mögliche zukünftige Einheit der Landschaft kommt von einer Kolonie mutiger Waldameisen. Sie haben ihren Ameisenhaufen für Europa 1992 exakt auf der Grenze zwischen den Grenzsteinen 460 und 461 gebaut.

Nördlich der Groote Heide führt die vierspurige Autobahn Antwerpen–Venlo–Duisburg durch die von Gewächshäusern beherrschte Landschaft „'t Ven", früher ein am Fuße der Hochebene gelegenes Moor. Diese Autobahn stellt zweifellos eine gelungene Verbindung zwischen Maas und Rhein dar. Zahlreiche LKW's sorgen für den Export von Blumen, Gemüse und Obst aus der Venloer Region.

Durch das ehemalige Moor verläuft die Fossa Eugeniana, der vergangene Traum eines Schifffahrtkanals zwischen Maas und Rhein.

Fossa Eugeniana

Am „Asphalt-Rhein" Antwerpen–Venlo–Duisburg vorbei folgt die Grenze eine kurze Strecke lang dem Steilrand der Hochebene. Diese von Maas und Rhein abgelagerte Hochebene ist in kleinere Plateaus unterteilt worden, in erster Linie durch geologische Risse, aber auch durch Wasserläufe wie alte Maas- und Rheinarme sowie durch kleine Flüsse wie Niers und Kendel. Von der Maas aus kann man die Tiefebene erkennen, in der der Fluß heute fließt. Früher hatte die Maas jedoch ein breiteres Stromgebiet, das sich nach Osten bis kurz über die deutsche Grenze erstreckte, die sogenannte Mittelebene. Sie reicht bis an die Hochebene heran. Vom Rhein aus kann man eine ähnliche Struktur beobachten.

Insgesamt verlaufen die Ebenen von Süden nach Norden leicht abfallend zum Tal der Niers bei Goch und Gennep. Auf dem östlichen Ufer wird die Maas von Velden bis Gennep von einem

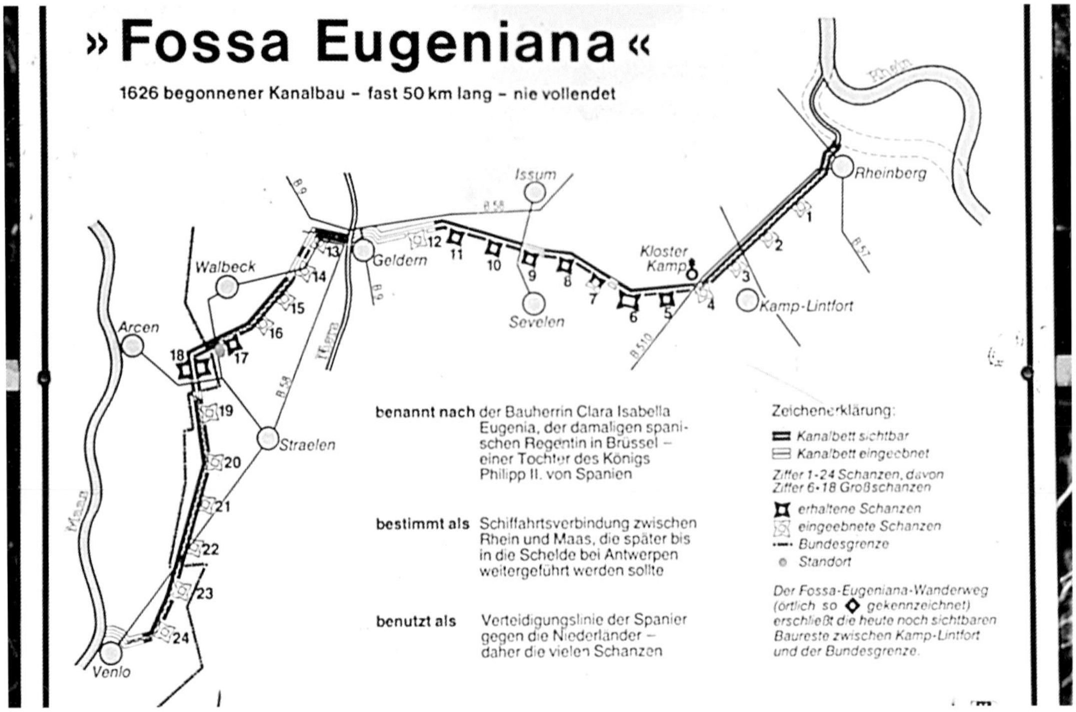

breiten Flußdünengürtel begleitet. Die Grenze verläuft einerseits durch diesen Gürtel, andererseits durch eine dahinter liegende Senke. Weiter östlich verläuft die von den Senken eingeschnittene Hochebene. All diese Senken waren ursprünglich sumpfig.

In den vergangenen Jahrhunderten hatte man Maas und Rhein immer durch eine Wasserstraße miteinander verbinden wollen. Einige Versuche wurden unternommen, indem man einen Kanal möglichst durch die Niederungen der reliefreichen Landschaft grub. Die Spuren dieser Versuche geben der Grenzlandschaft im Norden Venlos eine historische Dimension.

Die Fossa Eugeniana war von den Spaniern mit dem Ziel entworfen worden, den spanischen (d. h. südlichen) Niederlanden einen besseren Schutz zu bieten und um den blühenden Rheinhandel der Vereinigten Niederlanden zu durchkreuzen. Um dies zu erreichen, wollte man auf spanischem (d. h. katholischem) Gebiet eine schiffbare Wasserstraße graben, die den Rhein mit der Maas und der Schelde verbinden würde. Mit den Arbeiten wurde im Jahre 1626 unter Isabella Clara Eugeniana, Statthalterin der spanischen Krone, begonnen. Die technische Ausführung des Projektes wurde in die Hände niederländischer Ingenieure gelegt. Es war sicher keine einfache Aufgabe. Schon bei Lingsfort mußte durch den Bau von vier Schleusen ein Höhenunterschied von siebeneinhalb Metern bewältigt werden. Der Bau schritt energisch voran, so daß bereits 1628 eine Testfahrt auf dem Teilstück Rheinberg–Geldern durchgeführt werden konnte. Unter anderem durch die ständigen

Angriffe holländischer Truppen blieb dieser Teil jedoch der einzige, der vollendet wurde. Trotz gewaltiger Anstrengungen eines Arbeitsheeres von zeitweise 3000 Männern mußten die Arbeiten nach einigen Jahren eingestellt werden.

1770 wurde der Versuch unternommen, unter Ausnutzung von Teilen der Fossa Eugeniana einen schiffbaren Kanal zwischen Niers und Maas zu graben. Der Versuch mißlang. Der niederländische Teil heißt Geldernschkanaal, der deutsche Niers-Kanal.

Noch später, unter französischer Herrschaft, unternahm Napoleon den Versuch, das Projekt wiederzubeleben. Die Streckenführung für den sogenannten Grand Canal du Nord war von Neuss am Rhein über Venlo, die Maas und Weert durch das belgische Kempen nach Antwerpen bis zur Schelde vorgesehen. Man wollte damit den strategisch und wirtschaftlich interessanten Transithandel über den Rhein umleiten. Auf diese Weise sollte außerdem die Bedeutung des Antwerpener Hafens verstärkt werden. Aber auch dieser Plan wurde nur unvollständig ausgeführt. Südwestlich von Herongen, bei Louisenburg, liegt als Überbleibsel noch eine schöne alte Schleuse.

Wie die Fossa und der Grand Canal du Nord wurde auch der Geldernsch-Niers-Kanal bei späteren Erschließungsarbeiten als Entwässerungskanal genutzt. Dadurch verläuft die Fossa Eugeniana etwas oberhalb von Venlo am Grenzstein 477 in nördliche Richtung durch eine moderne Kulturlandschaft. 1872 wurde das Gebiet, das man um 1850 durch das Ausheben zahlreicher Gräben trockengelegt hatte, Eigen-

deutschen Seite liegt das Asyl St. Petrusheim. Es wurde 1902 von Franziskanern als Kolonie für Geisteskranke gestiftet. Die Bewohner des Hauses haben fünf Kilometer Moor urbar gemacht und kultiviert. Die Jesuiten des nahegelegenen niederländischen Klosters Bleijenbeek kümmerten sich um das Seelenheil der Kolonisten. Gegenwärtig dient das St. Petrusheim als Asyl für Obdachlose und Alkoholiker, die trotz des Lärms der Düsenjäger des nahegelegenen Flugplatzes Laarbruch versuchen, Ruhe zu finden.

Weiter nördlich stößt man auf die großzügig angelegte niederländische Kulturlandschaft Ceres. Die Agrargesellschaft Ceres kaufte hier Ländereien der Gemeinde auf. Die kultivierten und mit Kunstdünger versehenen Böden wurden von Ceres – inklusive der ersten Getreidepflanzen auf den Äckern – in kleinen Parzellen an die örtlichen Bauern verkauft.

Obwohl der natürliche Charakter der Landschaft durch die Erschließungen völlig verdrängt wurde, blieb sie über lange Zeit noch eine typische Grenzregion. Die Wege waren Sackgassen, wer dort nichts zu tun hatte, blieb fern. Heute breiten sich jedoch neue, für Menschen profitable Aktivitäten aus, wie die Erholung im Dünengürtel und rund um die dazu hergerichteten Gruben. Außerdem bedroht die geplante Lagerung chemischer Abfälle in einer Wember Grube über die Grundwasserströme auch die niederländische Wasserversorgung. Die Bergsche Heide wird ohne Rücksicht auf ihren Naturschutzwert immer weiter abgegraben. Außerdem ist auf der Ostseite, bei der Ruine Bleijenbeek, wo einst Ritter Schenk van Nydeggen das Szepter schwang, ein Golfplatz mit Hotel geplant. Der Verkehr in dem einst gottverlassenen Gebiet nimmt durch diese Entwicklungen immer weiter zu. Weder Prozessionen noch Jan de Duvel können daran etwas ändern.

Waldkolonisten

Ist die Grenzregion bis Siebengewald erst spät kultiviert worden, so sind die Siedlungen ab Siebengewald viel älter. Der kleine Fluß Kendel und die etwas weiter nördlich fließende Niers ermöglichten dies. Schon in einer Urkunde aus dem Jahre 1346 wird Sevengewalde erwähnt. Das Dorf entstand als Waldrandsiedlung auf den westlichen Ausläufern des Reichswaldes am Ufer der Kendel. Ursprünglich bildete es mit Asperden, Kessel, Hommersum und Hassum eine Markgenossenschaft. Diese Dörfer besaßen einen großen Wald als gemeinschaftliches Eigentum. Der Bedarf an Bauholz sowie Brenn- und Kleinholz war so groß, daß der natürliche Wald im Laufe der Jahrhunderte verschwand.

Der damalige Flecken Siebengewald war von alters her preußisch. Heute liegt Siebengewald in einer niederländischen Uithoek. Es wurde kurz nach 1816 im Tausch für einige Exklaven bei Afferden, die an der Kendel auf preußischem Gebiet lagen, den Niederlanden zugeschlagen.

Damals gab es um Siebengewald noch ausgedehnte Wälder und Heidegebiete. Vor allem auf preußischer Seite wurde fleißig gerodet. Etwas von der Grenze entfernt zeigt die Tranchotkarte das Dorf Pfalzdorf, eine sehr gleichmäßig angelegte Siedlung im Reichswald. Auch die kleine Bauernsiedlung Asperheide ist eingetragen.

Pfalzdorf ist die ältere der beiden Siedlungen und verdankt seine Entstehung der Grenze: Mitte des 18. Jahrhunderts passierten regelmäßig Transportschiffe mit Pfälzer Emigranten die

Auf dem Haspel
Mostert
Asperheide
Hassum
Janshof
Holthuisenbosch
Startenhof
Müll
Retut
Mönichshof
E31
Voßheide
Boeckelter Feld
Butzenhof
Krotzhof
Op de Belt
Grensweg
Gp 552
Gp 551
Gp 547 t/m 550
Gp 546
Gp 542 t/m 545
Gp 540
Gp 541
Gp 539
Gp 538
Gp 537
Gp 534
Gp 533
Gp 532
Gp 531
Gp 530
Gp 529
Gp 528
Gp 527
Gp 526
Gp 525
Gp 524
Gp 523
Gp 522
Gp 521
Gp 520
Gp 519
Gp 518
Alte Huf
Schanz
Boeckelt
Thomashof
Nuthgraben
Belthoeve
Beltweg
Vrij
Terporten
Kendelhof
Robbenhof
Slavanien
Houenhof
Flieraij
Siebengewald
Augustinum (Seminarie)
Gaesdonk
Boekhöltchen
Stevershof
Koekoek
Schenkendijk
Pannenweg
Grenskantoren
Hülm
Winkel
Bögenshof
Lakei
Kleine Horst
Ottenskamp
Aldorp
Boyenhof
Kerkenhof
Oberhelsum
Groote Horst
Beekheuvel
Niederhelsum
Ruine
Bleijenbeek
Heereven
Horster beek
Eckeltsche
Baalsendijk
Schwarzer weg
Drei Höfe
Kendel
Graf
Eckelt
Hülmerheide
Leitgraben
Steeg
Kawey
Duivelskuil
Ceres
RD
Baaler Bruch
Marienwasser
Siebengewaldse Weg
Baalerdeich
Mönchenschall
Smal
De Campus
St Petrusheim (Seminarie)
Schwanenhof
Polder
Zwembad
Baal
Hees
Wynacker
Hasenhof
Nieuw-Bergen (Gem Bergen)
Bergapark
Gocher Veen
Ceresweg
Lackbar
Veener Ley
Spanische Ley
Gemeenteheide
Ons Erf
Hees
Ottersgraben
Bergsche Heide
N271
Weezer
Heesergut
Vrede
Watershof
Wemb
Allerdijk
De Grote Muils
Bergerheide
Veen
Grenskantoor
Zuiveringsinst

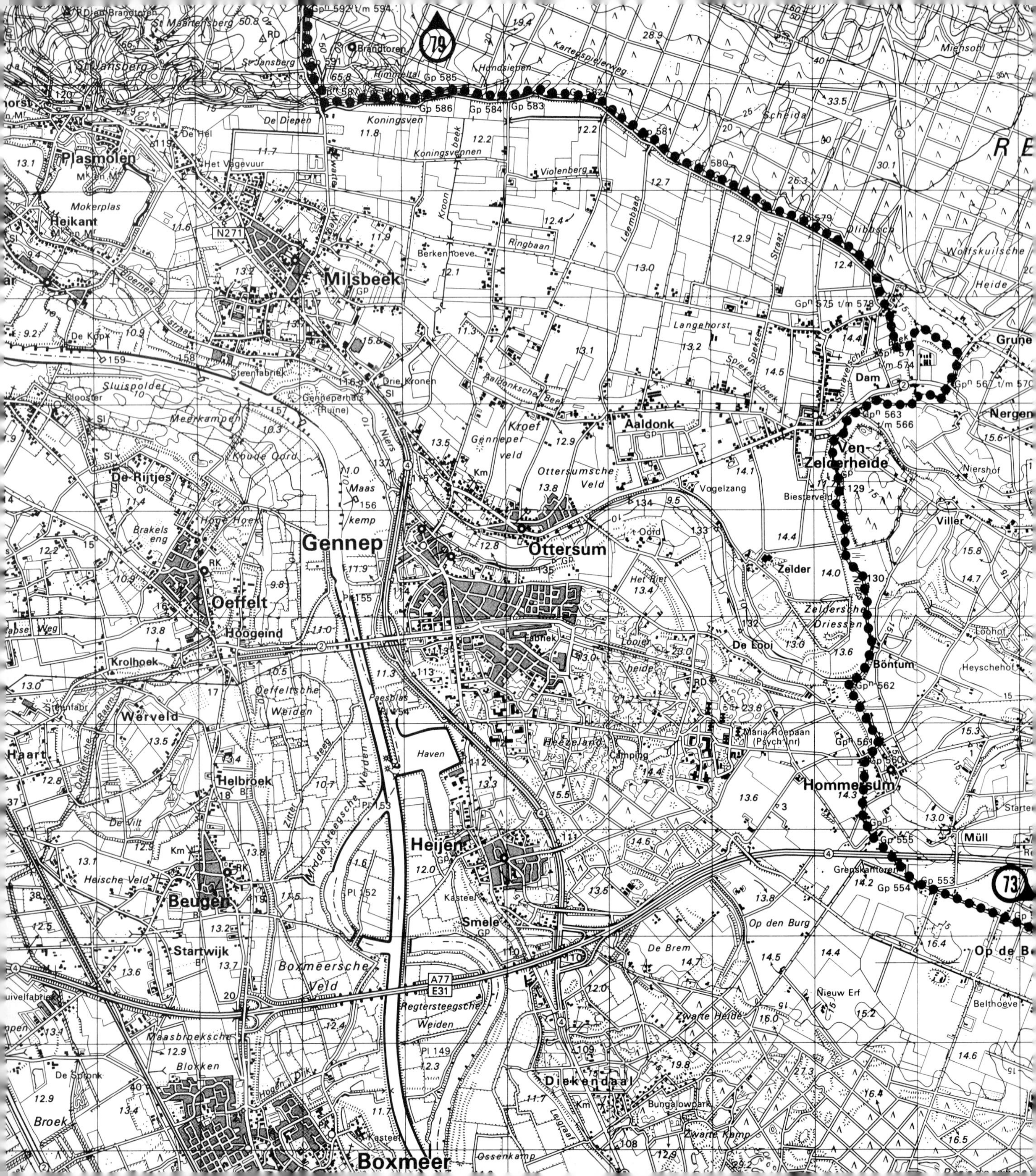
79
73
Brandtoren
St Maartensberg
St Jansberg
Himmeltal
Hundsiepen
Kartenspielerweg
Koningsven
Koningsvennen
De Diepen
De Hel
Plasmolen
Het Vagevuur
Mokerplas
Heikant
N271
Milsbeek
Violenberg
Ringbaan
Berkenhoeve
Leembaan
Scheidal
Olibosch
Wolfskuilsche Heide
Langehorst
Dam
Grune
Nergen
De Kopx
Steenfabriek
Sluispolder
Klooster
Meerkampen
Genneperhuis (Ruïne)
Drie Kronen
Aaldonksche Beek
Aaldonk
Kroef
Genneper veld
Ottersumsche Veld
Ven-Zelderheide
Vogelzang
Biesterveld
Niershof
Koude Oord
De Rijtjes
Maas
Niers
Gennep
Ottersum
Viller
Hoge Hoek
Brakels eng
Oeffelt
Het Riet
Zelder
Zeldersche Driessen
Hoogeind
Fabriek
Looier heide
De Lopi
Bontum
Heyschehof
Loohof
Krolhoek
Oeffeltsche Weiden
Paesplas
Werveld
Haven
Heezeland
Camping
Maria Roepaan (Psych Inr)
Hommersum
Haart
Helbroek
Zittersteeg
Middelsteegsche Weiden
Heijen
Müll
De Vilt
Heische Veld
Grenskantoren
Beugen
Kasteel
Smele
Op den Burg
Op de B
Startwijk
Boxmeersche Veld
De Brem
A77
E31
Nieuw Erf
Regtersteegsche Weiden
Zwarte Heide
Belthoeve
Maasbroeksche Blokken
De Spronk
Broek
Diekendaal
Leigraaf
Bungalowpark
Zwarte Kamp
Ossenkamp
Boxmeer

Pfälzer Chronik

Juni 1741 Ankunft der Pfälzer in Schenkenschanz

14.10.1741 Landzuweisung auf der Gocher Heide

1742/43 Mehrmalige Ausweisungsanordnung wegen fehlender Borschaft

2.4.1743 Bittschrift zweier Pfälzer an König Friedrich II

1745 Eröffnung der Schule -- 1749 Ortsname Pfalzdorf

1775 Einweihung der ref. Kirche -- 1779 Einweihung der luth. Kirche

1779 Pfalzdorf wird selbständige Gemeinde

1748 Einweihung der Friedhof Kreuzung Ostkirchstr.-Hunsruckstr.

1898 Bau der Bürgermeisteramtes

1921 Vereinigung der luth.-ref. Kirche

1969 Eingemeindung in die Stadt Goch

Schenkenschanz, die damals holländische Festung am Rhein. In Rotterdam wurden sie auf englische Schiffe umgeladen, deren Bestimmungsort Pennsylvania war. Diese Transporte wurden erst dann in das Land hineingelassen, wenn man in Den Haag die Gewißheit hatte, daß die englischen Schiffe sicher im Rotterdamer Hafen angekommen waren. Das dauerte manchmal mehrere Wochen, und die ganze Zeit über warteten die Schiffe mit den Auswanderern bei Schenkenschanz. Während eines solchen Aufenthaltes begann eine kleine Gruppe von ihnen sich für die Gocher Heide zu interessieren. Wie durch eine Eingebung begriffen sie, wie unsinnig es war, die lange und gefährliche Reise nach Amerika zu unternehmen, um dort schließlich ein Stückchen Prärie umzugraben, während in heimatlichen Gefilden ebensoviel erreicht werden konnte. Zu Anfang kamen nicht mehr als sieben bis acht Familien zu diesem Entschluß. Aber innerhalb von 20 Jahren verfünffachte sich ihre Zahl. Nach und nach verschwand die Heide auf einem Gebiet im Umkreis von vier bis fünf Wegstunden. Zu Beginn des 19. Jahrhunderts zählte Pfalzdorf fast 2000 Seelen, rund 300 Häuser, zwei Kirchen und 3000 Morgen Ackerland.

Am Ende des vorigen Jahrhunderts holten die niederländischen Behörden sogar eine Anzahl Pfalzdorfer in die Niederlande. Der Versuch der Pfalzdorfer, in der Nähe von Soest ein Tochterdorf zu gründen, mißglückte jedoch.

Nach 1850 stand der Name des Fleckens Siebengewald für ein größeres niederländisches Gebiet Pate. 1935 gab es um Siebengewald schon keinen Wald mehr. Weiter westlich ist bis zur

Grenze alles nach einem strengen Schema urbar gemacht worden. Ein auffälliger Unterschied zur südlicher gelegenen Kulturlandschaft ist, daß die Gebäude an den Parzellen liegen.

Kendel und Niers

Ab dem Grenzübergang bei Siebengewald bis zum Grenzstein 547 bildet die mäandrierende Kendel zusammen mit einem Wäldchen die Grenze. Niers und Kendel prägen den Charakter der Landschaft, die von alters her auf unterschiedliche Weise grenzüberschreitend ist.

Die Schleifen der Kendel – „Kendel" ist das niederrheinische Wort für „Biegung" – werden von der linksrheinischen Autobahn Gennep–Goch zerschnitten. Die neuen und noch modernen Zollabfertigungsanlagen bestimmen das Bild. Hinter der Autobahn fließt der kleine Fluß durch das liebenswürdige, verschlafene Grenzdörfchen Hommersum. Die Endstation des Gocher Linienbusses liegt in der Nähe des im Sommer 1991 zeitweise verschwundenen Schlagbaumes. Der Autoverkehr griff Europa 1993 vor und überquerte die Grenze über den Veedijk.

Hinter Hommersum entlang der Kendel und der Grenze ist mit etwas Mühe die Trasse der früheren Güterbahnlinie Rotterdam–Boxtel–Gennep–Goch–Hannover auszumachen. In Gennep liegt noch die Eisenbahnbrücke über die Maas, die jetzt allerdings dem Straßenverkehr dient. Etwas weiter liegen einige Mühlsteine dort, wo früher zwei Wassermühlen gestanden haben, auf jedem Ufer eine. Die Mühlen dienten Schmugglern als Versteck. Man wird hier den Grenzstein 561 vergeblich suchen, denn er befindet sich zur Zeit unweit des Schwanenturms in Kleve auf einem gepflegten Rasen an der Nassauerallee. (Woher die Grenzsteine stammen, die in Bredeweg an der großen Straße nach Groesbeek stehen, ist uns unbekannt, denn sie tragen keine Nummer.)

Bei IJsheuvel ist gut zu sehen, wie die Kendel die Terrasse der Niers durchbricht und am Grenzstein 562 in die Niers mündet. Schön ist auch das bescheidene Flußbett, das die Niers in das breite, vom Rhein gebildete Urstromtal gegraben hat.

In der vorletzten Eiszeit wurde der Rhein nämlich durch das nördliche Eis in westliche Richtung gezwungen. Dadurch bildete er das Tal, in dem die Niers jetzt fließt. Im Norden dieses breiten Tales liegt der sogenannte Moränenwall. Das Eis hat Erdreich zu einem Haufen zusammengeschoben und so diese Endmoräne gebildet. Die Moräne, die das Urstromtal auf der Nordseite begrenzt, wurde von dem Flußwasser stellenweise so stark unterhöhlt, daß sich eine Steilwand bildete.

Entlang der Niers siedelte sich, ähnlich wie an einem Fluß wie die Rur, eine Reihe von Ortschaften wie Gennep, Goch, Weeze und Kevelaer an. Lange Zeit blieben die Moorgebiete und Sümpfe zwischen der Niers und der Moräne unberührt. Der Naturforscher und Autor H. Blink fand dort noch zu Beginn dieses Jahrhunderts die weiße Seerose, den Igelkolben, die gelbe Wasserrose und die gelbe Seekanne.

Beim Grenzstein 564 verlief die Grenze durch die Ländereien des Theodor Jaeger aus der Familie der van Ophovens. Jaeger pachtete in der Gemeinde Ottersum ein sumpfiges ehemaliges Flußbett. Danach wurde ihm in Deutschland die Erlaubnis zugesprochen, Sand abgraben zu dürfen, mit dem er den Sumpf aufschütten konnte. Mit Kipploren wurde dieser Sand auf einer Schmalspur aus dem Reichswald herantransportiert. Durch den Erwerb eines Grundstückes in Deutschland, auf dem er einen Bauernhof baute, dehnte er seine Besitzungen bis über die Landesgrenzen aus und erhielt so die vorteilhafte Anerkennung als Traktatbauer. Durch diese und andere Kultivierungen erinnert momentan nur noch ein Name wie Koningsven (beim Grenzstein 586) an die ursprüngliche, natürliche Situation.

Von Grenzstein 576 bis 589 bildet der Grenzweg die Trennlinie zwischen dem jahrhundertealten Reichswald auf der Moräne und einer neuzeitlichen Kulturlandschaft. Das Quellwasser aus der Moräne, das gelegentlich noch an die Oberfläche gelangt, wird über den Kroonbeek und den Tielenbeek effizient in die Maas entwässert.

Man sagt, daß der Name Ottersum auf die Otter verweist, die in früheren Zeiten in den Mooren lebten und sich entlang der Niers aufhielten. Die Otter sind verschwunden. Ihr Platz wurde von den Touristen eingenommen, die sich von Goch in Richtung Gennep paddelnd blindlings durch die Erholungslandschaft treiben lassen.

Der Reichswald

Ab dem Grenzstein 589 führt ein kurvenreicher Hohlweg die steile, unterspülte Wand des Moränenwalles hinauf. Bis zum Jahre 1991 folgte die Grenze genau den Biegungen dieses Weges. Weil die Böschungen zur Verbreiterung des Weges abgegraben wurden, liegt die Fahrbahndecke plötzlich teilweise auf deutschem Gebiet. Kleine numerierte Schilder im Straßenbelag geben den exakten Grenzverlauf wieder.

Von der Höhe der Moräne aus kann man den Halbkreis des vom Landeis gebildeten Groesbeeker Zungenbeckens sehen. Auf dem deut-

81
Wyler
Kleyen
Meiberg
Grusken
Hooge Langeberg
Dekkerswald
(Med Centrum)
Vlietenberg
Nederrijk
Brandtoren
De But
Holdeurn-hoog
Grenskantoor
Groenendaal
Foxhil
Schietbaan
Lage Langeberg
Derde Baan
Canadese Ere begr pl
Hoge Hof
Den Heuvel
Hochstrasse
Werkenrode
Rhatia
Heuvelhof
Richters Gut
Muntberg
Maldense Baan
Elsenhof
Zweefvlieg terrein
De Campagne
Dennenkamp
De Lubert (Recreatiecentrum)
Hettsteeg
Schildbroek
Brandtoren
Maldensche Vlak
Hooge Hoenderberg
Cranenburgse Straat
Galgensteeg
Groesbeek
De Horst
Rijlaan
Wolfsberg
Plak
Brandenberg
Heumense Schans
Colonjes
Het Zwaantje
De Bruuk (Natuurreservaat)
Bredeweg
Mookerschans
Mookerheide
Bisselt
Hoge Waldse Weg
Grafwegen
Freudenberg
Reichswald
Mook
(Gem Mook en Middelaar)
Katwijk
Zevendalse Baan
Kiekberg
RD en Brandtoren
St Maartensberg
Brandtoren
Himmeltal
Hundsiepen
Kartenspielerweg
St Jansberg
Riethorst
De Diepen
Koningsven
Koningsvennen
Violenberg
De Hel
Plasmolen
Het Vagevuur
Cuijk
(Gem Cuijk en St Agatha)
Mokerplas
Heikant
Katerbosch
N271
Ringbaan
Leembaan
Berkenhoeve
Middelaar
Milsbeek
Neerveldstraat
De Kop
Bloemenstraat
Langehof
Steenfabriek
Drie Kronen
Aaldonksche Beek
Zevenhutten
St Agatha
Sluispolder
Klooster
Gennepershuis (Ruïne)

Mehr
Die Düffel
Donsbrüggen
Grosse Wässerung
Kranenburger Bruch
Klarenbeck
Raysenhof
Elsenhof
Eckenschehof
Horndrick
Speetenhof
Endhuisen
Gnadental
Wasserburg
Spyck
Tiergarten
Kreiswald
Sternberg
Nütterden
Vossberg
Uitzichttoren
Hingstberg
Maselberg
Wolfsberg
Tütthees
Klinkenberg
Schwarzwasser
Königsheide
Frasselt
Schottheide
Heyberg
Papengatt
Treppkesweg
Waldhorst
Stoppelberg
Ranzow
KLEVE
Steppenhof
Sternbusch
Freudenberg
Lambeer
Materborn
Gr Hüfgen
Kl Hüfgen
Mississippi
Weisses Tor
Hebbenshof
Verhejenhof
Beyershof
Mönchenwald
Reichswalde
Hüfgen
Palandswald
Resepütt
Hau
Sperberholz
Hirschsohl
Kamp
Brandtoren
Geldenberg
Vorschlag
Dammscherhof
Krahental
Rehsohl
Miehsohl
Rendezvous
Britse Erebegr pl
REICHS WALD
Am Goldberg
Pfalzdorf
Sammelplatz
Knollenberg
Wolfskuilsche Heide
Kartenspielerweg
Nierswalde
Cornelienhof
Am Klosterhof
Grunewald
Sternberg
Dickes Mönchstal
Dam
Asperberg

schen Teil der Moräne ist mehr Wald als auf der niederländischen Seite erhalten geblieben. Beide Waldgebiete bilden heute nur noch einen kleinen Restbestand eines seinerzeit etwa 50 Kilometer breiten Waldstreifens, der sich in der Zeit Karls des Großen von Xanten bis Nijmegen erstreckte. Auf der Höhe des Hohlwegs sind der niederländische und der deutsche Wald durch einen schmalen Streifen wie durch einen seidenen Faden miteinander verbunden.

Wahrscheinlich wurde der alte Wald im elften Jahrhundert zugunsten des Grafen von Kleve zum ersten Mal aufgeteilt. Zur Unterscheidung vom Klever Wald nannte man den westlichen Teil damals Reichswald. Im 15. Jahrhundert wurde der Reichswald dann weiter aufgeteilt. Der Niederwald blieb geldrisch, der Oberwald wurde Kleve zugesprochen. Diese Teilung bestimmte auch die Lage der späteren Reichsgrenze. Heute ist der Klever Teil als Reichswald bekannt. Für den niederländischen Teil gibt es mehrere Namen, z. B. Nederrijk für das Waldgebiet zwischen Berg en Dal und Groesbeek.

Die „Waldgrafen", denen die Aufsicht oblag und die für die Verwaltung des Waldes verantwortlich waren, hatten ihre Burgen mitten im Reichswald. Der Hof von Groesbeek, von dem im Dorfkern von Groesbeek noch Reste vorhanden sind, stammt aus jener Zeit.

Mit Ausnahme des Dorfes Groesbeek, das isoliert in einem ausgedehnten Waldgebiet lag, waren kleine bäuerliche Siedlungen nur am Rand des Waldes entstanden. So lag am Grenzstein 593 der geldrische Hof Grafwegen. Da an der Klever Seite der Grenze seinerzeit noch niemand wohnte, war es für die Bauern nicht schwierig, sich auf der anderen Seite der Grenze

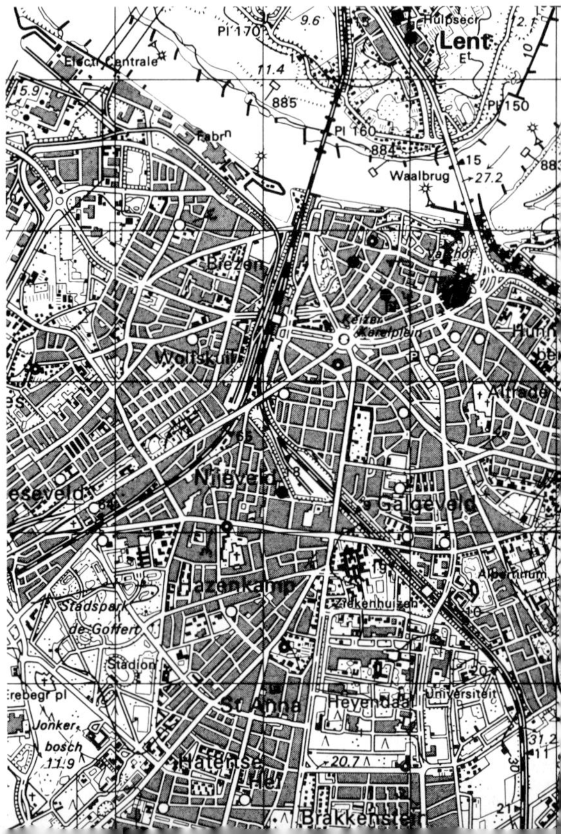

ein Stückchen Land anzueignen. Die Grenze war schlecht markiert und die Herren von Kleve waren zu weit weg, um dies verhindern zu können. Um jedoch ein Auge auf die Grenze zu haben, kam im 17. Jahrhundert der damalige Herr von Kleve auf den Gedanken, auf der deutschen Seite der Grenze eine Siedlung zu gründen, die wie der niederländische Hof den Namen Grafwegen trägt. In der zweiten Hälfte des 19. Jahrhunderts wurden im deutschen Grafwegen einige Zöllnerwohnungen gebaut.

Von alters her besaßen die Bauern aus dem deutschen Grafwegen Land an der anderen Seite der Grenze, welches nach dem Zweiten Weltkrieg vom niederländischen Staat beschlagnahmt wurde. Zum Ausgleich erhielten die benachteiligten Bauern vom deutschen Staat ein Stück Reichswald zur Kultivierung, das kurz hinter Grafwegen unmittelbar an der Grenze lag.

Zum Ende des Zweiten Weltkrieges haben der Reichswald und die Wälder von Groesbeek enorme Schäden erlitten. Außerdem betrachteten die Alliierten den Reichswald als Kriegsbeute. 1948 hatte man zwei Drittel des Waldes mehr oder weniger kahlgeschlagen. Die Siedlungsdörfer Reichswalde und Nierswalde entstanden kurz nach dem Zweiten Weltkrieg auf Flächen des Reichswaldes, die zur Rodung freigegeben worden waren. Vertriebene aus den ehemals deutschen Gebieten Schlesien und Pommern und aus Ostdeutschland fanden dort eine neue Heimat.

Der Reichswald wird zu einem Großteil wirtschaftlich genutzt. Zu diesem Zweck hat man bereits im vorigen Jahrhundert ein rechteckiges Wegenetz angelegt. Aber wie bei den niederländischen Wäldern, die zum großen Teil Eigentum der Vereniging tot Behoud van Natuurmonu-

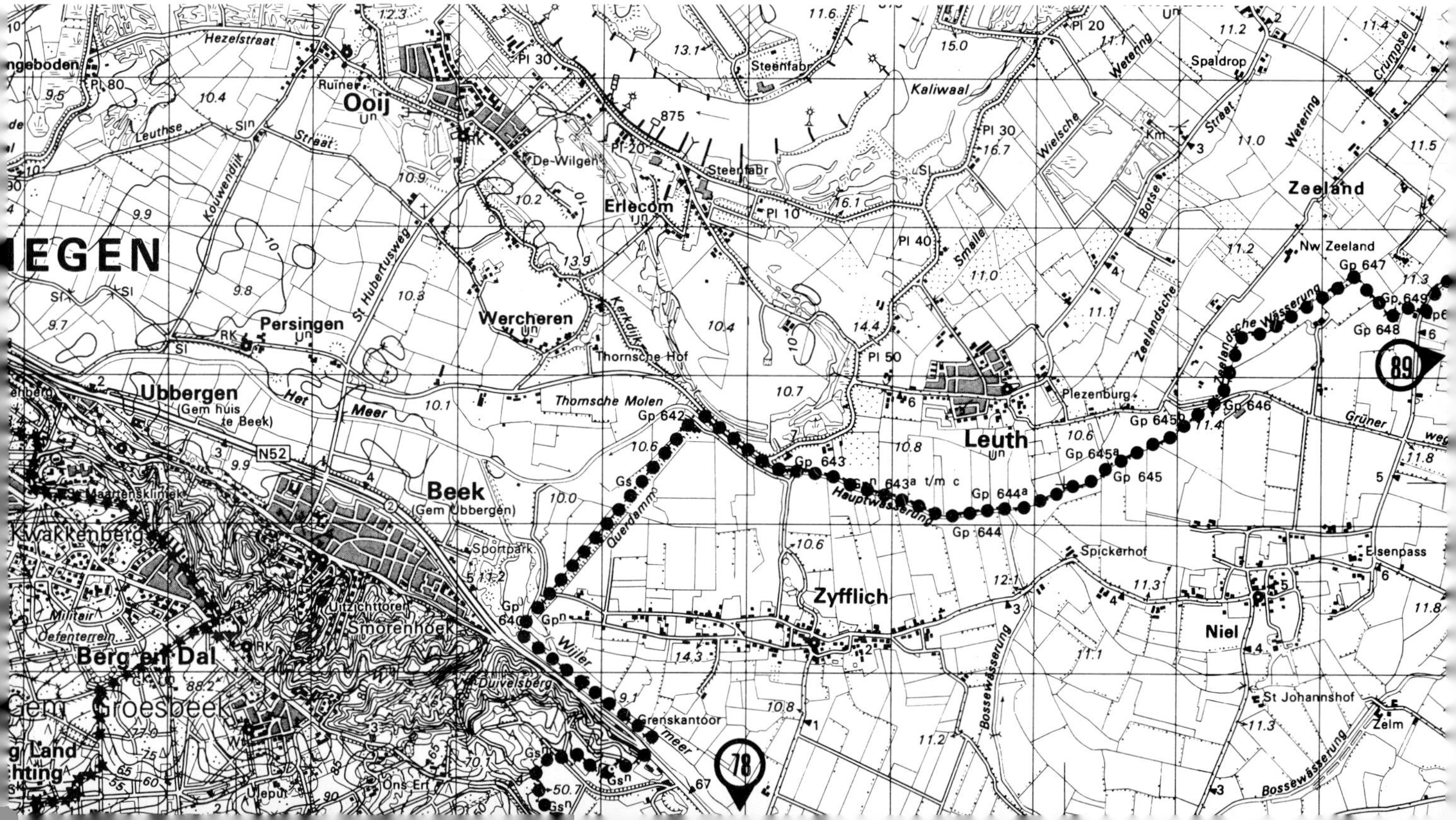

menten und des Staatsbosbeheer sind, ist die Verwaltung durch das Staatliche Forstamt in einem Teil des Reichswaldes auf eine möglichst natürliche Entwicklung ausgerichtet. Wegen des sauren Regens wird im Wald jedoch überall reichlich Kalk gestreut.

Hier und dort gibt es im Groesbeeker Becken zaghafte Ansätze, den Zusammenhang zwischen dem Reichswald und den niederländischen Waldgebieten herzustellen. Wegbereiter ist dabei der Dachs. Am Grenzstein 628F wurde ein Tunnel unter der Oude Kleefsche Baan angelegt, der in Deutschland anfängt und auf niederländischem Gebiet endet. Dieser Tunnel soll den Dachsen, deren Bau in Deutschland liegt, einen sicheren Zugang zu den Nahrungsgebieten auf der anderen Seite der Straße bieten.

Außerdem plant man bei der Groesbeeker Flurbereinigung die schrittweise Einführung von Landschaftselementen, die vor allem auf die Erhaltung des Sumpfgebietes de Bruuk ausgerichtet sind. Das niedrig gelegene und feuchte Bruuk ist eine orchideenreiche Naturinsel. Einige der geplanten Landschaftselemente sollen für den Anschluß des Bruuk an das Kranenburger Bruch und an den Reichswald sorgen, und zwar über den Groesbeek. Ob diese Ansätze ausreichen, damit die Natur der zukünftigen Nutzung durch Erholungssuchende und dem Verkehrsaufkommen widerstehen kann?

Der Wijlerberg

In den zwanziger Jahren dieses Jahrhunderts erbaute die Familie Schuster-Hiby oben auf der Moräne Nijmegen-Kleve auf der Höhe des Grenzsteins 640 das Landhaus Wijlerberg. Die Familie hatte vordem in Elsaß-Lothringen gelebt. Als Elsaß-Lothringen nach dem von Deutschland verlorenen Ersten Weltkrieg an Frankreich fiel, zog die Familie Schuster-Hiby um und wählte als neuen Wohnort den Klever Hügelrücken. Dort besaß die Familie große Landgüter, zu denen auch der Teufelsberg und der Wijlerberg gehörten. Der in Fachkreisen bekannte Architekt Otto Bartning entwarf die Villa, die sich perfekt in die Hügellandschaft einfügt und einen einmaligen Ausblick auf die Rheinebene bietet. Auf der Nordseite der Villa wurden an einem Abhang Obstbäume gepflanzt, zu beiden Seiten von Kastanien begrenzt, die den Ausblick über das Rheintal einrahmen.

1924 wurde die weiß verputzte und mit grauem Schieferdach versehene Villa fertiggestellt. Der Baustil ist expressionistisch und verweist auf den Kristallgedanken der Anthroposophie. Dies zeigt sich durch die Verwendung von Vielecken, unter anderem in dem bei Kennern berühmten Musiksaal. In diesem Saal sind schon viele Konzerte gegeben worden, denen Musikliebhaber aus aller Welt beigewohnt haben. Dort wurden sogar Schallplatten mit der Musik Schönbergs aufgenommen.

Vor dem Zweiten Weltkrieg war der Wijlerberg vor allem ein Ort der Begegnung für Maler aus allen Teilen der Welt. Es heißt, daß Künstler aus den Vereinigten Staaten bei ihren Europareisen drei Ziele hatten: Paris, London und den Wijlerberg. Außer den Gästezimmern in der Villa besaßen die Schusters ein in den letzten Kriegstagen zerstörtes Hotel beim Wijlerbergmeer.

Nach dem Zweiten Weltkrieg traf die Familie Schuster-Hiby das gleiche Schicksal wie früher in Elsaß-Lothringen. Der Wijlerberg, der Teufelsberg und das am Fuß der Moräne gelegene Wijlermeer gingen aus deutschen in niederländische Hände über. Während die Niederlande 1963 andernorts einen großen Teil der territorialen Nachkriegsgewinne an Deutschland zurückgaben, blieben der Wijlerberg und der Teufelsberg niederländisch. Schon vor 1963 zogen die Schusters weg.

Ab dem Grenzübergang Wyler (Grenzstein 628A) verläuft die Grenze über eine Strecke von zwei Kilometern an der Oude Kleefsche Baan in Richtung Berg en Dal, um am bereits erwähnten Dachstunnel nach rechts abzubiegen. Etwas weiter, entlang der Oude Kleefsche Baan, findet man noch alte Grenzsteine und Reste einer früheren Umzäunung. In Berg en Dal lief die frühere Grenze genau am Pflegeheim „Groot Berg en Dal“ vorbei durch das Keteldal hinab nach Beek. Im Keteldal steht ein vierarmiger Wegweiser. Er zeigt in Richtung Westen „Nederland“ und in Richtung Osten „Duitschland“ an. Auf den beiden anderen Armen steht geschrieben: „Laßt Freundschaft heilen, was Grenzen teilen.“ In Beek stehen am Rijksstraatweg einige Grenzsteine, von denen ein paar in einer Hecke verborgen sind.

Die staatliche Forstverwaltung hat den Duivelsberg und den Wijlerberg angekauft. Im Haus Wijlerberg sind momentan drei private Naturschutzorganisationen ansässig, darunter die Vereniging Das & Boom und die Dachorganisation für Vogelkunde in den Niederlanden (SOVON). Beide Organisationen entfalten ganz in der Tradition des Wijlerberges internationale Aktivitäten.

Wer nicht deichen will, muß weichen

In der vorletzten Eiszeit schob die Eismasse aus dem Norden den Untergrund hoch und vor sich her. Hierdurch entstand eine Moräne, die von Arnhem über Nijmegen in Richtung Kleve und von dort nach 's-Heerenberg verlief. Das Eis blockierte den von Süden nach Norden gerichteten Lauf des Rheins. Der Fluß suchte sich einen Ausweg in westliche Richtung und fand ihn, indem er die Moräne an zwei schwachen Stellen durchbrach. Die Moränen von Montferland und der Veluwe an der rechten Flanke des Rheins und die Moräne Kleve-Nijmegen auf der linken Flanke bilden seitdem die Gelderse Poort.

Das Wasser floß ursprünglich durch mehrere Flußbette, die sogenannten Rheinarme. Mal herrschte Niedrigwasser, so daß viele Arme trocken standen, mal überspülten tobende Wassermassen die enge Pforte von einer Moräne zur anderen.

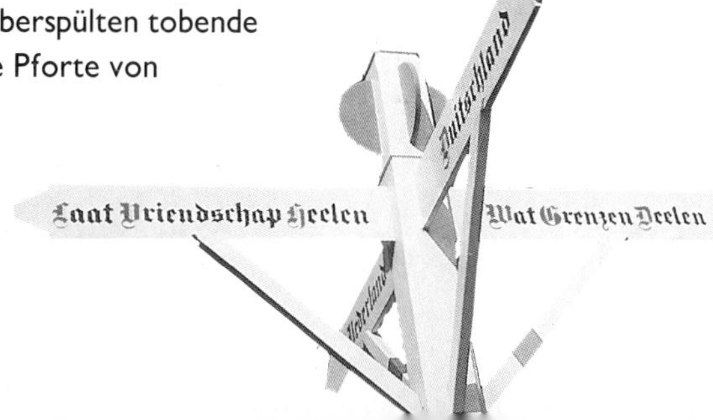

Die Arme waren von sandigen Uferwällen gesäumt. Hinter diesen Wällen befanden sich lehmige und tiefer gelegene Mulden. Diese Wälle und Mulden bildeten die Grundlage für die Besiedlung des Rheintals durch den Menschen.

Aber zuerst mußte der Fluß gezähmt werden. Im Lauf vieler Jahrhunderte ist dies gelungen und zwar so gut, daß sich jetzt die Stimmen mehren, die der Gelderse Poort wieder etwas von ihrem ursprünglichen Charakter zurückgeben wollen.

Den ersten Eingriff zur Regulierung des Stroms nahmen die Römer vor. Im Jahre zwölf vor Christus baute der römische Feldherr Drusus an der Stelle, wo sich Rhein und Waal gabeln, eine Buhne, damit mehr Wasser in den Niederrhein fließen konnte. Erst im neunten Jahrhundert wurde das Werk des Drusus fortgesetzt. Es wurden Erdwälle aufgeschüttet, um Agrarflächen und Siedlungen vor dem Wasser zu schützen. Schon bald waren zwischen den Rheinarmen ganze Waarften mit Deichen versehen.

Um 1300 sind eine geringfügige Klimaveränderung und eine neue Überschwemmungsphase die Ursache dafür gewesen, daß die Bevölkerung der Waarften in enger Zusammenarbeit einen durchgehenden Banndeich anlegte. Der Duffeltsche Banndeich – einer der ältesten Banndeiche am Niederrhein – erstreckte sich von Kleve über die Dörfer Rindern und Bimmen nach Millingen und schließlich über die Dörfchen Kekerdom und Leuth zum Wijlermeer am Fuße der Moräne; er umschloß so das Gebiet mit dem Namen Duffelt.

Kurze Zeit später wurde auch der Ooyse Bandijk in Richtung Nijmegen fertiggestellt. Dem Ooypolder machte das drängende Quellwasser und das Grundwasser aus der Duffelt zu schaffen. Die Duffelt wurde über Het Meer, einem alten Waalarm direkt an der Moräne Kleve-Nijmegen, entwässert. Darum wurde zwischen Nijmegen und Wercheren der Mosterddijk angelegt. Die Ooy wurde so zu einem kreisförmigen Polder: das „Cirkul van de Ooy". Beim Anlegen der Deiche machte man dankbaren Gebrauch von den Uferwällen und anderen Landschaftserhebungen.

Durch die Banndeiche verlor die Flußlandschaft bereits im 13. Jahrhundert teilweise ihren natürlichen Charakter. Die Bedeichung hatte das Winterbett des Rheins und der Waal erheblich verengt, so daß die Wasserstände sich dadurch noch einmal zusätzlich erhöhen konnten. Häufig wurden die Polder überschwemmt und gelegentlich brachen die Deiche. Bei solchen Überschwemmungen konnte sich der lehmhaltige Schlamm besser absetzen, weil das Wasser hinter dem Deich praktisch zum Stillstand kam. Auf diese Weise setzte sich über die Jahre eine gleichmäßige Lehmschicht auf den Poldern ab. Das bizarre Bild der großen und kleinen Flußarme, Kiesablagerungen, Flußdünen und Tümpel verschwand größtenteils. Einige Namen auf der Karte weisen auf die Wassermassen hin, unter denen die Einwohner so häufig zu leiden hatten. Der Name Zeeland spricht für sich. Und Zyfflich stammt von Zevelik, was Seefleck bedeutet.

Die Menschen bauten ihre Häuser auf Warften, Uferwällen und an den Deichen. Dieses Siedlungsmuster erkennt man auch heute noch gut. Die älteren Höfe wurden auf Erhöhungen gebaut; bei Neubauten dagegen vertraut man inzwischen der modernen Flußregulierung. Aber auch auf Warften, Uferwällen oder Deichen war man nicht immer sicher. Vor allem Deichdurchbrüche durch Eisgang waren katastrophal. Berüchtigt sind die Überschwemmungen von 1784, 1809 und 1820. 1820 wurde das blühende Dorf Persingen inklusive seinem Schloß und seinen dicken Mauern durch treibende Eisschollen fast vollständig zerstört. Nur die kleine Kirche und einige andere Gebäude blieben verschont. Persingen ist heute das kleinste Dorf der Niederlande.

Am Vorderportal der St. Bonifatiuskirche in Niel zeigen Markierungen die Wasserstände an, die das Rheinwasser im 19. Jahrhundert erreicht hat.

Die Wasserwirtschaft im Herzogtum Kleve ist von holländischen Einwanderern in Gang gebracht worden. Wie im Gelderland und im Oversticht realisierten diese holländischen Pioniere auch im Klever Land viele wasserwirtschaftliche Projekte. Die Sümpfe in der Nähe der Moräne legten sie als erste trocken. Man nannte die holländischen Pioniere daher auch Broeker (Brucher). Schon bald wurden die mit Wasserwehren und einer Wasserstandsregulierung versehenen Brüche wasserwirtschaftlich selbständig verwaltet. So waren im Kranenburger Bruch neben dem Herzog auch „Heemräte“ und der „gemeine Bruchrat“ Autoritäten. Aber es dauerte nicht lang, bis das Bedürfnis nach einer wasserwirtschaftlichen Regelung in größerem Zusammenhang wuchs, zunächst in der Duffelt, der Liemers und der Hetter. Liemers und Hetter liegen mehr nach Norden hin rund um die Moräne von Montferland. Eine Urkunde aus dem Jahre 1328 belegt anschaulich, wie sich die Herzöge von Geldern und Kleve gemeinsam für eine allgemeine Wasserwirtschaftsregelung in der Liemers einsetzten. Der Bau von Banndeichen war eines der Ergebnisse dieser übergreifenden Wasserwirtschaftsregelung.

Erst nachdem das Herzogtum Kleve an Preußen gefallen war, konnte von starkem Einfluß und strenger Kontrolle zentraler Behörden gegenüber den Institutionen der Wasserwirtschaft die Rede sein. So wurde 1767 ein allgemeines Reglement für die Wasserwirtschaft und ihre Behörden im Herzogtum Kleve erlassen. Diese überlebten die politische

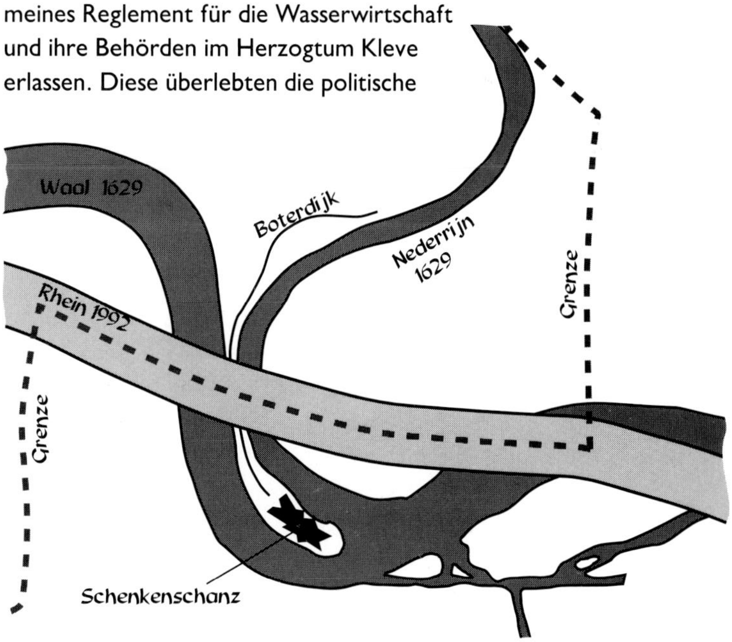

Verschärfung. Die Duffelt blieb ein gemeinschaftlicher Polder: Auch nach der Grenzregulierung des Jahres 1816, als die klevischen Dörfer Kekerdom und Leuth an die Niederlande kamen, blieb die gesamte Duffelt dem Klever Reglement aus dem Jahre 1767 unterworfen.

Ein alter Streit jedoch führte im Jahre 1853 zu gesonderten Bestimmungen auf beiden Seiten der Staatsgrenze. Die Viehbauern der Ooy ließen bei Hochwasser der Waal oft absichtlich Wasser in ihren Polder, um ihr Land mit fruchtbarem Schlamm zu düngen. Das Wasser überflutete aber auch den deutschen Teil der Duffelt, der hauptsächlich aus Ackerland bestand, und lieferte auf diese Weise häufig Anlaß zu Klagen. Man beschloß den Bau des Querdammes. Dieser Damm verläuft auf der Höhe des Grenzsteins 640 von der Moräne kerzengerade – also ohne die Ausnutzung natürlicher Erhebungen – zum Banndeich zur Thornschen Molen. Der Damm ist zwei Kilometer lang und drei Meter hoch. An der Stelle, wo der Damm Het Meer kreuzte, baute man eine Schleuse und ein Wehr.

Als es im Ooypolder keine Überschwemmungen mehr gab, büßte der Querdamm seine Funktion ein. An einigen Stellen grub man Durchbrüche in den Deich und heute grasen Kühe auf ihm.

In Het Meer liegen noch die kümmerlichen Reste der alten Schleuse. Die Schleuse und das Wehr wurden im Zweiten Weltkrieg zerstört. Zuvor hatte man in Het Meer bei Nijmegen im Jahre 1933 das Hollandsch-Duitsch Gemaal (Pumpwerk) gebaut; damit wurde die frühere Zusammenarbeit auf dem Gebiet der Wasserwirtschaft wieder aufgenommen. Das Pumpwerk reguliert die Entwässerung des gesamten Gebietes zwischen Kleve und Nijmegen.

Verlief die Grenze vor 1940 noch weiter westlich und lag der Querdamm damals noch ganz auf deutschem Gebiet, wurde die Grenze 1963 definitiv in der Mitte des Dammes gezogen.

Schenkenschanz

Die Gelderse Poort ist der Ursprung des niederländischen Flußdeltas. Der deutsche Rhein gabelt sich hier in den Nederrijn, die Waal und die IJssel. Die Beherrschung dieses Knotenpunktes war von großer strategischer Bedeutung. Dies galt umso mehr – und bereits der Römer Drusus hatte das verstanden –, als an diesem Knotenpunkt größtenteils bestimmt werden konnte, wieviel Wasser den verschiedenen Flüssen zufließen sollte. Für die Vereinigten Niederlande war dies also Grund genug, die Herrschaft über die Gelderse Poort zu erwerben. Darum ließ die Republik von Schenk van Nydeggen genau auf der Gabelung von Waal und Nederrijn eine Festung bauen: die Schenkenschanz. Schenkenschanz war über Land nur über den Boterdijk von Lobith aus zu erreichen. Der Boterdijk verlief genau durch das Wasser. Das Wort „Boter"

in seinem Namen bedeutet denn auch „Wasser“. Durch den Aushub des Bijlandsch Kanaals im Jahre 1771 ist der Gabelungspunkt von Rhein und Waal westwärts verlegt worden. Hierdurch verlor die Festung ihren strategischen Wert. Der Boterdijk ist heute im Rhein versandet. In der Nähe von Schenkenschanz steht an diesem Deich ein Basaltstein, der Grenzsteinen gleicht. Die Bedeutung dieses Steines war nicht zu ergründen.

Schenkenschanz ist einen Besuch wert. Den schönsten Zugang zu der Waarft Salmorth, auf der die Festung liegt, bietet die Fähre über den Altrhein bei Düffelward. Der Altrhein gehört zu den größeren Rheinarmen. Im trockenen Sommer 1990 führte der Altrhein so wenig Wasser, daß die Fähre das Wasser überbrücken konnte, ohne ablegen zu müssen. Trotzdem berechnete der Fährmann für unsere Überquerung den normalen Tarif.

Der Name Salmorth setzt sich aus „Salm“ (Fischart) und „Orth“ (Bank) zusammen. Wahrscheinlich gab es hier früher einen Laichplatz für Salme. Heute ist Salmorth ein sehr ruhiges Weideland, ohne Durchgangsstraßen und sehr vogelreich. Hier und dort deuten Wellen in den Weiden auf die Lage der früheren Arme und Kiesablagerungen. Vor etwa fünfzehn Jahren plante die nordrhein-westfälische Landesregierung, auf Salmorth ein Kernkraftwerk und einen Industriepark anzusiedeln. Diese Pläne sind jedoch auch wegen ökologischer Bedenken wieder vom Tisch.

Momentan liegt der niederländische Naturschutzplan „Plan Ooievaar“, mit dem schwarzen Storch als Leitbild, auf dem Tisch, bei der die Gelderse Poort als zusammenhängende Einheit betrachtet wird. Große Teile des innerhalb der Winterdeiche gelegenen Landes sollen wieder dem Einfluß des Stromes überlassen werden. Dazu sollen die Sommerdeiche an mehreren Stellen durchgestoßen werden. Durch das Abgraben von Lehm und Kies an mehreren Stellen beabsichtigt man eine stärkere Abwechslung des Reliefs. Zusammen mit dem stark wechselnden Wasserzufluß stellt sich so eine dynamische Situation ein, die mit dem ursprünglichen Zustand vergleichbar ist. Außerdem will man Galloway-Rinder und Konik-Pferde extensiv grasen lassen, um so durch Vertrampelung, natürliche Düngung und Abgrasung eine abwechslungsreiche Vegetation herbeizuführen. Die Ausführung des Planes soll schließlich zur Selbstaussaat der schwarzen Pappel führen, so daß wieder große Flußwälder wachsen. Auch die Rückkehr des schwarzen Storches erwartet man dann.

Der Plan berührt auch den deutschen Teil der Gelderse Poort. Das Kranenburger Bruch und die Waarft Salmorth sind in einem Teil des Planes vertreten.

Möglicherweise führt dieser grenzüberschreitende Plan auch zum Schutz der Wildgänse. Tausende von Wildgänsen überwintern am Rhein. Während ihre Jagd in Deutschland verboten ist, ist sie auf niederländischem Gebiet noch immer erlaubt.

Deiche weichen vor der Natur?

Der Spyck–Welle–Berlin Express

Auf der Waarft Salmorth liegt Spyck, nicht mehr als ein paar Häuser und eine Ölfabrik. Das kleine Dorf auf der gegenüberliegenden Rheinseite liegt in den Niederlanden und wird „Spijk“ geschrieben. Von der Ölfabrik aus führt eine vernachlässigte Bahnlinie nach Kleve, deren Schienen

wegen der Hochwassergefahr einige Meter über den Wiesen auf Pfeilern liegen. In Spijk auf der anderen Rheinseite ist der frühere Bahndamm, Wellendijk genannt, in der Nähe des Grenzsteines 660 leicht zu finden. Der Wellendijk und die Bahnlinie durch Salmorth waren Teil einer 1865 eröffneten linksrheinischen Bahnverbindung, die die Industriegebiete von Köln und Krefeld mit den niederländischen Seehäfen verband.

Diese Bahnlinie hatte man für notwendig gehalten, weil die Schiffsstraße für den wachsenden Transithandel nicht mehr ausreichte. Rhein und Waal waren durch ihre stark wechselnden und oft zu niedrigen Wasserstände keine zuverlässigen Transportwege.

Die Verbindung über den Rhein hinweg wurde mit einer Bahnfähre hergestellt. Da diese Fähre nur Bahnwaggons aufnehmen konnte, mußte viel rangiert werden. Zu beiden Ufern des Rheins lagen Bahnhöfe, auf dem einen Spyck und auf dem anderen Welle. Bemerkenswert ist, daß bis 1879 zwei deutsche Eisenbahngesellschaften ab Welle je ein eigenes Schienennetz besaßen. Bis Zevenaar liefen die Schienen dieser privaten Gesellschaften nebeneinander her.

Für Nijmegen war diese Linie lange Jahre die einzige Möglichkeit, den Westen der Niederlande per Bahn zu erreichen – über die Bahnverbindung Nijmegen–Groesbeek–Kranenburg–Kleve (Baujahr ebenfalls 1865). Die Verbindungen Arnhem–Nijmegen und Den Bosch–Nijmegen wurden erst später realisiert. Die im Volksmund Spyck–Welle–Berlin Express genannte Linie war von 1865 bis 1926 in Betrieb. 1945 bauten die Alliierten eine Bailey-

Groote Geldersche Waard
Babberich
Kwartier
Feldhuisen
Beek
Eendenpoelsche
Buitenpolder
Drie Dorpen Polder
Aerdt
Pannerden
Geitenwaard
Herwen
Huis Aerdt
Grondstein
Leege
Heide
Heidkant
Ossenwaard
Hauberg
Elten
Hoch-Elten
Oude Waal
De Bijland
(Watersportcentrum)
Millingen a/d Rijn
Lobith
(Gem Rijnwaarden)
Tolkamer
Spijkse Polder
Spijk
Bimmen
BIJLANDSCH KANAAL
BOVEN-RIJN
Keeken
Schenkenschanz
Salmorth
Spyck
Griethauser Altrhein
Düffelward
Wardhausen
Brienen
Griethausen
Düffel
Rindernsche Wässerung
Rindern
Mehr
Spoykanal
Postdeich
Grenskantoren
Steenfabriek
80
81

Nicht nur deshalb vermittelt das Erfkamerlingschap ein Bild davon, wie sich die Natur in der ganzen Gelderse Poort entwickeln soll. Nähert man sich dem Gebiet vom deutschen Hauberg aus, fällt zunächst eine Kläranlage auf. Sie weckt die Hoffnung, daß die Wasserverschmutzung doch noch aufgehalten werden kann. Direkt hinter der Grenze liegt eine Manege mit Rennbahn. Die Pferde dort grasen im Schilf, knabbern an jungen Weidenzweigen, vertrampeln den Boden und düngen ihn hier und dort. Unbeabsichtigt wird hier das Storchenprojekt in die Tat umgesetzt.

Aus dem Schilf ist der weittragende Ruf der Rohrdommel zu hören.

Die unsichere Grenze

Der sich ändernde Verlauf des Rheins, wodurch Schenkenschanz auf die Südseite des Flusses gelangte, sorgte politisch für viel Ungewißheit. So lagen Klever und später preußische Enklaven wie Zevenaar, Wehl und Lobith auf niederländischer Seite. Um 1800 wurde der verwirrende Grenzverlauf ständig korrigiert. Für viele Einwohner war es nämlich unklar, zu welchem Land sie eigentlich gehörten. Das Ergebnis des Wiener Kongresses lief letzten Endes darauf hinaus, daß Preußen seine Exklaven im Tausch gegen Schenkenschanz und ein Gebiet östlich von Emmerich abgab. Etwa 9400 Preußen erhielten durch diese Transaktion die niederländische Nationalität. Dennoch scheint die politische Unsicherheit bis in die moderne Zeit Nachwehen zu erzeugen.

Am 22. April 1949 überquerte ein Zug, angeführt von einem PKW mit dem Landdrosten, gefolgt von leichten Panzerfahrzeugen und einigen LKW's, die Grenze bei Elten in Richtung Rathaus. Die Bevölkerung war baß erstaunt. Eine Markierungskommission setzte Stöcke mit rotweißen Fähnchen, die im Laufe des Tages durch orangefarbene hölzerne Grenzpfähle ersetzt wurden. Dann hielt die Marechaussee Einzug in das erweiterte Gebiet, um die niederländische Autorität durchzusetzen. Einem englischen Offizier zufolge war die Annektion Eltens durch die Niederlande die beste Besetzung von allen, die jemals durchgeführt worden sind.

1963 kam Elten wieder zu Deutschland. Der örtlichen Bevölkerung wurde der Termin drei Wochen vorher mitgeteilt. Dies führte zu wahren Hamsterkäufen. Jeder verfügbare Raum wurde mit Lebensmitteln vollgestopft, vor allem mit Butter. Die Butternacht ist seitdem ein Begriff in Elten. Die Eltener konnten gar nicht begreifen, daß sie sich so einfach bereichern durften. Schmuggel, so lehrte die Erfahrung, hatte illegal stattzufinden.

Der Bau der Autobahn, die die Randstad mit dem Ruhrgebiet verbinden sollte, spielte bei der Rückgabe Eltens an Deutschland eine Rolle. Die niederländischen Behörden sahen nicht viel Sinn in der Fertigstellung des teuren Teilstücks bis zur Grenze, solange die Bereitschaft zur Fortsetzung der Anschlußstrecke auf deutscher Seite so gering war. Deutsche Ressentiments wegen der Annektion Eltens haben dabei zweifellos für jahrelange Verzögerung gesorgt. Die Unterzeichnung des allgemeinen deutsch-niederländischen Grenzvertrages im Jahre 1960, der auch die Rückgabe Eltens regelte, hat den Bau der Strecke beschleunigt.

An der Grenzstation Bergh mit 500 Menschen Personal wurden 1990 einige Dutzend Millionen Personen und enorme Mengen an Güterverkehr abgefertigt. Zwischen Hoch-Elten und Stokkum führt der Weg quer durch das Bergherbosch genau an der Grenze entlang. Diesen Wald hatte

der Textilfabrikant van Heek im Jahre 1912 den damaligen Eigentümern, den Herren van den Bergh, zusammen mit dem Schloß in 's-Heerenberg abgekauft. Es ist van Heek zu verdanken, daß das Bergherbosch erhalten geblieben ist. Später wurden der Wald und das Schloß an die niederländische Vereniging tot Behoud van Natuurmonumenten verkauft. An der Autobahn, die durch den Wald führt, stehen hohe Zäune, die die Autofahrer vor überquerendem Wild schützen. Für die Tierwelt liegt hier die Mauer von Montferland: Straße und Zaun bilden ein unüberwindbares Hindernis.

Pikantes Detail und öffentliches Geheimnis ist, daß Deutschland bei den Gebietstransaktionen in dieser Gegend letztendlich die besseren Karten hatte. Die durch die E 36 abgeschnittenen Parzellen an der Bergschen Wetering (Grenzstein 701) im Stokkumerbroek und beim Mettmeer (Grenzstein 711 XI) waren zusätzliche Gewinne. In und um das Mettmeer scheinen Vipern und Blindschleichen zu hausen, die ebenfalls durch die Schnellstraße von den Niederlanden abgeschnitten wurden. Ein Glück, daß wenigstens das Gebiet östlich des Sees noch immer als „In Holland" bezeichnet wird.

Die Landwehren, die IJssel und die Aa

Vom Grenzstein 701 bis 730 zwischen 's-Heerenberg, Emmerich und Anholt-Dinxperlo führt die Grenze durch eine Niederung mit alten und neuen Armen des Rheins und der IJssel. Bis südlich von Megchelen liegt hier ein echtes Grenzgebiet: Praktisch alle Straßen sind Sackgassen. Außerdem trägt die Autobahn Arnhem–Oberhausen dazu bei, daß das Gebiet zwischen dieser Straße und der Grenze isoliert ist. Über eine große Entfernung fällt die Grenze mit diesen

Armen zusammen, die natürlich gute Verteidigungslinien darstellten. Aus diesem Grund wurden einige von ihnen früher als Landwehr benutzt. Die schönste Landwehr ist zweifellos die Hetter zwischen den Grenzsteinen 710 und 712. Hierbei handelt es sich um zwei Wasserläufe, die durch einen Wall getrennt über mehrere Kilometer parallel zueinander verlaufen. Die Staatsgrenze liegt auf diesem Wall. Andere Landwehren, die moderne Karten in dieser Gegend noch verzeichnen, sind die Löwenberger Landwehr, die Paesche Landwehr und die Klevesche Landwehr. Letztere liegt zwischen Megchelen und Anholt und bildet ebenfalls die heutige Landesgrenze.

Bei der Anlage einer Landwehr wurden manchmal drei Gräben parallel zueinander ausgehoben und zwischen ihnen die Wälle aufgeworfen. Diese Erdwälle wurden dicht mit Dornensträuchern und Unterholz bepflanzt, das vor allem gegen die Reitertruppen eine gute Verteidigung bot.

Landwehren waren Bestandteile ganzer Verteidigungsanlagen. Zwischen verschiedenen Landwehren baute man Verteidigungstürme und Schanzen. In der Landwehr gab es auch Durchgänge, die mit einem Schlagbaum oder mit einem schweren Balken abgesperrt werden konnten. Die hieran erinnernden Toponyme, wie auch Namen von Bauernhöfen, enden auf -boom, -baum oder -balk. Die Gräben wurden im Laufe der Zeit oft als lästiges Hindernis betrachtet und zugeschüttet, die Wälle wurden abgetragen.

Zwischen Doesburg und Anholt liegen auf dem östlichen Ufer der Ouden IJssel eine Reihe hoher und niedriger Dünen inmitten von Flugsandrücken und -köpfen. Derartige Flußdünenlandschaften, wie es sie auch auf dem östlichen Maasufer gibt, sind selten. Westlich der Ouden IJssel zwischen Megchelen und Gendringen liegt noch eine relativ unberührte Flußlandschaft mit vielen alten Wasserarmen und Terrassenresten. Die tiefer gelegenen Flächen im Stromtal der Ouden IJssel waren Mitte des vorigen Jahrhunderts zum großen Teil noch unerschlossene Sümpfe. Das Flußtal der Ouden IJssel war breit genug, um nicht zur Landwehr umgebaut werden zu müssen. Statt dessen lagen von der Quelle in Raesfeld bis Doesburg eine Reihe Festungen am Flußufer. In Terborg und Anholt sind die früheren Festungen noch erhalten geblieben. In einer keilförmigen Ausbuchtung der Grenze beim Stein 718 liegt das Haus Landfort. Das von einem Graben umgebene Landgut stammt ursprünglich aus dem 14. Jahrhundert. Nach Craandijk ist es gut möglich, daß das ursprüngliche Schloß Landfort, das den Herren von Anholt gehörte, auf dem Ostufer der Ouden IJssel gestanden hat. Das heutige Gebäude stammt aus den Jahren 1822–1823.

Verglichen mit der Liemers und der Duffelt lassen Kultivierung und Wasserwirtschaft im Gebiet der Ouden IJssel und der Bocholter Aa eine ganz andere Entwicklung erkennen. Von einer gemeinschaftlichen Abstimmung der Wasserverwaltung konnte erst sehr viel später die Rede sein; die Oude IJssel und die Bocholter Aa wurden völlig ihrem Schicksal überlassen. Jeder konnte nach eigenem Gutdünken tun und lassen, was er wollte.

Auf preußischem Gebiet zum Beispiel begann man im Jahre 1783 mit der Säuberung der Issel und mit ihrer Begradigung. Man erhoffte sich von einer verbesserten Entwässerung, daß die Kultivierung der angrenzenden Grundstücke dann möglich sein würde. Da jedoch auf niederländischer Seite nicht zur gleichen Zeit die entsprechenden Maßnahmen getroffen wurden, konnte das Wasser aus dem deutschen Stromgebiet nicht rasch genug abgeleitet werden. Außerdem wollten viele Bauern, die Weideland entlang der Ouden IJssel besaßen, an der Winterflut festhalten. Das Wasser brachte schließlich fruchtbaren Lehmschlamm, der die Weidegründe düngte. Auch gab es Bauern, die im Fluß Buhnen anlegten, um so Land zu gewinnen. Wieder andere legten Stauwerke an, um Wassermühlen oder Eisengießereien zu betreiben. Deren Gegner bezeichneten dies als Mühlentyrannei. 1836 sackte der Wasserstand auf dem Unterlauf bei Terborg durch Stauung so weit ab, daß die handeltreibenden Einwohner dieser Ortschaft ihre Waren nicht mehr über die IJssel nach Doesburg transportieren konnten. Der Zustand war in jenem Jahr sogar so kritisch, daß die Tümpel in den Wiesen an der Ouden IJssel das Trinkwasser für die Kühe nicht mehr halten konnten.

1863 gründete Preußen in Anholt die Wasserbehörde Untere Issel. Den niederländischen

Behörden wurde schon bald klar, daß die Verbesserungsarbeiten, die dieser neuen Wasserverwaltung vor Augen standen, zu wesentlich größeren Problemen führen würden. Hierdurch angeregt ließ die Gründung des Waterschap Oude IJssel nicht lange auf sich warten. Danach haben die Aa und die Oude IJssel bei Ulft einen völlig anderen Verlauf erhalten. Ein schönes Zeichen für die grenzüberschreitende Abstimmung der Wasserwirtschaft stellt das Schleusensystem von Gendringen dar, wo der Kleefse Graaf in die Oude IJssel fließt (Grenzstein 723). Nach zahllosen Begradigungen und Verbreiterungen der Issel, der IJssel und der Bocholter Aa in der Zeit von 1940 bis in die sechziger Jahre haben die Wasserbehörden zu beiden Seiten der Grenze die Flüsse nun völlig im Griff. Es dürfte klar sein, daß viele natürliche Werte durch menschlichen Eifer verschwunden sind. Das Denkmal „Bäume der Freundschaft" bei Grenzstein 730 macht vieles wieder wett.

Dinxperlo und Suderwick

Die „Bäume der Freundschaft" sind nicht so ungewöhnlich, wenn man beobachtet, wie man in den Grenzorten Dinxperlo und Suderwick schon lange und intensiv zusammenlebt, trotz der bewegten Geschichte der Grenze zwischen den beiden Ortschaften. Dinxperlo gehörte von alters her zur Herrlichkeit Bredevoort, Suderwick zu Anholt. Bis in das 17. Jahrhundert war die Geschichte von Anholt eng verbunden mit der von Gelderland und Holland. Die deutsche Familie Salm-Salm erlangte durch Heirat die

Macht, so daß Anholt mit der Zeit immer deutscher wurde.

Der im Jahre 1818 aufgesetzte Grenzvertrag beschreibt den hiesigen Grenzverlauf wie folgt: „Du Ristaper brug qui reste aux Pays-Bas, la ligne séparative suit les bornes de pierre plantées le long du chemin entre Dinxperlo et Suderwyk, jusqu'à un fossé près du Fahrbeekerhaus, où est planté un poteau portant no 736; afin de ne laisser aucune doute il a été planté quatre intermédiaires, . . ." Also: „Von der Rietstapperbrücke, die an die Niederlande fällt, folgt die Grenzlinie den Steinen, die am Weg zwischen Dinxperlo und Suderwyk stehen, bis an einen Graben am Fahrbeekerhaus, wo der Grenzstein Nummer 736 gesetzt worden ist; um Mißverständnissen vorzubeugen, sind vier Zwischensteine aufgestellt worden, . . ." Das Zitat belegt, daß bereits vor 1818 von Grenzmarkierungen am Heelweg – so heißt die Straße, die Dinxperlo und Suderwick voneinander trennt – die Rede war.

Am 7. November 1822 wurde in Brüssel von den verantwortlichen Beauftragten des niederländischen und des preußischen Staates eine ergänzende Erklärung „zur Nutzung des sogenannten Heelwegs" unterschrieben. In dieser Erklärung erhielten die Einwohner von „Zuderwick" die Erlaubnis, den Heelweg zu benutzen – die Grenze verlief ja durch die deutschen Wegesränder – ohne jedoch Einfuhrzölle oder andere Steuern zahlen zu müssen, „n'importe qu'ils se fassent à dos d'homme, par charrois, bêtes de somme ou de trait, moyennant les précautions suivantes: . . .". Mit anderen Worten: „gleichgültig, ob es einen Transport auf dem Rücken, mit einem Wagen oder mit einem Lasttier betrifft, wenn dabei die folgenden Regeln beachtet werden: . . ."

Dieses Vorrecht wurde durch das Vorrecht der Einwohner von Dinxperlo ausgeglichen, zwei genau beschriebene Wege durch den Herrensitz Anholt frei benutzen zu dürfen. Der eine Weg führte von Dinxperlo über die Rietstapperbrücke durch das Anholter Gebiet Regniet, anschließend über Horst und Voorst in Richtung Ulft. Der zweite Weg führte von Dinxperlo über Anholt und schließlich über „le grand chemin d'Anholt à Gendringen". Wie lang diese Bestimmungen praktiziert worden sind, ließ sich nicht mehr feststellen.

Die Grenze am Heelweg stand wieder einmal im Mittelpunkt, als am 12. August 1872 eine Vereinbarung über die Grenzziehung zwischen Dinxperlo und Suderwick getroffen wurde. Vielsagendes Ziel war, „die verdunkelte Landesgrenze zwischen der Preußischen Gemeinde Süderwick und der Niederländischen Gemeinde Dinxperlo zu reguliren." Es wurde Millimeterarbeit:

„Auf der Strecke von dem Wege nach Bocholt bis zum Grenzstein No. 181 soll die Grenze fortan durch die Grenzsteine 179, 180 und 181 in der Stellung definitiv bestimmt werden, in welcher dieselben zufolge durch beide Regierungen genehmigten Erklärung der betreffender Bürgermeister von 19 December 1849 aufgestellt sind und sich zur Zeit noch befinden.

Zwischen den Steinen No. 181 und 186 wird die Grenze zwischen beiden Reichen bestimmt durch eine regelmäßig gebogene Linie, gezogen in einer Entfernung von zwei und einem halben Meter von der Achse der Steinlache auf dem Heelwege und es sollen die vorhandenen Grenzsteine bis an dieser Linie vorgerückt werden."

Im nächsten Artikel steht: „Die in Art. I bestimmte Grenze soll durch mit weißer Ölfarbe

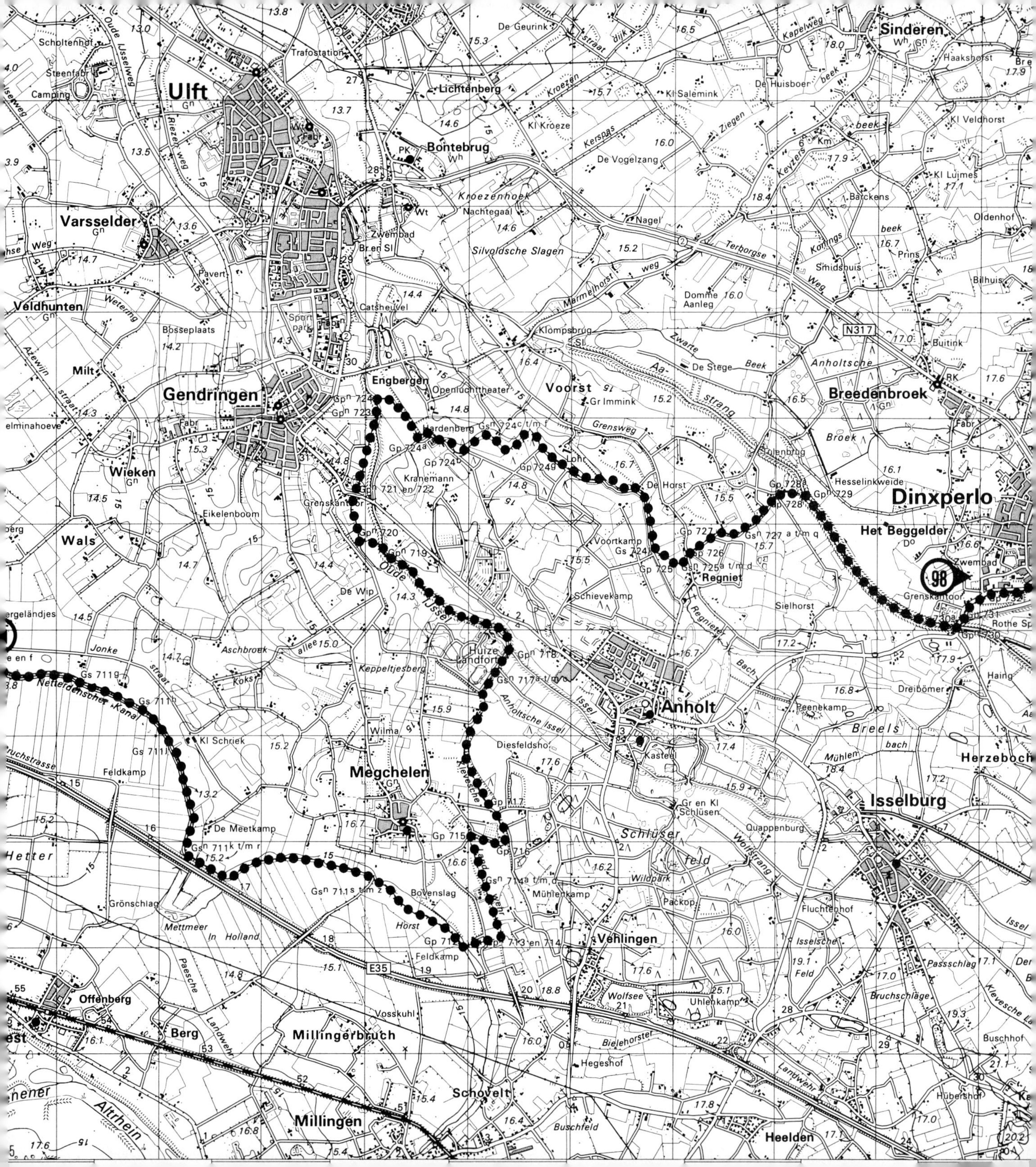

Ulft
Sinderen
Lichtenberg
Bontebrug
Varsselder
Veldhunten
Gendringen
Milt
Wieken
Wals
Engbergen
Voorst
Breedenbroek
Dinxperlo
Het Beggelder
Zwembad
Grenskantoor
Regniet
Huize Landfort
Anholt
Kasteel
Isselburg
Megchelen
Vehlingen
Wolfsee
Millingerbruch
Millingen
Schovelt
Heelden
Offenberg
Berg
Netterdensche Kanal
Oude IJssel
Anholtsche Issel
Silvoldsche Slagen
Kroezenhoek
Terborgse Weg
N317
E35
Schlüser feld
Wildpark
Mühlenkamp
Bovenslag
Horst
Feldkamp
De Meetkamp
Kl Schriek
Hetter
Grönschlag
Mettmeer
In Holland
Altrhein
Buschfeld
Uhlenkamp
Hegeshof
Isselsche Feld
Herzebocholt
98

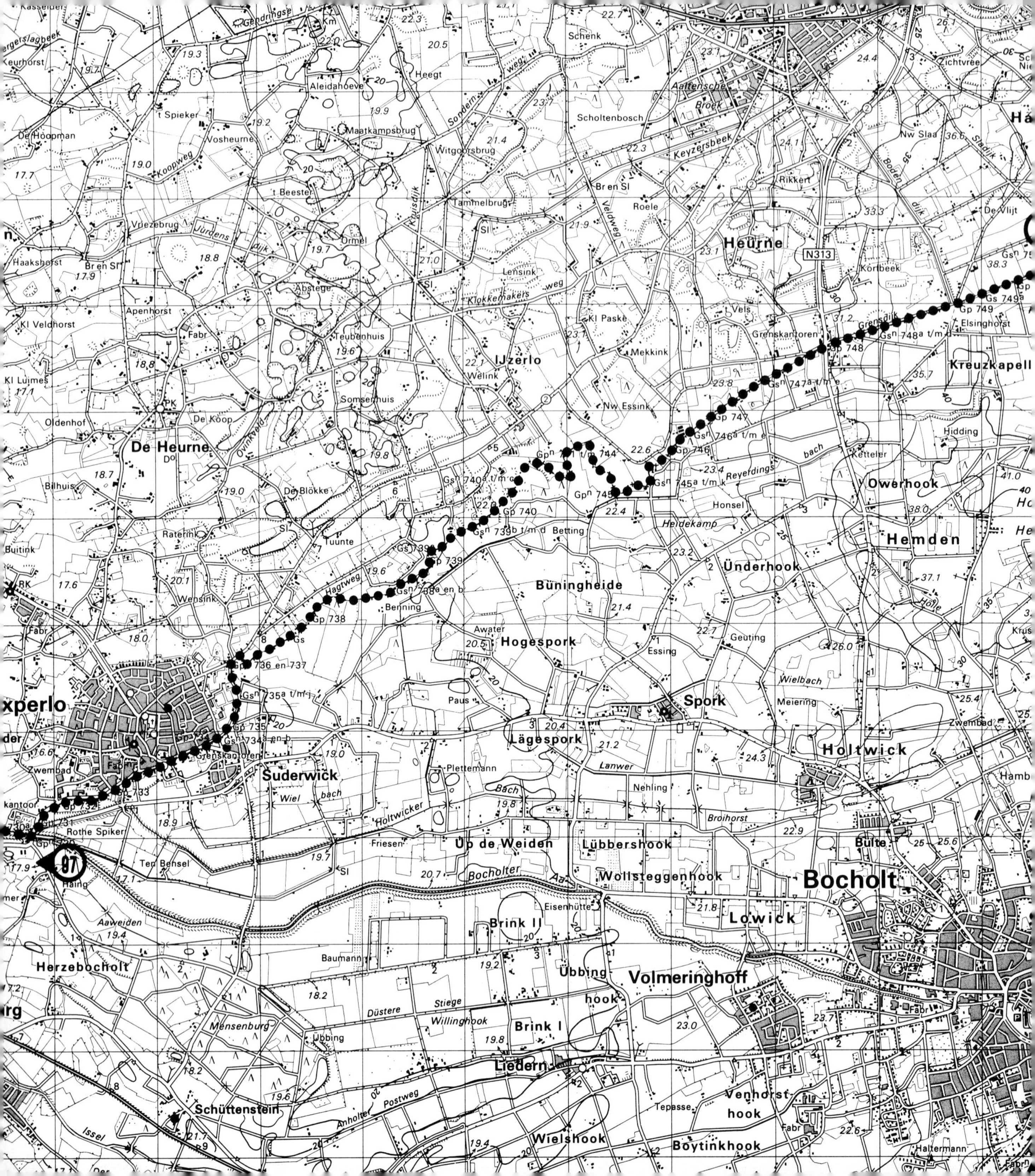

Kasselder
Gendringse
Km
22.3
22.7
Schenk
26.1
Zichtvree
Keurhorst
19.3
19.7
20.5
Heegt
Aleidahoeve
20
Aaltensche
Broek
23.1
24.4
't Spieker
19.9
Scholtenbosch
De Hoopman
Vosheurne
19.2
Maatkampsbrug
Sondern
weg
23.7
Witgoorsbrug
21.4
Keyzersbeek
22.3
24.1
Nw Slaa
36.6
Stedik
19.0
Koopweg
17.7
20
Rikkert
't Beester
Bren Sl
Roele
Tammelbrug
33.3
De Vlijt
Vriezebrug
Jurdens
dijk
Ormel
Sl
21.9
Veldweg
Heurne
N313
Haakshorst
Bren Sl
18.8
19.7
21.0
Lensink
23.1
Kortbeek
38.3
17.9
Abstege
Sl
Klokkemakers
weg
Apenhorst
Kl Paske
't Vels
Gs 749a
Gp 749
Elsinghorst
Kl Veldhorst
Fabr
Teubenhuis
Grenskantoren
31.2
Grensdijk
Gsn 748a t/m d
Gp 748
19.6
23.1
Mekkink
18.8
22.1
IJzerlo
Kreuzkapell
Kl Luimes
17.1
Welink
23.8
Gsn 747a t/m e
35.7
20
Somsenhuis
PK
Nw Essink
Gp 747
De Koop
Oldenhof
Hidding
De Heurne
Ovinkveld
Gsn 746a t/m e
Gp 746
22.6
Gpn 741 t/m 744
19.8
Ketteler
23.4
Reyerdings
bach
Bilhuis
18.7
19.0
De Blökke
Gsn 740a t/m c
Gsn 745a t/m k
Owerhook
41.0
Gpn 745
22.0
Gp 740
22.4
Honsel
38.0
Raterink
Sl
Tuunte
Gsn 739b t/m d
Betting
Heidekamp
Hemden
Buitink
Gs 739a
Gp 739
23.2
Ünderhook
19.6
Hagtweg
37.1
RK
17.6
20.1
Wensink
Gsn 738a en b
Benning
Büningheide
21.4
Gp 738
Fabr
18.0
Gs
Awater
20.5
Hogespork
Essing
22.7
Geuting
26.0
Gp 736 en 737
Wielbach
Paus
20
Spork
Meiering
25.4
xperlo
Gsn 735a t/m j
Gp 735
20
Zwembad
Gp 734
Gsn 734a en b
Lägespork
20.4
21.2
Holtwick
Grenskantoren
19.0
16.6
Zwembad
Fabr
Suderwick
Plettemann
Lanwer
Hamb
Gp 733
Wiel
bach
Bach
Nehling
kantoor
Gp 732
19.8
Broihorst
Gp 731
Rothe Spiker
Holtwicker
18.9
22.9
Bülte
Friesen
Up de Weiden
Lübbershook
25.6
17.9
97
Ten Bensel
19.7
Sl
20.7
Bocholter
Aa
Wollsteggenhook
Bocholt
Haing
17.1
Eisenhütte
21.8
Lowick
Aaweiden
19.4
Brink II
20
Baumann
19.2
Herzebocholt
Übbing
Volmeringhoff
hook
18.2
Düstere
Stiege
Fabr
Mensenburg
Willinghook
23.0
23.7
Übbing
Brink I
19.8
Liedern
18.2
19.6
Schüttenstein
Anholter
Postweg
Venhorst
hook
Tepasse
Fabr
22.6
Issel
21.7
19.4
Wielshook
Boytinkhook
Haltermann

anzustreichende steinerne Pfähle bezeichnet werden, welche auf preußischer Seite mit einem durchschnittlichen Abstande von höchstens zehn Meter aufgestellt werden sollen." In der Vereinbarung wurde auch festgelegt, daß die Rietstapperbrücke preußisch werden sollte.

Vielleicht kann man hierin schon eine gewisse Verhärtung der Fronten sehen. In jedem Fall führten die beiden Weltkriege später zu unfreundlich wirkenden Absperrungen. Auf dem Heelweg durchschnitt ein meterhoher Zaun die deutsch-niederländische Gemeinschaft.

Nach dem letzten Weltkrieg gab es auch hier eine vorübergehende Grenzkorrektur. Einige Teile Suderwicks wurden den Niederlanden zugeschlagen. Die katholische Kirche von Suderwick gelangte dadurch auf niederländisches Gebiet. Damit die evangelische Kirche und die Schule deutsch bleiben konnten, machte die neue Grenze merkwürdige Umwege. Die Gläubigen gingen zu ihrer Kirche wie eh und je, was dem Zoll sonntags morgens die nötige Kundschaft verschaffte. Beim Schulbesuch war es nicht viel anders. Die katholische Schule von Suderwick lag plötzlich in Dinxperlo. Die niederländische Regierung beschloß, daß die Kinder aus dem noch deutschen Suderwick weiter die Schule besuchen durften. Voraussetzung war aber, daß aus Deutschland ein proportionaler Anteil der Unterrichtskosten gezahlt wurde.

Nach 1963 normalisierte sich die Situation und die Grenze verwischte sich bis auf ein paar am Boden befestigte Nummernschilder. Dinxperlo und Suderwick haben eine gemeinsame Feuerwehr. Am Heelweg stehen sich Plastiksäcke und Mülleimer brüderlich gegenüber. Der Müll wird von ein und derselben Müllabfuhr abgeholt.

An die Zeit der Besatzung von 1949 bis 1963 erinnern in Suderwick noch das niederländische Straßenschild Beekweg, einige im niederländischen Stil gebaute Häuser sowie Dinxperloer Hausnummern auf der deutschen Seite des Heelweg.

Der Text am Grenzlandmuseum Dinxperlo zeigt, daß die Grenze für die Einwohner von Dinxperlo und Suderwick immer ein unerwünschtes Hindernis gewesen ist:

„Für den, der fliehen muß,
wird Freiheit zurückgewonnen
in Gastfreiheit

Keine geschlossene Grenze
konnte vor 50 Jahren
die Mutigen zurückhalten,
dies durch Taten zu beweisen

Mai 1938–1988"

Nachbarn

Hinter Dinxperlo und Suderwick endet die Flußlandschaft definitiv, und die Grenze verläuft durch die Bachtäler der Achterhoek und des westlichen Münsterlandes. Das Grenzgebiet besteht zum größten Teil aus Flugsandrücken und Senken. Die Flugsandebene wird von vielen kleinen Bächen durchbrochen; das Relief ist fein und auf kurzer Distanz gibt es viel Abwechslung zwischen Hoch und Tief. Durch all dies ist das Gebiet ausschließlich für kleine und individuelle Kultivierung geeignet. Daher ließen sich hier „Keuters", allerkleinste Bauern, illegal auf der Heide nieder. Wer es schaffte, in einer Nacht einen kleinen Wall um ein Stückchen Land und eine Hütte zu errichten und dafür sorgte, daß bei Sonnenaufgang Rauch aufstieg, konnte von der Verwaltung der Markung nicht mehr verjagt

werden. Die Existenz eines Keuters war hart und ärmlich, wie es das Gedicht „De Keuterboer" von Scheltema anklingen läßt:

„Auf der Heide stand Vater Pappe
Und er stach mit seinem Spaten
In die braunen, rauhen Plaggen
Dieser großen, großen Heide.
Und er setzte seine Zwiebeln
Auf den Getreideacker
Und am kleinen, weißen Häuschen
Und die grünen Zwiebeln glänzten.
Aber oben war der Himmel
Und darunter's dünne Korn
Und dahinter war die Heide
Und noch weiter war die Welt."

Kennzeichnend für die Gegend sind die regelmäßig verstreut liegenden Weiler, die aus zwei bis drei Bauernhöfen bestehen. Früher lag über diesem Land ein dichtes Netzwerk aus Hecken und Wällen. Besonders in der Grenzregion sind diese grünen Adern noch recht gut erhalten geblieben. Etwas weiter von der Grenze entfernt, sowohl auf niederländischer, als auch auf deutscher Seite, kann der Verlust dieser Heckenlandschaft traurig stimmen.

Die Region besitzt neben der großen Zahl von Wällen relativ viel Moorgebiete. Durch diese erhielt die Grenze eine natürliche Markierung, von der einige Reste unerschlossen geblieben sind. Dies besagt ausdrücklich nicht, daß die Grenze zwischen der Achterhoek und dem westlichen Münsterland undurchlässig war. Im Gegenteil, in früheren Zeiten war die Achterhoek besonders für die Niederlande ein toter Winkel. Eine Fahrt entlang der Grenze zeigt denn auch die zahlreichen Spuren grenzüberschreitender wirtschaftlicher Beziehungen und vermittelt einen Eindruck von Nachbarschaft auf meist freundschaftlicher Basis.

Am Grenzübergang Aalten-Bocholt finden wir eine Kneipe mit dem Namen Kreuzkapelle. Man trinkt dort aber keinen Meßwein. Etwas weiter – unten am Deich beim Grenzstein 748A – steht inmitten alter heidnischer Hügelgräber eine Christusfigur an der Stelle, wo früher eine Fluchtkirche stand. Im 17. Jahrhundert, als die katholische Religion in der Achterhoek verboten war, wurde die Gegenrefomation an der Grenze aktiv und errichtete auf deutschem Boden verschiedene sogenannte Fluchtkirchen für niederländische Katholiken. Eine davon war die Kreuzkapelle. Auf die Dauer verlor die Kapelle ihre Funktion als Fluchtkirche. Sie wurde abgerissen und im benachbarten Barlo wieder aufgebaut.

Nicht weit von der Kreuzkapelle entfernt stießen wir seltsamerweise auf zwei Kaiser-

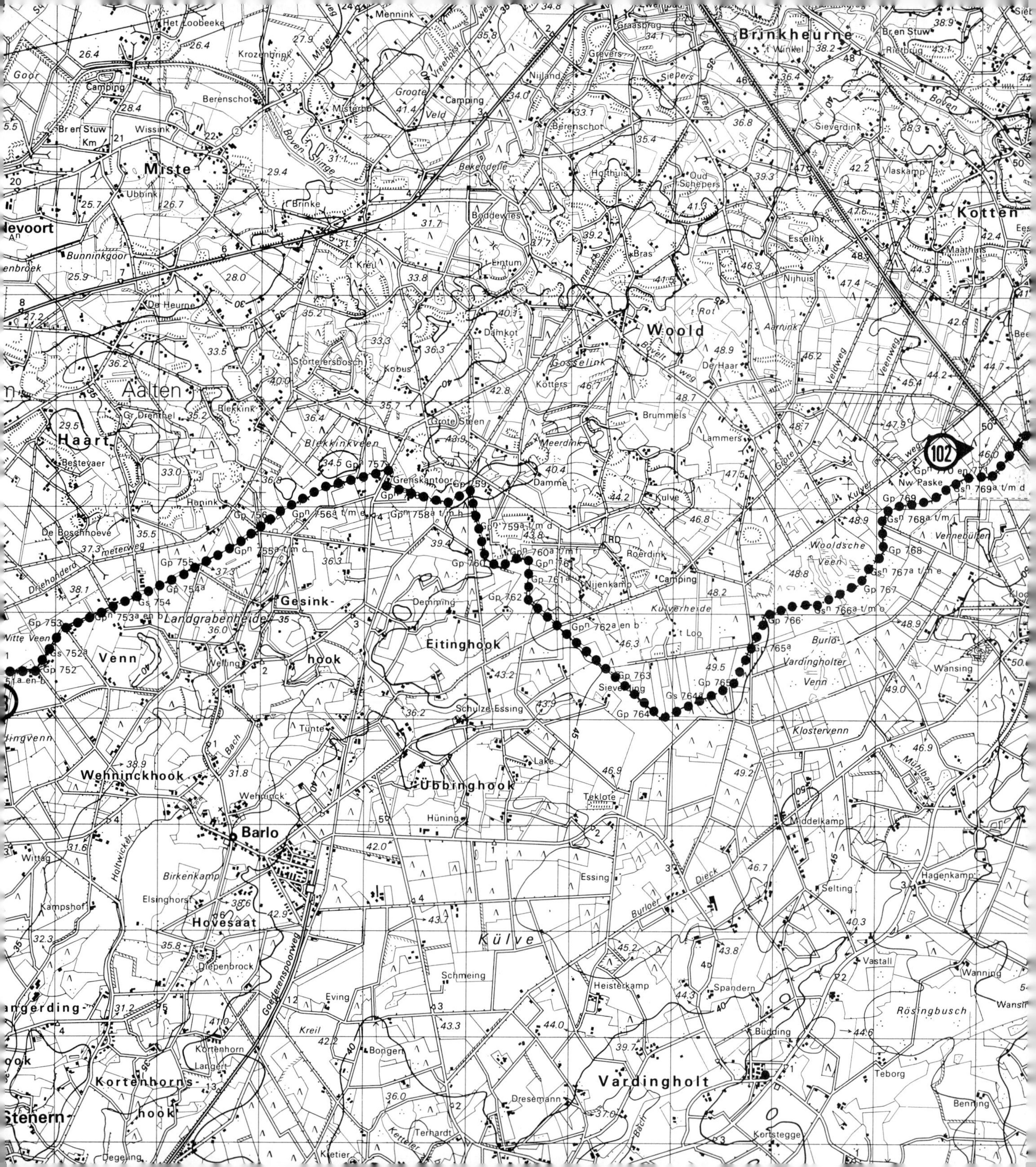

Het Loobeeke
Mennink
Brinkheurne
Graasbrug
Grevers
Br en Stuw
Rietbrug
Goor
Camping
Krozenbrink
Groote Veld
Vreehorst
Nijland
Siepers
Berenschot
Misterhof
Wissink
Br en Stuw
Km
Sieverdink
Vlaskamp
Miste
Boven Slinge
Bekendelle
Holthuis
Oud Schepers
Ubbink
Brinke
Boddewies
Kotten
levoort
Bunninkgoor
Kreu
Eintum
Bras
Esselink
Maathuis
Nijhuis
De Heurne
Woold
't Rot
Aarnink
Damkot
Stortelersbosch
Kobus
Gosselink
Boveltweg
De Haar
Veldweg
Veenweg
Aalten
Kotters
Haart
Gr. Drenthel
Blekkink
Grote Steen
Brummels
Lammers
Meerdink
Bestevaer
Blekkinkveen
Grenskantoor
Damme
Kulve
Kulverweg
Grote
Nw Paske
Hunink
De Boschhoeve
Vennebulten
Wooldsche Veen
Driehonderd meterweg
Gesink-hook
Demming
Roerdink
Nijenkamp
Camping
Landgrabenheide
Kulverheide
Witte Veen
Venn
Eitinghook
't Loo
Burlo
Vardingholter Venn
Welling
Wansing
Sieverding
Schulze-Essing
Tünte
Klostervenn
Wenninckhook
Lake
Mühlbach
Bach
Übbinghook
Teklote
Wenninck
Middelkamp
Barlo
Hüning
Holtwicker
Wittag
Birkenkamp
Essing
Hagenkamp
Elsinghorst
Kampshof
Hovesaat
Burloer Dieck
Selting
Külve
Diepenbrock
Vastall
Wanning
Goerdenspoorweg
Heisterkamp
Spandern
Schmeing
Eving
Rösingbusch
Kreil
Büdding
Kortenhorn
Bongert
Langert
Kortenhorns-hook
Vardingholt
Teborg
Stenern
Dresemann
Benning
Terhardt
Kettelerb
Kortstegge
Degeling
Kretier
102

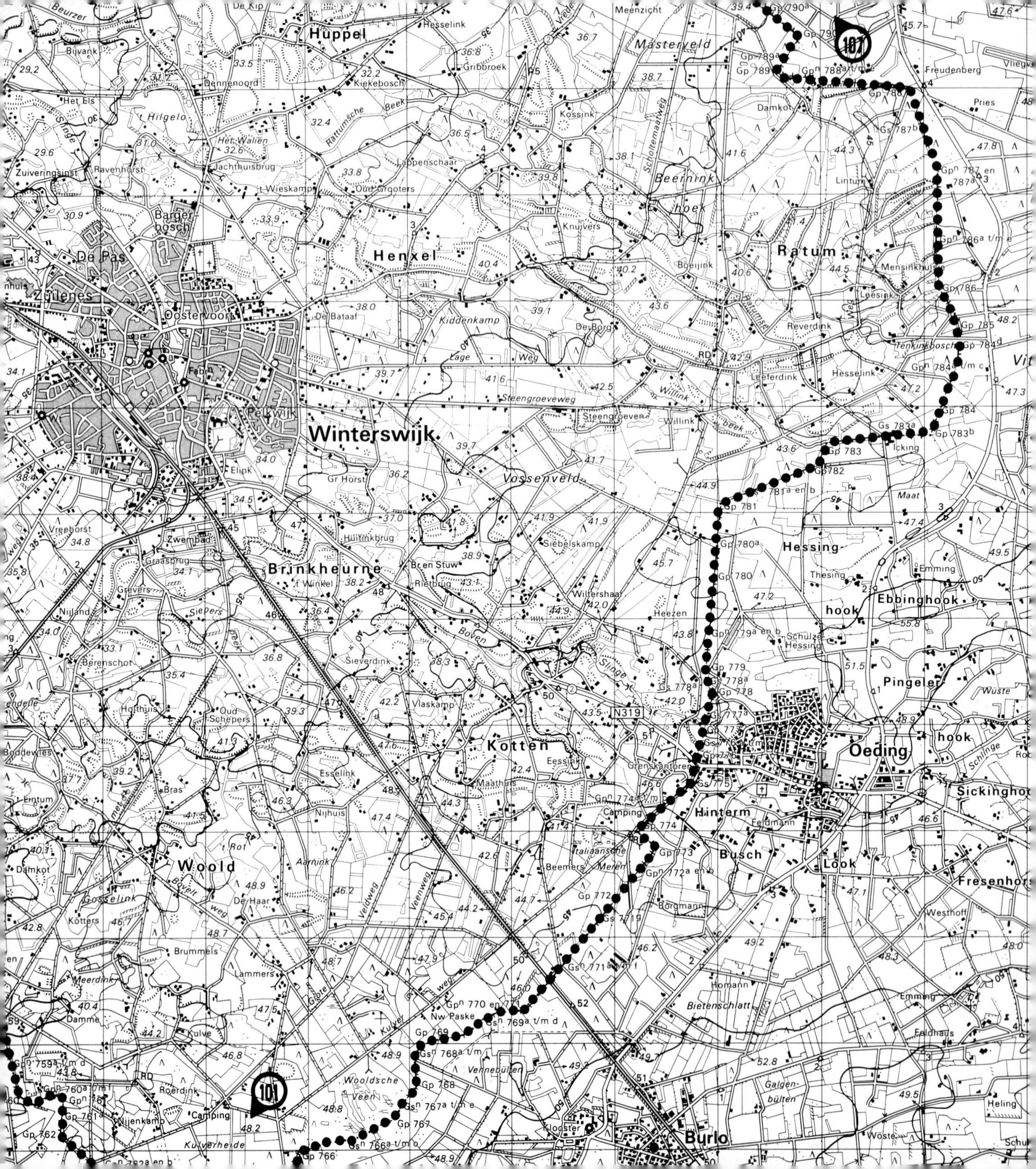

Huppel
Masterveld
Henxel
Ratum
De Pas
Zuilenes
Oostervoort
Bargerbosch
Pelkwijk
Winterswijk
Vossenveld
Brinkheurne
Hessing
Ebbinghook
Kotten
Oeding
Pingeler
Hinterm
Busch
Look
Woold
Sickinghook
Fresenhorst
Bietenschlatt
Burlo
Galgenbülten
Steengroeveweg
Kiddenkamp
Lage Weg
N319
101

adler – das Wappentier, auf das Deutschland so stolz ist – gefangen in einem kleinen Käfig hinter einem alten, unbewohnten Häuschen.

Ab Dinxperlo findet man Grenzsteine, die aus Bentheimer Sandstein gefertigt sind. Auf der niederländischen Seite ist das Wappen von Geldern mit der Krone und den zwei Löwen eingraviert. Auf der nach Deutschland gerichteten Seite zeigen sie eine Krone und darunter das Wappen von Münster. Unter dem Wappen von Geldern ist die laufende Nummer des Steines und die Jahreszahl 1766 eingemeißelt. In diesem Jahr hatten die Regierungen von Münster und Gelderland im Kloster von Groß-Burlo Verhandlungen über den Verlauf der Grenze geführt. Um den Verlauf besser festlegen zu können, wurde 1823 in Münster zwischen den Niederlanden und Preußen vereinbart, daß man „. . . an beiden Seiten der Grenzsteine einen Graben aufwerfen, zur Breite von 6 Fuß oben (1 Elle, 8 Palmen 8 Daumen Niederl.) und 4 Fuss (1 Elle, 2 Palmen, 6 Daumen Niederl.) auf den Boden.“ Obwohl er heute praktisch völlig zugewachsen ist, kann man diesen ehemaligen Graben am Grenzstein 749 noch genau erkennen.

Die wirtschaftlichen Beziehungen zwischen der Achterhoek und dem westlichen Münsterland sind durch die früheren Eisenbahn- und Straßenbahnverbindungen dokumentiert. Bis in die dreißiger Jahre hinein muß es eine Straßenbahn auf der Strecke Aalten–Bocholt gegeben haben, Ortschaften, zwischen denen auf jeden Fall auch eine Zugverbindung bestanden hat.

Auch die Textilindustrie stellte einen wichtigen Wirtschaftszweig mit grenzüberschreitendem Charakter dar. Auf jedem Bauernhof in dieser Gegend wurde im 18. Jahrhundert zumindest ein wenig Flachs angebaut. Spezielle Flächen des Ackerlandes waren dafür reserviert. Obwohl sie in erster Linie für den Eigenbedarf arbeiteten, war es dennoch möglich, zu Beginn des 19. Jahrhunderts die Baumwollindustrie auf diesen Leinenwebereien aufzubauen. Ausgehend von der Industrie in Twente gründeten holländische Unternehmer in Aalten und kurz hinter der Grenze in Bocholt Fabriken. Bis zum Ersten Weltkrieg kam ein Großteil der Arbeiter aus den Niederlanden, weil die Lebenshaltungskosten dort niedriger waren. Mit dem Niedergang der Textilindustrie in der zweiten Hälfte dieses Jahrhunderts verschwanden die Tram- und Bahnverbindungen.

Schwierig gestaltete sich die Markierung der Grenze im vorigen Jahrhundert dort, wo die stillgelegte Bahnlinie Aalten–Bocholt die Grenze überquert (zwischen Grenzstein 758 und 759). Dies ist heute noch im Feld zu erkennen. Am 22. August 1879 schlossen niederländische und preußische Kommissare ein Abkommen über einen Teil der Grenze zwischen Winterswijk und Barlo. Die Behörden störte, daß die Grenze zwischen den Steinen 758 und 759 einem Bach folgte, der viele Biegungen hatte und seinen Lauf ständig änderte. Gemäß der Vereinbarung wurde der Bach zu beiden Seiten der Bahnlinie auf einer Länge von 175 bzw. 230 Metern begradigt. Westlich des Grenzsteins 758 hat man den Bach gelassen, wie er war. In den gewundenen Lauf wurden nur ein paar Hilfssteine gesetzt.

Eine weitere wichtige Zugverbindung gab es zwischen Winterswijk und Borken, die sogenannte Borkener Bahn. Winterswijk wurde am Ende des vorigen Jahrhunderts ein internationaler Knotenpunkt für den Transport von Steinkohle. Die Landschaft um die Borkener Bahn hat sich im Laufe der Zeit stark verändert, um nicht zu sagen, sie verarmte. In dem Maße, wie die Borkener Bahn an Bedeutung als Eisenbahnlinie verlor, gewann sie als Zuflucht und Korridor für Pflanzen und Tiere aus der kultivierten Gegend. Um 1980 wurde die kränkelnde Bahnlinie endgültig stillgelegt. Eine mit Naturstudien befaßte Gruppe aus Winterswijk verhinderte, daß die Linie demontiert und die Tier- und Pflanzenwelt dadurch gestört wurde. In Winterswijk werden jetzt die ersten 700 Meter der Linie vom Bahnhof an komplett demontiert. Die restlichen 5300 Meter auf niederländischem Gebiet – mit Inspektionspfaden und ehemaligen Bahngräben zu beiden Seiten – bleiben erhalten. Dort wachsen Pflanzen wie das gefleckte Knabenkraut, das Wald-Läusekraut und der Bergwohlverleih, und auch ursprüngliche Waldpflanzen wie die Wald-Zwenke, das Buschwindröschen und der Winterschachtelhalm. In den Bahngräben haben sich Sumpfpflanzen wie der Schlangenknöterich und der Große Klappertopf niedergelassen. In dem Gebiet leben viele verschiedene Insekten und besondere Vogelsorten wie die Goldammer, das Schwarzkehlchen, Braunkehlchen und der Neuntöter. Die variationsreiche Vegetation stellt einen idealen Lebensraum für allerlei Mäusearten und damit auch für das Wiesel, den Hermelin und den Steinmarder dar.

Zweifellos war die Bahnlinie für viele Tier- und Pflanzenarten ein letzter Zufluchtsort und ist es noch immer. Sie ist nicht nur Lebensraum und Futtergebiet, sondern auch eine wichtige Verbindung zwischen den verschiedenen Wällen, Wäldern und anderen Naturgebieten, auch in Deutschland. Die Vereniging tot Behoud van Natuurmonumenten hat die Borkener Baan aufgekauft. Ihr Reservat reicht selbstverständlich nur bis zur Grenze.

Auch wenn die internationalen Zug- und Straßenbahnverbindungen verlorengegangen sind, die Geldrische Straßenbahngesellschaft versorgt den öffentlichen Nahverkehr mit ihren Bussen heute grenzüberschreitend.

Zwischen zwei Mooren

Die Veränderungen der Landschaft in den vergangenen Jahrhunderten, aber vor allem im 20. Jahrhundert, können getrost als dramatisch bezeichnet werden.

Die Natur hat der Geschwindigkeit und der Art dieser Veränderungen kaum oder gar nicht folgen können. Hier und da versuchen Menschen in der Grenzregion bewußt oder unbewußt, die Natur zu erhalten. Auf welch unterschiedliche Weise das geschieht, zeigt der grenzüberschreitende Naturschutz zwischen dem Wooldschen Veen und dem Zwillbrocker Venn. Zwischen diesen beiden Mooren liegt die Grenzregion der Achterhoek und des westlichen Münsterlandes.

Das Wooldsche Veen und das deutsche Burlo Vardingholter Venn am Grenzstein 767 bildeten früher zusammen mit dem Kottensen Veen und dem Kloster- oder Burlo-Vardingholter Venn ein ausgedehntes Moor- und Heidegebiet. Während die kultivierten Böden früher noch wie Inseln in einem Meer aus Brachland lagen – alte Landkarten verzeichnen nur beim Kloster Burlo und auf der Höhe des Grenzsteines 773 Spuren einer Kultivierung –, ist dies heute genau umgekehrt. Während der Wirtschaftskrise in den dreißiger Jahren wurde das Moor größtenteils urbar gemacht. In der Umgebung des Wooldschen Veens und des Burlo-Vardingholter Venns wurden die Böden gründlich entwässert, so daß das übrige Moor erheblich zurückging. Die Hochmoorflora beschränkt sich im Wooldschen Veen und im Burlo-Vardingholter Venn auf ehemalige Torfgruben in der Mitte des Gebietes, wo charakteristische Pflanzen wie Moorbeeren, Glockenheide und Wollgras vorkommen. Der meterhoch gemauerte Sockel unter dem Grenzstein 767 zeigt an, wie dick das Hochmoorkissen gewesen ist. Um das Wasser im Wooldschen Veen zu halten, grub man um das Veen eine Wand aus Plastik ein. Man kann das Moor dadurch mit einer Topfpflanze vergleichen.

Das Stückchen Natur am Grenzstein 772 hat man unbewußt geschaffen. 1896 ließ sich hier direkt hinter der Grenze die Steinfabrik und Sägemühle Wellman & Co. nieder. Der Lehm für die Steinproduktion wurde mit Kipploren, von Pferden gezogen, aus den Niederlanden herangebracht. 1917 wurde die Fabrik abgerissen, und aus dem Abraum wurden an der gleichen Stelle Häuser gebaut. Die Lehmgruben füllten sich schnell mit Regenwasser und wurden der Natur und sich selbst überlassen. Die blaugrüne Farbe des Wassers erinnerte einen Biologen stark an die Seen in Italien. Daher stammt der Name Italiaansche Meren.

Etwas weiter, knapp oberhalb des Weges Winterswijk-Oeding, kreuzt die tief einschneidende Schlinge die Grenze. In den Niederlanden zeigt dieser Bach stellenweise noch seine natürliche Gestalt: sich schlängelnd und mit üppig bewachsenen Ufern. In Deutschland dagegen wurde die Schlinge trotz ihres Namens über große Entfernungen begradigt. Ähnlich wie bei anderen Bächen in der Achterhoek und im westlichen Münsterland war die Slinge lange Zeit Gegenstand poetischer Ergüsse. In den sechziger Jahren wendete sich das Blatt und der Bach wurde innerhalb kürzester Zeit zur Kloake. Die Aufbereitung des Abwassers hat die Wasserqualität in letzter Zeit glücklicherweise erheblich verbessert. Die natürliche Regeneration des Baches geht jedoch nur langsam voran und scheint ohne das aktive Eingreifen des Menschen nicht möglich zu sein. Die Organisatie ter Verbetering van de Binnenvisserij (OVB) investiert eine halbe Million Gulden in ein Projekt mit dem Ziel, die Rückkehr des Salms in das niederländische Stromgebiet des Rheins zu ermöglichen. Dieses Geld stammt vom in Basel ansässigen Chemiekonzern Sandoz. Sandoz verursachte 1986 eine gigantische Umweltverschmutzung des Rheins und versucht nun, dies mit einem Betrag von 13 000 000 Gulden wiedergutzumachen.

Die OVB hat in der Slinge künstliche Nester mit Salm und Seeforellen ausgesetzt. Der Salm stammt aus schottischen Bächen, die fast genauso weit vom Meer entfernt sind wie die Achterhoek. Man hofft nun, daß auf lange Sicht der Salm und auch die Forelle von dieser Brutstätte über die Nordsee den Rhein hinaufziehen werden.

Die niederländische Achterhoek ist stärker noch als Twente als Landschaft der Hecken und Wälle bekannt. Diese Vorstellung entspricht allerdings eher der Legende als der Wirklichkeit. Wälle und Hecken kommen nur an sehr wenigen Stellen gehäuft vor. Außerdem erstreckte sich dieser Landschaftstyp nicht über die gesamte Achterhoek und das westliche Münsterland. Aus der Vogelperspektive zeigt sich entlang der Grenze von der Schlinge aus bis zum Zwillbrocker Venn eine überraschende Vielfalt agrarischer Landschaften. Unmittelbar hinter dem tiefen Flußtal der Schlinge verläuft die Grenze am Grenzstein 778 quer über den Hof und durch den Gemüsegarten eines kleinen Bauernhofes. Dann folgt über einige Kilometer eine recht junge Kulturlandschaft: kahl und offen mit großen Ställen, Scheunen und Silos. Dagegen ist die Landschaft hinter dem Grenzstein 781 und dem Willinkbeek – ein bei der Grenze entspringender ehemaliger Hochmoorbach – wieder von Wäldern und Wällen umgeben.

Am Rande eines Waldes steht der Grenzstein 788. Er ist älter als die eingravierte Jahreszahl 1763 und die abgebildeten Wappen. Er stand hier nämlich schon im Jahre 1631 zur Abgrenzung der Kirchspiele. Der Stein wird auch St. Vitisstein genannt. St. Vith ist der heilige Schutzpatron von Südlohn.

Bemerkenswert ist der grenzüberschreitende landschaftliche Gegensatz von dieser Stelle bis zum Grenzstein 792. Auf deutscher Seite liegt eine Kulturlandschaft mit vereinzelten kleinen Nadelwäldern, auf niederländischer Seite liegt eine feiner strukturierte Landschaft mit größeren und kleineren Wäldern, Wällen und Mänteln als Überbleibsel der sogenannten Scholtenlandschaft. Als das Gebiet noch zum Bistum Münster gehörte, stellte man Scholten an, um die Ländereien, die Wälder und das Brachland zu verwalten. Die Scholten blieben, als die Gegend im 16. Jahrhundert an das Herzogtum Geldern ging. Im Laufe der Jahrhunderte entwickelten sie sich zu unabhängigen Großgrundbesitzern. Der landschaftliche und natürliche Reichtum dieser Gegend geht auf ihre Traditionen zurück.

Hinter der Straße zwischen Vreden und Winterswijk (Grenzstein 792) wird die Landschaft wieder offener: große Parzellen, meist Grasland. Vereinzelter natürlicher Bewuchs und die fünf Meter hohe Erhebung aus Geschiebelehm am Grenzstein 796 betonen die Leere. Jauchende Bauern und kreischende Düsenjäger stören den Flug seltener Vögel. In der Ferne liegt das Zwillbrocker Venn.

Eine Landkarte aus der zweiten Hälfte des sechzehnten Jahrhunderts vermittelt folgendes Bild

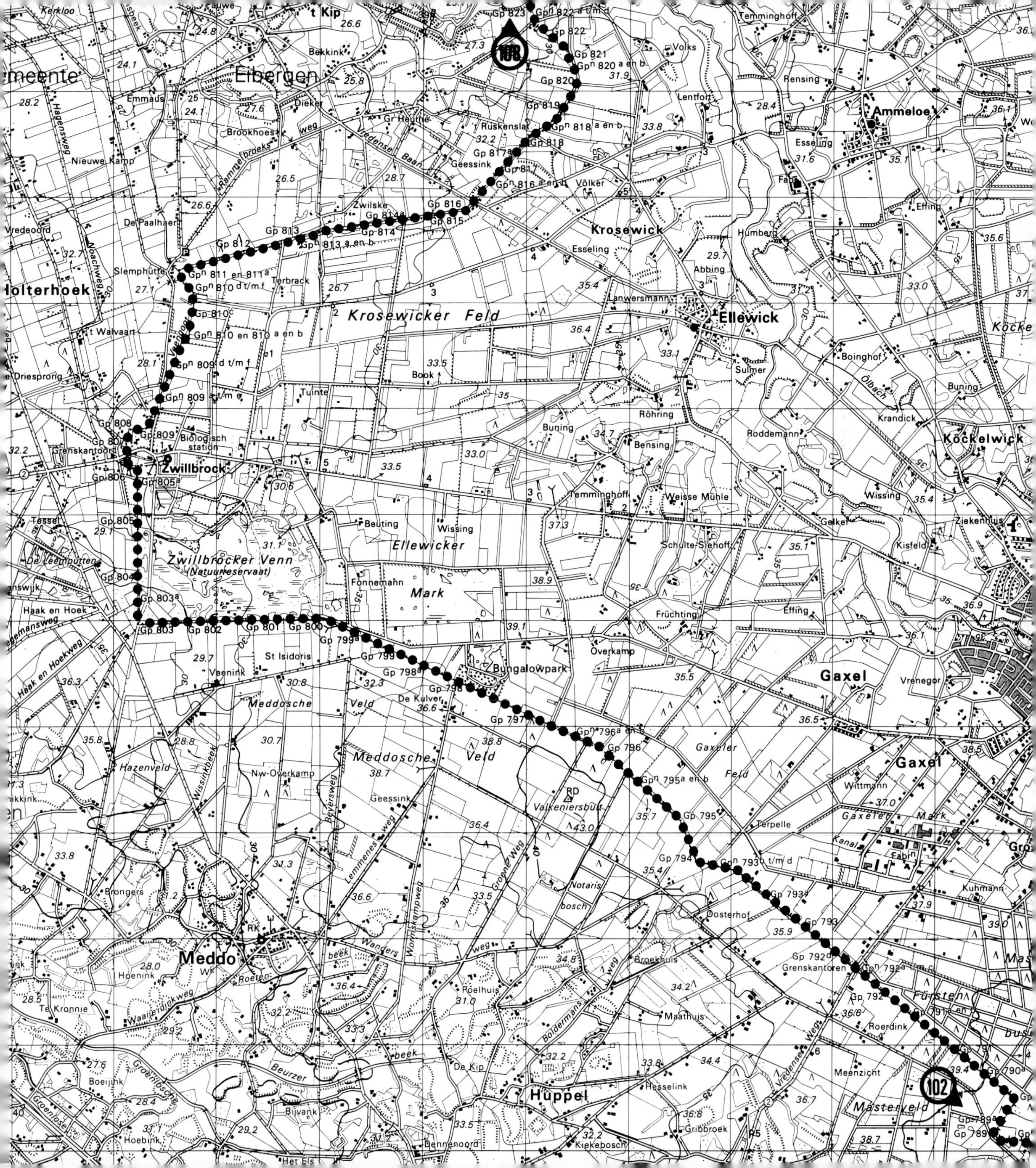

Kerkloo
t Kip
Eibergen
Bekkink
Emmaus
Dieker
Gr Heurne
Ruskenslat
Brookhoes
Nieuwe Kamp
Geessink
Temminghoff
Volks
Lentfort
Rensing
Ammeloe
Esseling
Hagensweg
Rammelbroeksweg
Vredense Baan
Zwilske
De Paalhaar
Vredeoord
Noachweg
Slemphütte
Terbrack
Völker
Krosewick
Esseling
Humberg
Abbing
Effing
Holterhoek
Lanwersmann
Ellewick
Krosewicker Feld
t Walvaart
Venweg
Driesprong
Tuinte
Book
Sulmer
Boinghof
Oilbach
Buning
Röhring
Buning
Bensing
Krandick
Roddemann
Köckelwick
Grenskantoor
Biologisch station
Zwillbrock
Temminghoff
Weisse Mühle
Wissing
Tessel
Beuting
Wissing
Ellewicker
Schulte-Siehoff
Gelker
Ziekenhuis
Kisfeld
De Leemputten
Zwillbrocker Venn
(Natuurreservaat)
Fonnemann
Mark
Haak en Hoek
Früchting
Effing
Haak en Hoekweg
St Isidoris
Veenink
Overkamp
Bungalowpark
Gaxel
Vrenegor
Meddosche
Veld
De Kulver
Gaxeler
Feld
Gaxel
Hazenveld
Wissinkbeek
Nw-Overkamp
Meddosche
Veld
Beyersweg
Geessink
RD
Valkeniersbult
Wittmann
Gaxeler Mark
Kanal
Terpelle
Lemmenesweg
Wormskampweg
Groene Weg
Notaris bosch
Oosterhof
Brongers
Kuhmann
Meddo
RK
Wanders weg
Broekhuis
Grenskantoren
Hoenink
Roeten
Poelhuis
Boldermansweg
Fürsten
Te Kronnie
Waalderdijkweg
Maathuis
Roerdink
Groenlosche
Beurzer beek
De Kip
Hesselink
Vredenseweg
Meenzicht
Boeijink
Huppel
Masterveld
Bijvank
Gribbroek
Hoebink
Dennenoord
Kiekebosch
Het Els
102

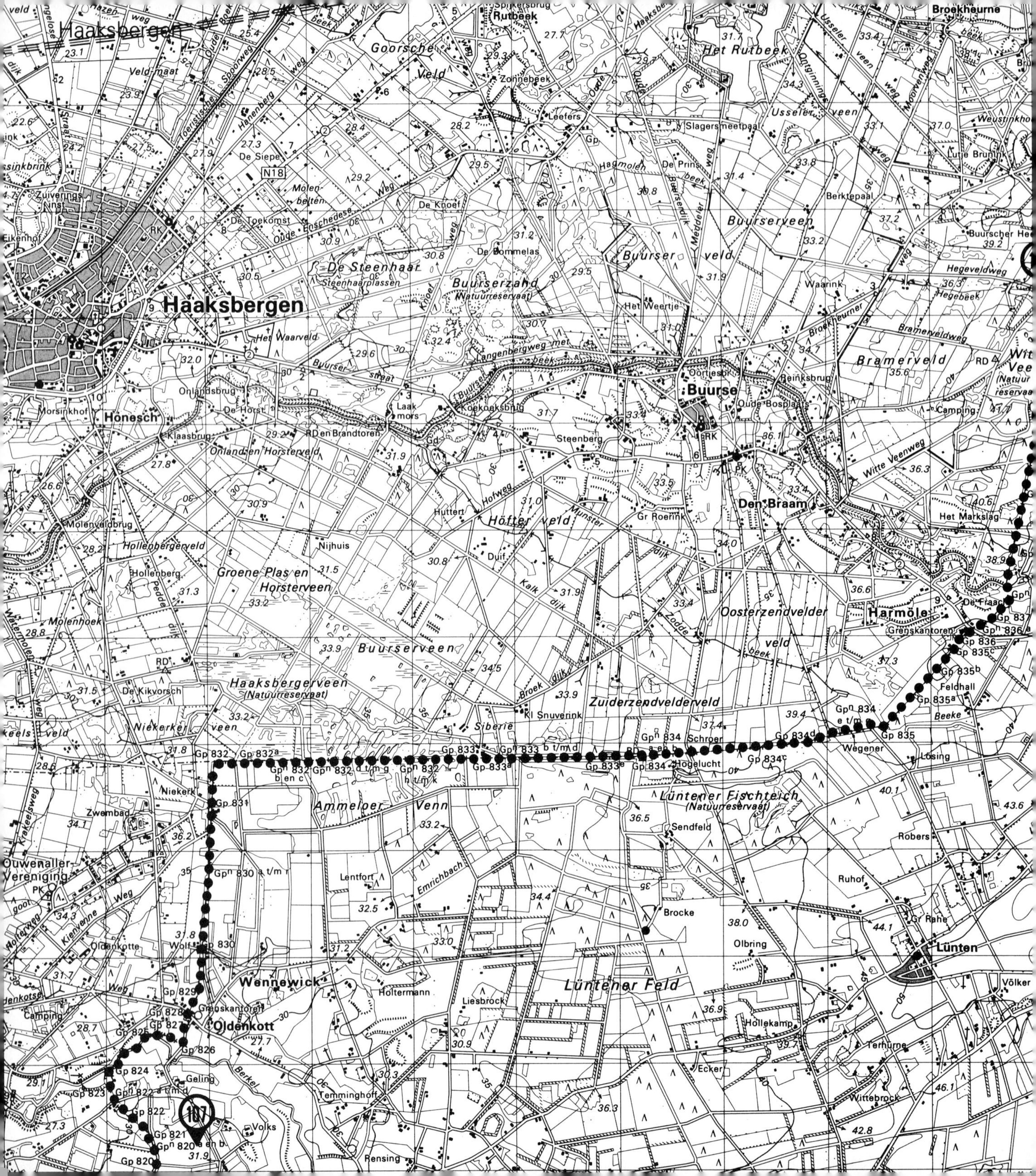
Haaksbergen
Rutbeek
Broekheurne
Goorsche Veld
Het Rutbeek
Buurserveen
Buurser veld
De Steenhaar
Buurserzand
(Natuurreservaat)
Bramerveld
Buurse
Hönesch
Onland en Horsterveld
Höfter veld
Den Braam
Groene Plas en Horsterveen
Oosterzendvelder veld
Harmöle
Buurserveen
Haaksbergerveen
(Natuurreservaat)
Zuiderzendvelderveld
Ammeloer Venn
Lüntener Fischteich
(Natuurreservaat)
Lünten
Wennewick
Oldenkott
Lüntener Feld
107

vom Grenzgebiet um Vreden und Zwillbrock: ein feuchtes, brachliegendes und ausgedehntes Gebiet mit einigen verstreut liegenden Maten und Erschließungen. Die Festungsstadt Vreden befindet sich an einer Kreuzung von Sandwegen. Von „Swillbrock" aus gesehen liegt das Städtchen an der gegenüberliegenden Seite des Flüßchens die Berkel. In einiger Entfernung läuft die „Landtwehr Der Stadt Vreden" wie ein Kreis um dieses Städtchen herum. Und wo Sandwege den Wall der Landwehr kreuzen, sieht man Durchlaßposten. Der Durchlaß am Sandweg nach „Swillbrock" heißt „Ties Boem". „Swilbrock" ist als Gebietsname in der Mitte eines Waldes, „De Wech Von Vreden Nach Grolle", aufgenommen. Nicht weit von „Swillbrock" entfernt, auf der gegenüberliegenden Seite dieser Landstraße, ist ein Galgen eingezeichnet, ein Richtplatz des Bistums Münster. Es fehlt natürlich auch noch die deutsch-niederländische Grenze.

Im deutschen Zwillbrock wurde 1670 ein Franziskanerkloster gegründet, das eine wichtige Rolle als Missionszentrum erfüllte. Ihm ist es zu verdanken, daß ein großer Teil der nordöstlichen Achterhoek katholisch geblieben ist. Beim Vordringen des Calvinimus, im Kielsog der Armeen der Statthalter, hatte die Reformation nur sehr wenig von der Organisation der katholischen Kirche übrig gelassen. Es gab eine beherrschende Kirche und das war die Reformierte. In Gelderland nahm man den Katholiken ihre Kirchen fort. In der Not baute man auf Münsteraner Gebiet einige Kapellen für niederländische Katholiken. Die Gottesdienste in diesen Kapellen hielten Mitglieder des Zwillbrocker Missionszentrums.

Auf Münsteraner Gebiet endete die Freiheit der Religionsausübung für die Reformierten mit dem Frieden zu Münster. Protestanten durften zwar weiterhin dort wohnen, aber zur Ausübung ihres Glaubens mußten sie ihr Heil anderswo suchen.

Einer regionalhistorischen Veröffentlichung zufolge kann man in der Heide zwischen Vreden und Rekken noch den Geuzenpfad finden. Diesen Pfad benutzten die Anhänger der neuen Lehre, wenn sie von Vreden aus nach Rekken zogen, so, wie sich einige Kilometer weiter südlich die Katholiken in umgekehrter Richtung von niederländischem Gebiet aus nach Zwillbrock begaben.

Der Fußmarsch von Vreden nach Rekken dauerte mehrere Stunden. Alle zwei Wochen kam der Pfarrer von Eibergen nach Rekken. Als die Zahl der Kirchgänger weiter zunahm, wurde Heinrich Keitwert, bis 1651 Garnisonspfarrer in Bocholt, Pfarrer der neuen Pfarrgemeinde Rekken und Vreden.

Anno 1991 stößt man auf einen neuen Glaubensgegensatz. In den Niederlanden und in Deutschland denkt man unterschiedlich über die Natur. Das Naturschutzgebiet Zwillbrocker Venn (195 Hektar) ist seit 1936 geschützt. In jenem Jahr hatte man die Entwässerungsgräben gedämmt und so den Wasserspiegel erhöht. Vor 1936 wurde noch recht intensiv Torf gestochen. Jetzt gibt es in Zwillbrock eine biologische Untersuchungsanstalt des Kreises Borken, deren Forschungen von der Europäischen Gemeinschaft mitfinanziert werden. Kernproblem ist dabei die Frage, wie das Reservat Zwillbrock in ein System feuchter Wiesen eingebettet werden kann. Wie das Wooldsche Veen leidet das Moor trotz Dämmung der Gräben unter einer Austrocknung als Folge der umliegenden Landwirtschaft. Die Lösung besteht darin, für eine Stauung des Grundwasserstandes in dieser Umgebung zu sorgen. Hierdurch entstehen außerdem Wiesen, die weniger intensiv beweidet werden können und damit einen eigenen natürlichen Wert erhalten. In Nordrhein-Westfalen wird dieses sogenannte Feuchtwiesen-Konzept vielerorts schon mit Erfolg ausgeführt. Von der Forschungsstation Zwillbrock aus versucht man das gleiche Konzept auch in den Niederlanden in Gang zu bringen. Das Wesentliche am Feuchtwiesen-Konzept ist, daß man von behördlicher Seite agrarisches Land aufkauft und eine Reihe naturtechnischer Maßnahmen ergreift, die vor allem auf die Wasserregulierung ausgerichtet sind. Anschließend wird das Land wieder an Bauern verpachtet – zu einem günstigen Preis, aber mit strengen Auflagen.

Das niederländische Relatienota-Konzept ähnelt entfernt diesem deutschen Feuchtwiesen-Projekt. Das Relatienota-Konzept befaßt sich in eng umgrenzten Regionen mit der Einpassung des Naturschutzes in die landwirtschaftliche Betriebsführung. Man geht dabei von einer freiwilligen Mitarbeit der Bauern aus. Außerdem gelten die Abkommen über eine umweltfreundliche Betriebsführung für eine bestimmte Frist. Die Absprachen können daher nach einigen Jahren wieder gekündigt werden. Der umweltfreundlichen Bewirtschaftung durch die Bauern steht allerdings eine nur sehr bescheidene Vergütung seitens der Behörden gegenüber, so daß das Relatienota-Konzept kaum in die Praxis umgesetzt worden ist.

Hintergrund dieser unterschiedlichen Verwaltungspläne ist, daß die Landwirtschaft in Deutschland eine völlig andere Struktur und einen anderen Stellenwert hat als in den Niederlanden. In Deutschland hat sich die Landwirtschaft schon seit dem vorigen Jahrhundert unter dem Schutz von Zollmauern und anderen Maßnahmen entwickelt. Der Marktmechanismus und die Orientierung auf ausländische Märkte haben sich viel weniger durchgesetzt. In Deutschland gibt es darüberhinaus eine noch immer zunehmende Zahl von Betrieben, wo die Landwirtschaft nur als Nebenerwerb betrieben wird. Diese Betriebe stellen momentan 40% der Agrarbetriebe und 15% der Agrarfläche dar. In den Niederlanden herrscht dagegen der landwirtschaftliche Familienbetrieb vor, in dem man ganztägig arbeitet. Der Druck zur wirtschaftlichen Nutzung des Bodens ist in den Niederlanden viel größer: Der Einsatz von Maschinen, Insektiziden und Dünger ist meist wesentlich intensiver. Erboste deutsche Grenzbauern, die sich ihren niederländischen Kollegen gegenüber benachteiligt fühlten, haben vor einigen Jahren die Grenzübergänge bei Denekamp, Glanerbrug und Winterswijk blockiert. Ihre Unzufriedenheit betraf vor allem die großen Einkommensunterschiede zu beiden Seiten der Grenze.

Abgesehen davon, daß ein solch gründliches und umfassendes Konzept in den Niederlanden weniger geläufig ist, gerät das Feuchtwiesen-Konzept auch mit der Auffassung, wie eine Landschaft auszusehen hat, in Konflikt. In der geldrischen Achterhoek und in Twente geht man davon aus, daß eine Landschaft mit Hecken und Wällen das erstrebenswerte Ideal sein sollte. Kurz, man hört dort lieber den Finken als die Uferschnepfe. Aber man darf sich auch nicht wundern, wenn man im Zwillbrock einen Flamingo entdeckt. Das Zwillbrocker Venn beherbergt nämlich eine Kolonie von etwa 20 Flamingos. Vermutlich sind die Tiere aus der Gefangenschaft entwichen. Sie gedeihen erstaunlich gut.

Nördlich von Zwillbrock, hinter dem Grenzpfahl 807, bildet ein kerzengerader Graben mit dem vielsagenden Namen Veengoot die Grenze. Die Kulturlandschaft ist kahl und gleichförmig angelegt worden. Bis zur Mitte des vorigen Jahrhunderts war die Veengoot eine Kette miteinander verbundener Teiche ohne feste Ufer. Die Umgebung bestand aus ausgedehnten Heidefeldern. Wie die Natur hier in Zukunft aussehen wird, scheint also auch eine Glaubensfrage zu sein.

Der Mittelpunkt

Ob dies nun das wahre Dreiländereck ist? Die mächtige Säule zieren an drei Seiten Wappen, die von Münster, Gelderland und Overijssel. Die ersten zwei sind uns bereits bekannt, dasjenige von Overijssel ist stark verwittert. Unter diesem undeutlichen Wappen steht das Jahr 1773, unter dem geldrischen 1766. Overijssel stimmte erst 1773 der Plazierung des Grenzsteins an dieser Stelle zu, die zuvor zwischen Münster und Gelderland vereinbart worden war. Der Grenzstein 832 markiert die äußerste Grenze der Achterhoek und den Beginn von Twente. Er stellt aber stärker noch als einen Endpunkt einen Mittelpunkt dar. Er bildet nämlich den Mittelpunkt einer Landschaft, die vom Moor und von der Landwirtschaft beherrscht wird. Vor allem aber ist der Stein Mittelpunkt einer europäischen Grenzregion, die ihren Namen Euregio zu Recht trägt.

Im Prinzip ändert sich das äußere Bild des Grenzgebietes ab dem Grenzpfahl 832 nicht mehr. Der einzige und wesentliche Unterschied ist das Ausmaß der Verstädterung, die sich vor allem in diesem Jahrhundert entwickelt hat. Die topographische Militärkarte der Niederlande aus der Mitte des vorigen Jahrhunderts verzeichnet in der Grenzregion einen praktisch ununterbrochenen Streifen Heide mit verschiedenen Hochmoorsümpfen in den Niederungen. Es gab wenig Bäume und kaum irgend eine Bebauung. Auch hier bestätigt sich die Regel, daß Besiedlung und Kultivierung – wie klein auch immer – ihren Ausgang von Flüssen und Bächen genommen haben. So gab es erste Erschließungsspuren beim Zoddebeek und beim Buurserbeek, und zwar in Form von Feldmarken.

Über die Landschaft Twentes weiter landeinwärts bemerkte ein Autor im Jahre 1800: „Um die wichtigen Ortschaften und Dörfer herum trifft man im Umkreis von ¼ oder ½ Stunde nur auf vereinzelte Höfe oder Weideland, von einem Berg aus betrachtet wie Inseln in einem Meer aus Wüste.“ Die Äcker und Wiesen boten ein Bild, das wir heute nicht mehr kennen. Die Äcker bildeten ein buntes Meer von Pflanzen wie Flachs, Färberröte, Hopfen, Klee, Feldspark, Dinkel, Buchweizen und Hanf, Chicoree und Tabak. Mit den Jahreszeiten wechselten die Farben der Wiesen: Erst waren sie weiß durch Gänseblümchen, dann gelb und schmutzigweiß durch Löwenzahn, lila durch das Wiesenschaumkraut, gelb durch die Butterblume, rot vom Sauerampfer und später graugrün durch blühendes Gras.

Bis in das vorige Jahrhundert hinein gab es nur Provinzstädte. Diese Städte besaßen keine Wälle und hatten nur primitive Verteidigungsanlagen. Als im 19. Jahrhundert die industrielle Entwicklung in Gang kam, zählte Enschede nur 3253 Einwohner. Ein Gemälde aus dem 19. Jahrhundert mit einer Ansicht Enschedes siedelt das Betriebsgebäude der Baumwollspinnerei von Enschede, die 1835 ihre Arbeit aufnahm, mitten in einer wüsten, unwirtlichen Landschaft an.

Südlich des Grenzsteines 832 gibt es unmittelbar an der Grenze keine größeren Städte, Winterswijk mit nicht einmal 40 000 Einwohnern ausgenommen. Nördlich des Grenzsteines liegen Städte wie Enschede, Hengelo, Almelo und Oldenzaal, die alle größer als Winterswijk sind. Haaksbergen und Losser sind nicht viel kleiner. Der deutsche Teil des Grenzgebietes ist wesentlich weniger verstädtert, aber nördlich des Grenzsteines 832 verschaffen sich Städte wie Gronau und Nordhorn nachdrücklich bis zur Grenze Geltung.

Textil

Bereits im Mittelalter wurden in Twente und im angrenzenden Münsterland in Heimarbeit Leinen und später Baumwollgarne und -stoffe hergestellt. Teilweise kann dies mit der Bodenbeschaffenheit und der Verkehrslage erklärt werden. Eine Anzahl von Handelsunternehmen hat diesen Industriezweig initiiert und aufrechterhalten. Ausgehend von diesen Handelsunternehmen sind im 19. Jahrhundert die ersten Fabriken gegründet worden. Die Dampfmaschine trieb die Entwicklung weiter voran. Die ersten Fabrikstädte sind zuerst auf niederländischer und dann auf deutscher Seite der Grenze entstanden.

In Twente wurde dieser Industriezweig stark durch König Wilhelm I. der Niederlanden und seine Niederländische Handelsgesellschaft angeregt. In den Niederlanden war Enschede der Mittelpunkt der Textilindustrie. Gronau, allerdings kleiner, war ihr deutsches Pendant.

Durch die Erhebung von Einfuhrzöllen 1816 wurde in diesem deutsch-niederländischen Industriegebiet die bis dahin bestehende Einheit zerstört. Zu jener Zeit war die Gegend noch ein internationales Industriegebiet, das jedoch immer mehr in die nationale (Zoll-)Politik verstrickt wurde. In den Betrieben wurde die wechselhafte Handelspolitik manchmal durch Schwarzhandel kompensiert oder auf andere Weise umgangen. So umgingen niederländische Unternehmer den Zöllen, indem sie kurz hinter der Grenze Betriebe gründeten. Solche Betriebe beschäftigten oft ausschließlich Niederländer, die außerdem in den Niederlanden ansässig blieben. Auf der deutschen Seite der Grenze zu Glanerbrug wurde 1888 die Baumwollspinnerei Eilermark gegründet. Durch den Zustrom von Arbeitern aus den gesamten Niederlanden, die in Deutschland arbeiteten, kam die Siedlung Glanerbrug zustande.

Auch die Baumwollindustrie Gronaus, die zum Ende des vorigen Jahrhunderts ihre Blütezeit erlebte, zog viele Menschen an. Die Fabrikanten lockten nicht nur Menschen aus der Umgebung, sondern auch arme Familien aus Friesland und von der Heide in Drenthe an. Gewöhnlich fanden diese Menschen zunächst eine Unterkunft bei Freunden und Bekannten. Nachdem sie ihr erstes Geld verdient hatten, bauten sie sich eine Hütte auf dem Feld am Sandweg nach Losser. Um 1900 entstanden in Overdinkel die ersten Steinhäuser. Die Grenze wird hier vom Randstreifen zwischen zwei parallel verlaufenden Wegen gebildet: dem Dubbeleweg. Die Häuser am Dubbeleweg sind nach Deutschland ausgerichtet.

Nicht zuletzt, um die Kontinuität der Textilunternehmungen zu garantieren, entwickelten sich im 19. Jahrhundert vielerorts auch familiäre Beziehungen. Wenn irgend möglich, heiratete man innerhalb der bekannten Fabrikantenkreise. Das geschah nicht nur im selben Ort oder in der selben Region, vielmehr entstanden mit der Zeit enge und allmählich komplizierte Verflechtungen, die über die Grenze hinausreichten.

Nach dem Ende des Ersten Weltkrieges wuchs die Bedeutung der nationalen Volkswirtschaft. Dadurch entwickelten sich zu beiden Seiten der Grenze eigene Textilzentren.

Die Textilproduktion hat in der Landschaft viele Spuren hinterlassen. In größeren wie auch in kleineren Städten stehen noch heute viele leerstehende Fabriken. Aber auch in unmittelbarer Nähe der Grenze sind Spuren zu finden.

Holz als Brennstoff und zur Energieversorgung in der Textilbranche war nicht vorhanden. Zur Waldwirtschaft fehlten das Geld und das Wissen. Außerdem wurde die spontane Aussaat durch Schafe vernichtet, die überall herumliefen, wo der Boden nicht sumpfig war. Torf dagegen gab es im Überfluß, so daß Moore wie das Haaksbergerveen/Ammeloer Venn und das Buurserveen daraufhin abgebaut wurden. Vor allem im vorigen Jahrhundert, als die aufblühende Industrie Haaksbergens Brennstoff benötigte, grub man das Moor größtenteils ab. Das Haaksbergerveen und das Buurserveen sowie das Ammeloer Venn sind in die Pläne der biologischen Forschungsanstalt Zwillbrock aufgenommen. Hier und da ist zu erkennen, daß die staatliche Forstverwaltung den Wasserspiegel in den Wiesen erhöht hat. Auch hier hat das deutsche Konzept der Feuchtwiesen Wurzeln geschlagen.

Darüberhinaus wurde innerhalb der Flurbereinigung Haaksbergen und des Niederländischen Naturprogrammes der Gedanke entwickelt, grenzüberschreitende Großwildpfade einzurichten. Aus historischen Quellen wußte man, daß Großwild vom deutschen Lüntener Feld über das Haaksbergerveen in Richtung Twickel und Diepenheim zog. Was in diesem Gebiet jetzt genau geschehen soll, um den Wildwechsel wieder zu ermöglichen und gleichzeitig zu lenken, ist noch nicht klar. Man denkt unter anderem an eine naturnahe Gestaltung und Verwaltung des Zoddebeekufers (Grenzstein 835).

Das größte Problem besteht darin, innerhalb der Flurbereinigung Haaksbergen genügend Land zu erwerben. Wenn dies gelingen sollte, werden zu beiden Seiten des Hagmolenbeeks und des Hegebeeks 20 Meter breite Streifen als Korridor eingerichtet. Außerdem will man einen natürlichen Korridor vom Witte Veen (Grenzstein 839) aus in nordwestliche Richtung schaffen.

Die Autobahn Doetinchem–Haaksbergen–Enschede wird trotz der Knappheit an Boden im Rahmen der Flurbereinigung so gut wie sicher angelegt werden. Dieser Weg muß mittels breiter Viadukte über die Bäche geführt werden.

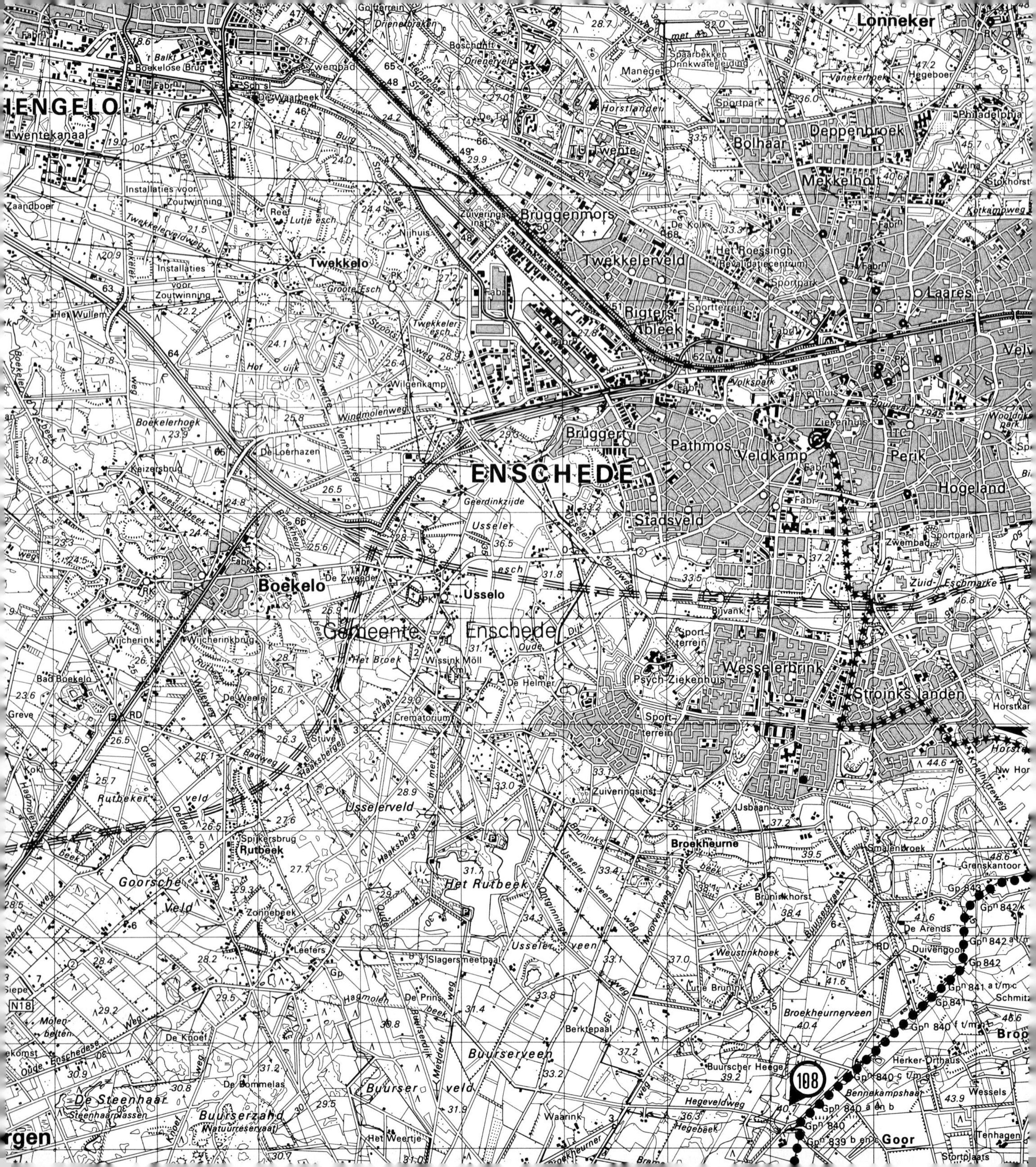
HENGELO
Lonneker
Twentekanaal
Boekelose Brug
Zwembad
De Waarbeek
Drienerbraken
Boschhuis
Drienerveld
Hengelose Straat
Manege
Spaarbekken Drinkwaterleiding
Vanekerhoek
Hegeboer
Sportpark
Horstlanden
De Tol
TU Twente
Bolhaar
Deppenbroek
Philadelphia
Mekkelholt
Stokhorst
Kotkampweg
Installaties voor Zoutwinning
Zaandboer
Twekkelerveldweg
Lutje esch
Nijhuis
Zuiveringsinst
Bruggenmors
De Kolk
Het Roessingh (Revalidatiecentrum)
Twekkelerveld
Twekkelo
Groote Esch
Het Wullem
Installaties voor Zoutwinning
Rigtersbleek
Sportterrein
Laares
Twekkeler esch
Stroinksweg
Hof dijk
Wilgenkamp
Volkspark
Ziekenhuis
Boulevard 1945
Windmolenweg
Boekelerhoek
Bruggert
Pathmos
Veldkamp
Perik
De Loerhazen
Keizersbrug
ENSCHEDE
Hogeland
Teesinkbeek
Geerdinkzijde
Stadsveld
Usseler esch
Usseler rondweg
Zwembad
Sportpark
Boekelo
De Zwaede
Usselo
Zuid-Eschmarke
Bijvank
Gemeente Enschede
Wijcherink
Wijcherinkbrug
Oude Dijk
Het Broek
Wissink Möll
Bad Boekelo
De Helmer
Psych Ziekenhuis
Wesselerbrink
Stroinkslanden
De Weele
Greve
Crematorium
Stuve
Sportterrein
Horstkamp
Rutbeek
Badweg
Haaksbergerstraat
Zuiveringsinst
IJsbaan
Kremerweg
Usselerveld
Rutbeker
Spikersbrug
Rutbeek
Broekheurne
Smalenbroek
Grenskantoor
Goorsche Veld
Het Rutbeek
Usseler veen weg
Ontginningsweg
Moorvenweg
Bruninkhorst
Buurserstraat
Zonnebeek
De Arends
Duivengoor
Leefers
Slagersmeetpaal
Usseler veen
Weustinkhoek
Lutje Brunink
Schmitz
Hagmolen
De Prins
Broekheurnerveen
De Knoef
Berktepaal
Buurserveen
Oude Enschedese weg
Buurscher Heege
Herker-Orthaus
De Bommelas
Bennekampshaar
Wessels
De Steenhaar
Steenhaarplassen
Buurser veld
Buurserzand (Natuurreservaat)
Waarink
Hegeveldweg
Hegebeek
Het Weertje
Goor
Tenhagen
Stortplaats
N18
108

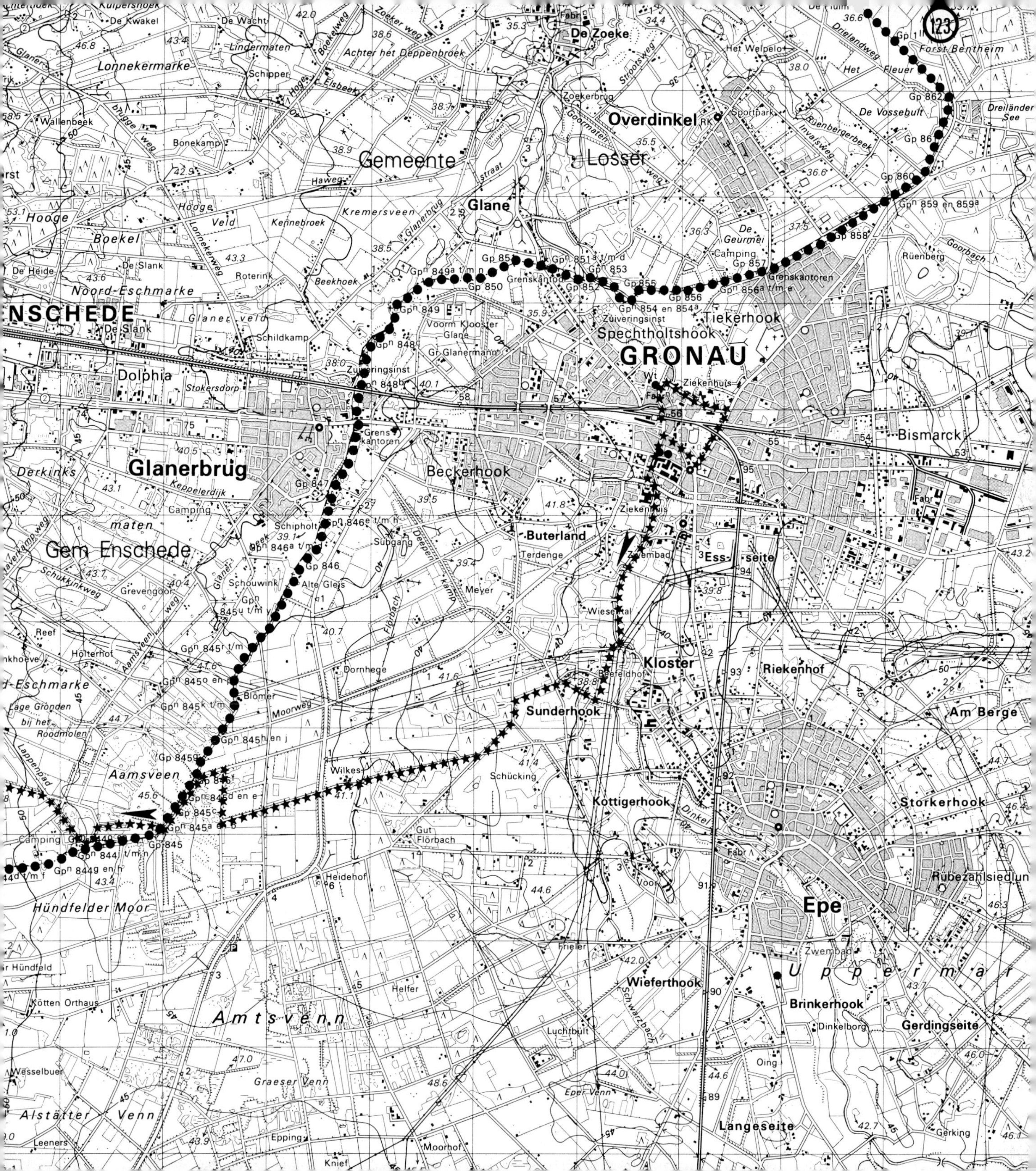
123
De Kwakel
De Wacht
Lindermaten
Achter het Deppenbroek
De Zoeke
Lonnekermarke
Schipper
Het Welpelo
Forst Bentheim
Drielandweg
Het Fleuer
Wallenbeek
Bonekamp
Overdinkel
Sportpark
De Vossebult
Dreiländer See
Gemeente
Losser
Rüenbergerbeek
Haweg
Hooge Veld
Kennebroek
Kremersveen
Glane
Hooge
Boekel
De Heide
De Slank
Roterink
Beekhoek
Noord-Eschmarke
Grenskantoor
De Geurmei
Camping
Rüenberg
Goorbach
NSCHEDE
Zuiveringsinst
Spechtholtshook
Tiekerhook
Grenskantoren
Voorm Klooster Glane
Gr Glanermann
Schildkamp
GRONAU
Dolphia
Stokersdorp
Ziekenhuis
Bismarck
Glanerbrug
Beckerhook
Derkinks
Keppelerdijk
Camping
Schipholt
Buterland
Terdenge
Gem Enschede
Subgang
Zwembad
Esseite
Schukkinkweg
Grevengoor
Schouwink
Alte Gleis
Meyer
Wiesental
Reef
Holterhof
Dornhege
Kloster
Riekenhof
Eschmarke
Blömer
Moorweg
Beerfeldhof
Sunderhook
Am Berge
Lage Gronden bij het Roodmolen
Aamsveen
Wilkes
Schücking
Kottigerhook
Storkerhook
Camping
Gut Flörbach
Heidehof
Hündfelder Moor
Rübezahlsiedlun
Epe
Frieler
Zwembad
Uppermar
Wieferthook
Hündfeld
Helfer
Brinkerhook
Kötten Orthaus
Amtsvenn
Dinkelborg
Gerdingseite
Luchtbült
Wesselbuer
Graeser Venn
Eper Venn
Oing
Alstätter Venn
Langeseite
Leeners
Epping
Moorhof
Knief
Gerking

Es ist nicht ganz einfach, am Grenzstein 840 H die Trasse der früheren Ahaus–Enschede Eisenbahn (AEE) auszumachen. Entlang den Schienen an der Grenze liegt der Arendsweg. In dieser Straße befinden sich der frühere Bahnhof, ein Café und einige Fabriks- und Wirtschaftsgebäude. Nach der Stillegung der Bahnlinie haben die heutigen Bewohner diese Gebäude vor dem Abriß und Verfall bewahrt.

1888 hatte man den Bau der Bahnlinie beschlossen, um Steinkohle aus dem Ruhrgebiet zu den Textilfabriken Enschedes transportieren zu können. Der Bau dieser Verbindung bedeutete eine Verkürzung der Transportstrecke um sieben Kilometer und damit eine erhebliche Einsparung der Transportkosten. Im Gründungskomitee saßen einige Textilbarone aus Ahaus und Enschede, nämlich G. van Heek, E. Jannink, Y. van Delden und J. Dues. Erst 1903 rollte der erste Steinkohlenzug über diese Bahnlinie. Eine Wende kam 1953, als die Europäische Gemeinschaft eine neue Regelung der Frachtkosten für Kohle und Stahl traf. Vorher hatte der Abnehmer einen Preis pro Tonne sowie den Transport ab der Grenze gezahlt. Dann wurde der Preis pro Tonne plus Transport ab dem Bergwerk in Rechnung gestellt. Damals waren die Transportkosten in den Niederlanden um die Hälfte billiger als in Deutschland. Der Kohlentransport fand daher ab 1953 über die Strecken Borken oder Venlo statt. Der Gnadenstoß für die AEE kam jedoch in den sechziger Jahren, als die Niederlande von Steinkohle auf Öl und Erdgas umstellten. Der letzte Zug fuhr im Jahre 1967.

Eine weitere Bahn überquerte die Grenze in Höhe des Arendsweges, und zwar eine 6,5 Kilometer lange Schmalspurbahn, die die Schienen der AEE noch in Deutschland kreuzte. 1915 nämlich mietete die Venloer Firma Steegh & Esser einen Teil des Bahnhofsgeländes am Arendsweg und baute dort eine Torffabrik. Hier wurde Torf aus dem Amtsvenn verarbeitet. Für den Transport des Torfs wurden Pferde benutzt, die die mit Torf beladenen Wagen über die Feldbahn zogen. Mitte des vorigen Jahrhunderts war das Amtsvenn noch praktisch unberührt. Das Moorgebiet hatte damals einen Umfang von 2000 Hektar, davon 1900 Hektar in Deutschland. Als sich der Torfvorrat im Amtsvenn allmählich erschöpfte, nahm der gewinnbringende Abbau der Firma Steegh & Esser ein Ende.

Die Überbleibsel des Aamsveens und des Amtsvenns sind jetzt zu Naturschutzgebieten erklärt worden. Bis Mitte der achtziger Jahre verlief vom höher gelegenen deutschen Agrargebiet aus ein Entwässerungsgraben durch das Aamsveen in Richtung Glanerbeek. Dadurch floß unbeabsichtigt auch viel Wasser aus dem Moor ab. Um dies zu verhindern, wurde der Bach durch ein Rohr geleitet und mit Moorerde abgedeckt.

Heute ist nach der Entwässerung und Absenkung des Grundwasserspiegels ein größtenteils vertrocknetes Moor übriggeblieben. Zur Zeit dominieren Adlerfarn und Pfeifengras, daneben kommen Heidekraut und Preiselbeeren vor.

Im Aamsveen ist der Fasan mehr als anderswo ein Exot. Die Fasane finden hier nicht nur einen optimalen Lebensraum, sie laufen vor allem aus dem benachbarten deutschen Jagdgebiet herüber, wo sie in großer Zahl ausgesetzt werden. Diese fremden Vögel üben einen nicht zu unterschätzenden, nachteiligen Einfluß auf den Bestand an Reptilien im Moor aus. Es ist daher fraglich, ob das 1992 ausgesprochene Verbot niederländischer Behörden, Fasane auszusetzen, dem Bestand an Reptilien zugute kommen wird.

Auch am Aamsveen machen sich die modernen Folgen der Verstädterung bemerkbar. Nördlich des Moores ist der Bau einer Schnellstraße von Enschede nach Gronau geplant. Diese A35 erhält einen Anschluß an die ebenfalls geplante Umgehungsstraße östlich von Enschede. Mit diesen Straßen wird die Erschließung des Euregio-Industrieparks bei Enschede bezweckt. Der Bau dieses Parks wird jedoch zur Reduzierung und Zersplitterung des Lebensraumes vieler Säugetiere führen. Man versucht mit Mühe und Not, den Straßenbau in die Flurbereinigung Eschmarke einzugliedern; die Eschmarke ist das Gebiet zwischen Enschede und der Landesgrenze. Als Trostpflaster plant man für das Wild einige Säugetierunterführungen – gemeint sind damit jedoch Betonrohre unter den Straßen.

An der alten Straße von Enschede nach Gronau befindet sich auf deutscher Seite der Grenze die Hauptverwaltung der Euregio. Gegründet wurde die Euregio vor einigen Jahrzehnten vor allem mit dem Ziel, grenzüberschreitende wirtschaftliche und kulturelle Kontakte zu fördern. Der Niedergang der Textilindustrie wurde zum Motor auf der Suche nach neuen Wirtschaftsimpulsen.

Die jahrhundertealten, grenzüberschreitenden Bande waren dabei einer der Ausgangspunkte. Hierdurch ist die Euregio, deren Wirkungsbereich Twente, die Achterhoek und das westliche Münsterland umfaßt, weiter fortgeschritten als die vier anderen grenzüberschreitenden Arbeitsgemeinschaften im deutsch-niederländischen Grenzgebiet.

Mit der Zeit sind Natur und Umwelt wichtige Themen für die Euregio geworden. Ganz oben steht der Erhalt der Moorgebiete an der Grenze und ihre ökologische Wiederherstellung. Eines der Ergebnisse ist eine von Zwillbrock eingesetzte Schafsherde, die grenzüberschreitend gegen die Folgen des sauren Regens „angrast“. Auf diese Weise spielt Textil in dieser Grenzregion doch noch eine Rolle.

„Item wie die landweere brecke schynnende offte daer inne houwe, die sall sijn rechterhandt ghebrocken hebben"

Hinter dem Dubbeleweg in Overdinkel stimmt die Grenze kurz mit der Straße Gronau–Gildehaus überein. Diese Straße trifft auf eine niederländische Landstraße mit dem Namen Drielandenweg. Dort, wo die deutsche Straße die Grenze für kurze Zeit verläßt, steht auf der gegenüberliegenden Seite eine große touristische Freizeitanlage mit dem Namen Driland. Etwa zweihundert Meter dahinter liegt in einer früheren Kiesgrube das Freibad Dreiländersee. Tagestouristen sorgen für ein ständiges Kommen und Gehen.

Etwas weiter – dort, wo die Straße wieder mit der Grenze zusammentrifft – steht hinter der Leitplanke verborgen ein einmaliger Grenzstein am Straßenrand: Nummer 862, zugleich Nummer eins. Sein Standort ist das Symbol für die reiche, aber vergessene Geschichte der Grenzsteine und Landwehren im Reich der Dinkel.

Der Grenzstein Nummer 862, oder Nummer 1, markierte im Mittelalter jene Stelle, an der die Grenzen der Bistümer Münster und Utrecht sowie der Grafschaft Bentheim aufeinandertrafen. Von 1824 bis 1866 fungierte dieser aus Bentheimer Sandstein gefertigte, dreieckige Markstein als Dreiländerpunkt zwischen Hannover, Preußen und den Niederlanden. Seitdem ist er Schnittpunkt der Grenzen zwischen den Niederlanden und den Bundesländern Niedersachsen und Nordrhein-Westfalen. Die Ortschaften zu beiden Seiten der Grenze tragen noch immer den Namen Drieland.

Den auf diesem Stein angebrachten Jahreszahlen zufolge stammt er aus dem Jahre 1659. Das älteste überlieferte Beispiel einer Grenzvereinbarung zwischen Overijssel und Bentheim stammt jedoch schon aus dem Jahre 1447, als einige Differenzen zwischen dem Bischof von Utrecht und dem Grafen von Bentheim beigelegt wurden. Trotz der vielen Verträge im Laufe der Zeit kam es hier immer wieder zu Konflikten. Das eine Mal wurde Vieh geraubt, ein anderes Mal wurde illegal Torf gestochen, dann wieder wurden Grenzmarkierungen verschoben, trotz der Strafen, mit denen diese Vergehen sanktioniert wurden.

L. Olde Meierink schreibt in seinem Buch „Monumenten van Losser", daß diese Strafen wirklich unmenschlich waren. So wurde derjenige, der einen Grenzstein ausgegraben und entfernt hatte, bis zum Gürtel in das Loch des Steines eingegraben. Dann wurde ein Pflug über ihn gezogen, bis die Pflugschar sein Herz durchschnitt.

Weil die Abgrenzung jedoch großen Toleranzen unterworfen war – von amtlicher Vermessung konnte noch keine Rede sein –, war es nicht schwierig, Grundbesitz auf Kosten eines weniger achtsamen oder schwächeren Nachbarn

auszudehnen. Um den genauen Platz einer Grenzmarkierung nicht verloren gehen zu lassen, ließen sich die Twenter, dem Regionalhistoriker J. van Deinse zufolge, drastische Methoden einfallen. In seinem Buch „Uit het land van katoen en heide" schreibt er: „Von alters her standen auf das Verrücken, Beschädigen oder Umwerfen von Grenzsteinen schwere Strafen. Man sorgte dafür, daß der Standort eines wichtigen Grenzsteines über Jahre hinweg bekannt blieb. Damit auch nach vielen Jahren kein Streit über die richtige Stelle eines solchen Grenzsteines entstehen konnte, bediente man sich zweifelhafter, aber höchst kurioser Mittel. Wenn nämlich an einer wichtigen Stelle ein Grenzstein gesetzt werden sollte, brachte man arglose, nichts Böses vermutende Knaben wie durch Zufall zu jener Stelle, an der der Stein errichtet worden war. Plötzlich schlug man den Kindern ins Gesicht, riß ihnen an den Ohren und stieß sie sogar auf den Grenzstein, damit sie sich auch in ihrem achtzigsten Lebensjahr noch an Zeit und Ort erinnern sollten, an dem die Parteien sich über den Grenzpunkt geeinigt hatten! Die ganze Bitternis versüßte man noch mit einigen Geschenken, die als Andenken ein Leben lang durch die Kinder aufgehoben werden sollten. Ist es verwunderlich, daß solche Personen, gleichgültig wie alt sie wurden, ein solches Ereignis nie mehr vergaßen?"

Westlich des Grenzsteins I sehen wir noch den Rest einer Landwehr, die hier die Grenze zwischen Overijssel und Bentheim bildete. Entlang des schwer zu durchdringenden Unterholzes verläuft heute ein kleiner Zollweg. Die Grenze lag westlich von zwei parallel verlaufenden Gräben. In diesen Gegenden besaßen viele Grafschaften, Bistümer, Herrlichkeiten und dergleichen Landwehren. Nicht immer folgte eine Landwehr exakt der Grenze. Die natürliche Beschaffenheit der Landschaft war für die Lage einer Landwehr ausschlaggebend. Auch wurden Biegungen in der Grenze begradigt und bereits vorhandene Landwehren in das System einbezogen.

Die Bedeutung der Landwehren geht aus dem im Titel erwähnten Zitat hervor, das den Verordnungen des David von Burgund, dem Bischof von Utrecht und als solcher Herr von Overijssel, aus dem Jahre 1457 entnommen ist. In unser heutiges Hochdeutsch übersetzt lautet es: „Wer eine Landwehr beschädigt oder einen Teil daraus entfernt, wird seine rechte Hand verlieren."

Es ist schwierig, zwischen Twente und Bentheim einen Grenzstein oder ein Stück Grenze zu finden, mit dem keine Geschichten verbunden sind. So führte die Lage der Grenzsteine 8 bis 11 mitten in den Wiesen am rechten Ufer der Dinkel zu unterschiedlichen Ansichten über den korrekten Grenzverlauf. Der Vertrag von Meppen ließ hier an Deutlichkeit zu wünschen übrig. Durch ihren geänderten Lauf ließ die mäandrierende Dinkel den Vertragstext besonders unverständlich werden. Der Rätseltext des Artikels 10 des Meppener Vertrages lautet:

„. . . geht die Grenze weiter, in gerader Linie, bis zu einem Punckte am rechten Ufer der Dinckel, welcher zehn Ruten rheinl. oder sieben und dreißig niederl. Ellen und sieben Palmen rückwärts oder südwärts von dem in Gegenwart der Commissarien in der Richtung der angeblichen Markengrenze zwischen der Hannoverschen Gemeinde Gildehaus und die Niederländische Gemeinde Losser, eingegrabenen Kreuze in das rechte Dinckel-ufer fält dergestatt daß, zwischen beide angegebenen Punckte, auf zehn Ruthen rheinl. oder sieben und dreißig niederl. Ellen sieben Palmen Distanz, der Dinckel gemeinschaftlich bleibt und der Thalweg, oder die Mitte desselben, die Landesgrenze daselbst bildet.

Die geht dann weiter von diesem letzten in der Verlängerung der gedachten Markegrenze auf das rechte Dinckel-ufer fallenden Punckte, in grader Richtung, auf einen andern bey dem alten Hausplatze des Hannoverschen Coloni Oeverink . . ."

Daß sich die Historiker mit dem Vertrag und der eigenartigen Aufstellung der Grenzsteine 8

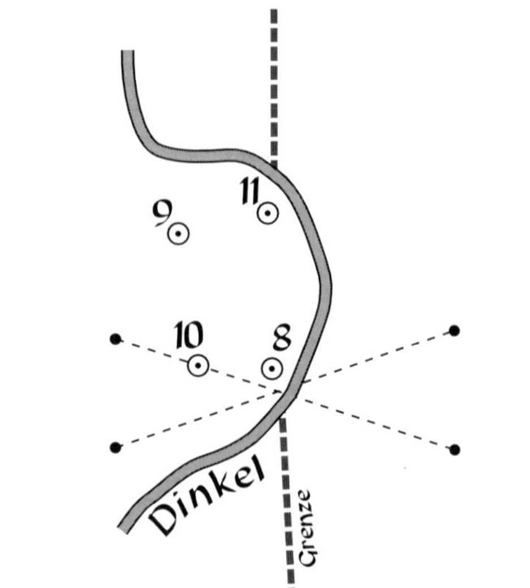

Skizze A

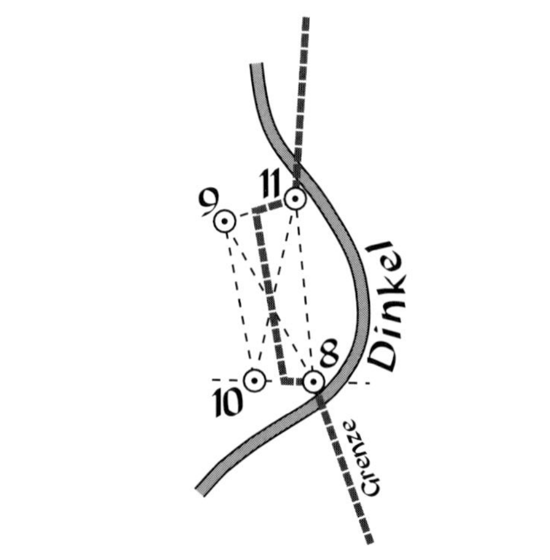

Skizze B

bis 11 vor entsprechende Probleme gestellt sahen, ist aus den Zeichnungen zu ersehen. Die Skizze A geht davon aus, daß die Steine 8 bis 11 planlos aufgestellt worden sind. Die Hilfssteine zu beiden Uferseiten der Dinkel, die schon im 17. Jahrhundert die Markgrenzen angegeben hatten, hielt man dagegen für wichtig, um die Grenze festlegen zu können. Der Schnittpunkt der Diagonalen zwischen diesen Steinen sollte demnach die Grenze markieren. Indem man die Grenze durch Hilfssteine festlegte, entging man Problemen, die aus den Veränderungen im Verlauf der Dinkel erwachsen konnten.

Die Skizze B hält gerade die Aufstellung der Grenzsteine 8 bis 11 für wichtig. Um den exakten Grenzverlauf zu bestimmen, geht man davon aus, daß die Grenze vom Stein 8 an in einer geraden Linie zwischen den Steinen 8 und 10 verläuft. Von diesem Punkt aus folgt die Grenze in nördlicher Richtung dem ehemaligen Flußbett der Dinkel bis zur Mitte der Grenzsteine 9 und 11.

Etwas weiter kann man auf einem kleinen Hügel den Grenzstein 16 finden, genau an der Stelle, wo früher der Galgen von Twente gestanden hat. Weiter nördlich befand sich nach dem Vertrag von Meppen der Galgen der Grafschaft Bentheim. Der Grenzstein 24 steht nach diesem Vertrag „bey der sogenannten Sonnentelge, einem alten Eichenbaume". Der Schatten des Baumes um genau 12 Uhr bestimmte die Richtung der Grenze. Noch heute steht auf der Kuppe eines kleinen Hügels der untere Teil eines Grenzsteins. Der obere Teil ist anscheinend abgebrochen. In einer ernstzunehmenden Studie wird erklärt, daß der Stein durch das Abbrennen eines Zollhäuschens, das auf dem kleinen Hügel gestanden hatte, gesprungen und später abgebrochen ist. Ein Einwohner aus der Umgebung hat den Stein daraufhin mitgenommen und als Eckstein für eine neue Scheune benutzt. Auf Ersuchen einiger Regionalhistoriker wurde dieser Baustein durch einen anderen ersetzt. Es ist allerdings unbekannt, wo der Grenzstein anschließend geblieben ist.

Das Schicksal des Dinkellandes

Östlich von Winterswijk, im östlichen Twente und in den anschließenden deutschen Grenzgebieten blieben die ursprünglichen Bachtäler, die für die Natur und die Landschaft bestimmend waren, am längsten erhalten. In seinem 1965 veröffentlichten „Twente naturhistorisch" bemerkt der bekannte niederländische Botaniker V. Westhoff: „Es ist daher verständlich, daß der gegenwärtige Verfall der Bäche Ost-Twentes die Naturfreunde beunruhigt und ihren Widerstand hervorruft. Wir dürfen allerdings nicht vergessen, daß dieser Prozeß bereits seit mehr als sechzig Jahren in Gang ist . . . Es scheint nun einmal eine allgemein menschliche Eigenschaft zu sein, daß man einen kostbaren Besitz erst dann würdigen kann, wenn man im Begriff ist, ihn zu verlieren." Zwanzig Jahre später stellten die Landesplaner Twentes fest, daß von den 1940 Kilometer untersuchten Wasserläufen 52 Prozent ausgetrocknet waren.

Die Quelle der Dinkel liegt zwischen Winterswijk und Münster in der Nähe der Ortschaft Holtwick. 40 Kilometer ihres Laufes liegen auf deutschem und 44 Kilometer auf niederländischem Boden. Hinter Gronau wird die Dinkel niederländisch und nach einem kurvenreichen Verlauf durch das Land von Twente fließt sie wieder nach Deutschland in die Vechte hinein. Die Dinkel kann daher mit Recht als internationaler Fluß bezeichnet werden. Wie bei anderen grenzüberschreitenden Flüssen gab und gibt es auch bei der Dinkel entsprechende wasserwirtschaftliche Probleme: Kultivierungsmaßnahmen in Agrargebieten und die Verhärtung des Bodens in Städten und Dörfern führten zu beschleunigter Entwässerung und zu extremen Hochwasserständen. In Gronau und im südlicher gelegenen Epe gab es immer wieder Schwierigkeiten. Die Lösungen, die man sich bei der Dinkel hat einfallen lassen, haben den Charakter des Flusses weitgehend bewahrt.

Aufgrund des deutsch-niederländischen Grenzvertrages aus dem Jahre 1963 hat man die sogenannte Permanente Grenzgewässerkommission eingerichtet. Diese Kommission erhielt die Aufgabe, bei grenzüberschreitenden Folgen von Hochwasser und Wasserverschmutzung Maßnahmen zu ergreifen. Die Arbeit der Kommission führte 1976 zur sogenannten Dinkelvereinbarung. Diese Vereinbarung sah vor, daß das Fassungsvermögen der Dinkel auf niederländischem Gebiet zu vergrößern sei. Im Gegensatz zum Vorgehen bei den meisten anderen Flüssen und Bächen – nämlich zu kanalisieren und verbreitern –, hat man den schlängelnden Verlauf der Dinkel unverändert gelassen. Um ihre Abflußkapazität zu vergrößern, wurde ein Seitenarm der Dinkel zum Omleidingskanaal umgebaut. Dieser Kanal leitet das Wasser der Dinkel vom Lutterveld (zwei Kilometer westlich des Grenzsteins 22) bis zum Grenzstein 72, etwa 15 Kilometer weiter nördlich. Die Vereinbarung sah weiter vor, daß die Dinkel in einer einmaligen Aktion gründlich ausgebaggert werden sollte.

Weiter stromaufwärts hat man sich dagegen für die Kanalisierung entschieden.

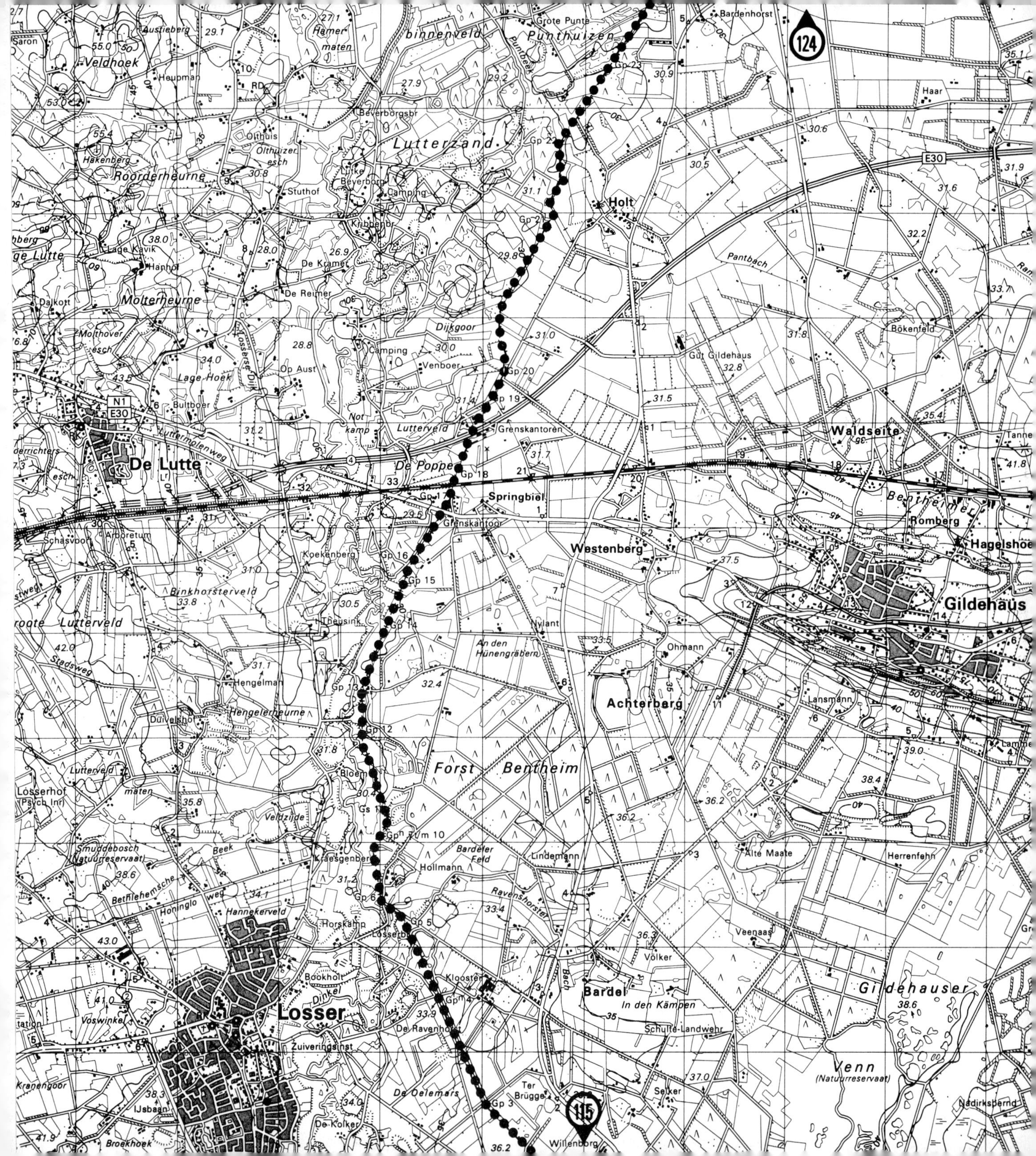
124
Bardenhorst
Grote Punte
Punthuizen
binnenveld
Hamer maten
Veldhoek
Heupman
Beverborgsbr
Lutterzand
Olthuis
Olthuizer esch
Hakenberg
Roorderheurne
Stuthof
Lütke Beverborg
Camping
Holt
E30
Lage Kavik
Hanhof
De Kramer
Kribbenbr
Pantbach
Molterheurne
De Reimer
Dalkott
Molthover esch
Dijkgoor
Op Aust
Venboer
Gut Gildehaus
Bökenfeld
Lage Hoek
Losserse Dijk
Bultboer
N1
De Lutte
Luttermolenweg
Not kamp
Lutterveld
Grenskantoren
Waldseite
De Poppe
Springbiel
Bentheimer
Romberg
Hagelshoe
Schasvoort
Arboretum
Koekenberg
Grenskantoor
Westenberg
Binkhorsterveld
Gildehaus
Lutterveld
Theusink
Nylant
An den Hünengräbern
Ohmann
Stadsweg
Hengelman
Achterberg
Lansmann
Hengelerheurne
Duivelshof
Forst Bentheim
Losserhof (Psych Inr)
Bloem
Veldzijde
Smuddebosch (Natuurreservaat)
Kraesgenberg
Hollmann
Bardeler Feld
Lindemann
Alte Maate
Herrenfehn
Bethlehemsche
Honingloweg
Hannekerveld
Horstkamp
Ravenshorster
Veenaas
Völker
Bookholt
Kloster
Bardel
In den Kämpen
Gildehauser
Voswinkel
Losser
Dinkel
De Ravenhof
Schulte-Landwehr
Zuiveringsinst
Venn (Natuurreservaat)
Kranengoor
IJsbaan
De Oelemars
Ter Brügge
Selker
Nadirksbernd
De Kolker
Broekhoek
Willenborg
115

Das abgebrannte Zollhäuschen und der abgebrochene Grenzstein 24 bilden den würdigen Anfang des Vrijdijks. Der Deich läuft von dieser Stelle nördlich bis zum Kanal Almelo-Nordhorn (Grenzstein 33). Der gerade Weg ist etwa sechs Kilometer lang und führt durch landwirtschaftliches Gebiet mit Überbleibseln von Heide und Wald.

Im Vertrag von Meppen aus dem Jahre 1824 wird der Vrijdijk noch Rammelhaarweg genannt. Wahrscheinlich verweist der Name auf „Ram", was so viel wie Richtplatz bedeutet. Was diesen Weg betrifft, ist im Vertrag von Meppen bestimmt, daß die Grenze genau in der Mitte über den Vrijdijk verläuft. Weiter heißt es darin: „Der Gebrauch des hiervor beschriebenen gemeinschaftlichen Rammelhaarweges soll für die Eingesessenen beider Staaten, sowol in Commercieller als sonstigen Hinsicht, frey und onbehindert seyn und bleiben." Durch diese Sonderregelung änderte sich der Name schon bald in Vri'jdijk (Vrijdijk). Der Vrijdijk war ein Eldorado für Schmuggler, denn kein Zöllner hatte auf diesem Weg etwas zu sagen. Ferner ist im Grenzvertrag von Meppen die Rede von einem Weg, „welcher gemeinschaftlich, zwey und dreißig Fuß Rheinländisch oder zehn Niederländische Ellen breit seyn . . . soll." Dies entspricht etwa sieben Metern.

An den Grenzsteinen 27 und 31,4 liegen auf deutscher Seite ein paar eingegrabene Sodenhütten, in denen sich die Zöllner verborgen hielten. Auf der Höhe von Punthuizen auf deutscher Seite stehen außerdem noch einige Blocks mit ehemaligen Zöllnerwohnungen. Eine Bewohnerin des Blocks am Grenzstein 22,1 – etwas weiter südlich im Dörfchen Holt – erzählte, daß die Zöllner sich aus ihren Wohnungen heraus gegenseitig mit Lichtzeichen warnten. 1949 jedoch ging der Vrijdijk insgesamt in niederländische Hände über. Danach verschwand das Schmuggelproblem allmählich. Heute ist der Vrijdijk ein Platz für Wanderer und Radfahrer, die ungestört die Natur genießen wollen.

Auf der Höhe der Grenzsteine 24 bis 30 erinnern einige Toponymen an die Geschichte des Vrijdijks. So verläuft hier in einiger Entfernung der Strengeveldweg durch das Strengeveld.

Beide Namen deuten an, daß jeder, der hier nichts zu suchen hatte, streng kontrolliert wurde.

Östlich des Vrijdijks fließt der Rammelbecke. Auffällig sind die hohen Rücken, die entlang dieses Baches überall zu finden sind. Diese Böden, Haaren genannt, wurden oft als erste kultiviert. Daher die Namen Rammelhaar, Brandlechterhaar und weiter nördlich Frensdorferhaar.

Der Kanal Almelo-Nordhorn (Grenzstein 43) ist wie der Vrijdijk ein ehemaliger Handelsweg. Die Länge des Kanals beträgt 28 Kilometer auf niederländischer und 24 Kilometer auf deutscher Seite. Bei Nordhorn schloß er sich an den deutschen Ems-Vechtekanal an und hinter Almelo an den Twenthekanaal, der zur alten Hansestadt Zutphen an der IJssel führte.

Der Kanal wurde 1904 eröffnet. Um möglichen Problemen mit dem Wasser zuvorzukommen, unterzeichneten die Niederlande und Preußen in Berlin einen Grenzvertrag. Hierin wurde aufgenommen, daß „... der Düker in der Dinkel unter dem Kanal Almelo-Nordhorn und die bei der Kreuzung des Flusses und des Kanals vorhandene Entlastungsschleuse nur so lange geschlossen bleiben dürfen wie erforderlich ist, um dem Kanal das für die Schiffahrt nötige Wasser zuzuführen. Führt die Dinkel mehr Wasser als der Kanal für die Schiffahrt braucht, dann muß das überschüssige Wasser solange zur Unter-Dinkel abgeleitet werden, bis mindestens zwei Kubikmeter pro Sekunde zur Unter-Dinkel fließen." Diese Bestimmung erwies sich unabsichtlich als äußerst wichtig für das heutige Erscheinungsbild des Kanals.

Man hatte große Hoffnungen mit dieser internationalen Verkehrsader verknüpft, aber der erwartete Betrieb ist eigentlich immer ausgeblieben. Heute ist der Kanal an der Grenze zugeschüttet. Das Zollhaus am Grenzstein 43 wird als Alkoholikerheim genutzt.

Wie die Borkener Baan wird auch der Kanal immer wichtiger als Freiraum für Pflanzen und Tiere, die vor der Trockenheit, der Überdüngung und anderen Übeln der modernen Zeit fliehen. Die Böschungen und das Unterholz am Kanal sind Brutstätte und Lebensraum Dutzender von Vogelsorten, wie der großen Drossel, dem grünen Specht, dem Rotschwänzchen und dem Kirschkernbeißer. Im Schilfgürtel brüten der Teichrohrsänger, der Sumpfrohrsänger und die Rohrammer. Auch dem Eisvogel kann man hier begegnen. In den Böschungen kommen seltene Pflanzen vor wie der Langblatt-Ehrenpreis und die Heidenelke, ferner die Zypressen-Wolfsmilch, die kleine Bibernelle, das Zweiblatt, die Waldhyazinthe und das sehr seltene Mondfarn. Viele der Pflanzen- und Tierarten sind über die Dinkel in und entlang des Kanals gelangt.

Ab dem Kanal folgt die Grenze dem kanalisierten Rammelbeek. Die Stadt Nordhorn ist hier überall an der Grenze zu hören. Desweiteren fallen die Brücken auf, die für den landwirtschaftlichen Verkehr über den Bach gebaut wurden. Grenzüberschreitungen der Bauern scheinen hier normal zu sein.

Am Grenzstein 52 liegen die Bergvennen. Die Verwalter dieses Naturschutzgebietes sehen sich vor die Wahl gestellt, das Gebiet durch die katastrophale Austrocknung weiter verkommen zu lassen oder Grundwasser aufzupumpen. Die Austrocknung bedroht den letzten Freiraum der Wasser-Lobelie, einer Pflanze, die früher überall in dieser Gegend vorkam. Die Bergvennen sind überdies noch eine wichtige Brutstätte für Wasservögel.

Auch der Forst Bentheim, der zwischen den Grenzsteinen 53 und 57 liegt, ist von der Austrocknung schwer betroffen.

Breklenkamp

Die Grenze am Forst Bentheim bis zum Grenzstein 62 war stets unstrittig. Sie stellte eine eindeutige Trennungslinie zwischen Overijssel und Bentheim dar, zwischen dem westlich gelegenen Breklenkamp und den östlichen Ortschaften Frensdorf und Grasdorf. Ab dem Grenzstein 62 dagegen ist die Geschichte der Grenzregion sehr bewegt. Zweifellos sind die merkwürdigen Muster, die die Dinkel in der Landschaft hinterlassen hat, nicht unbeteiligt daran.

Die Ur-Dinkel und ihre vielen Seitenarme haben in der fernen Vergangenheit die ursprüngliche Tiefebene eingeschnitten und abgetragen, so daß hier viele „Inseln" entstanden. Diese Inseln bestehen aus Sandböden, die in erster Linie von der Agrarbevölkerung durch die Umwandlung in Äcker und Felder kultiviert worden sind. Hier entstand also keine große Feldmark wie bei den Ortschaften in der Umgebung, sondern mehrere kleine Äcker, die jeder für sich einer oder mehreren Bauernfamilien eine eigene Existenz bieten konnten.

Im Breklenkamp entwickelte sich eine bäuerliche Region, in der Grundbesitz, Landwege, Äcker, Wiesen und Familienbande keine Grenze kannten. Die eigenartige Position der Herrlichkeit Lage spielte dabei eine große Rolle. Lage war ein 630 Hektar großer Zwergstaat, der in der napoleonischen Zeit in das Königreich Hannover aufging. Bis 1528 war Lage ein Teil des Bistums Utrecht, anschließend gelangte es in Habsburger Besitz. 1576 wurde es dem Dietrich von Ketteler verpfändet. Durch Vererbung ging es danach an einige niederländische Adelsfamilien über. Durch feinfühlige Diplomatie gelang es ihnen über mehrere Jahrhunderte hinweg, die Souveränität Lages gegenüber Bentheim und Overijssel zu behaupten.

Lage war von Overijssel durch einen Bentheimer Streifen von mindestens 20 Rheinländischen Ruten getrennt. Dieser Streifen war auch als Breklenkamp bekannt.

Der Charakter der Bentheimer Grenze zu Holland änderte sich im 19. Jahrhundert durch die politischen Entwicklungen in Europa. Für die Bauern im Breklenkamp konnte dies natürlich nicht ohne Folgen bleiben. Nirgendwo findet man Traktathöfe so dicht beieinander. Was die Traktatbauern betraf, legte der Vertrag von Meppen (Artikel 7) fest: „Den Ackersleuten, deren Eigentum teils diesseits, teils jenseits der Grenze gelegen ist, soll eine völlig freie Gemeinschaft solcher Grundstücke, insoweit dies zum

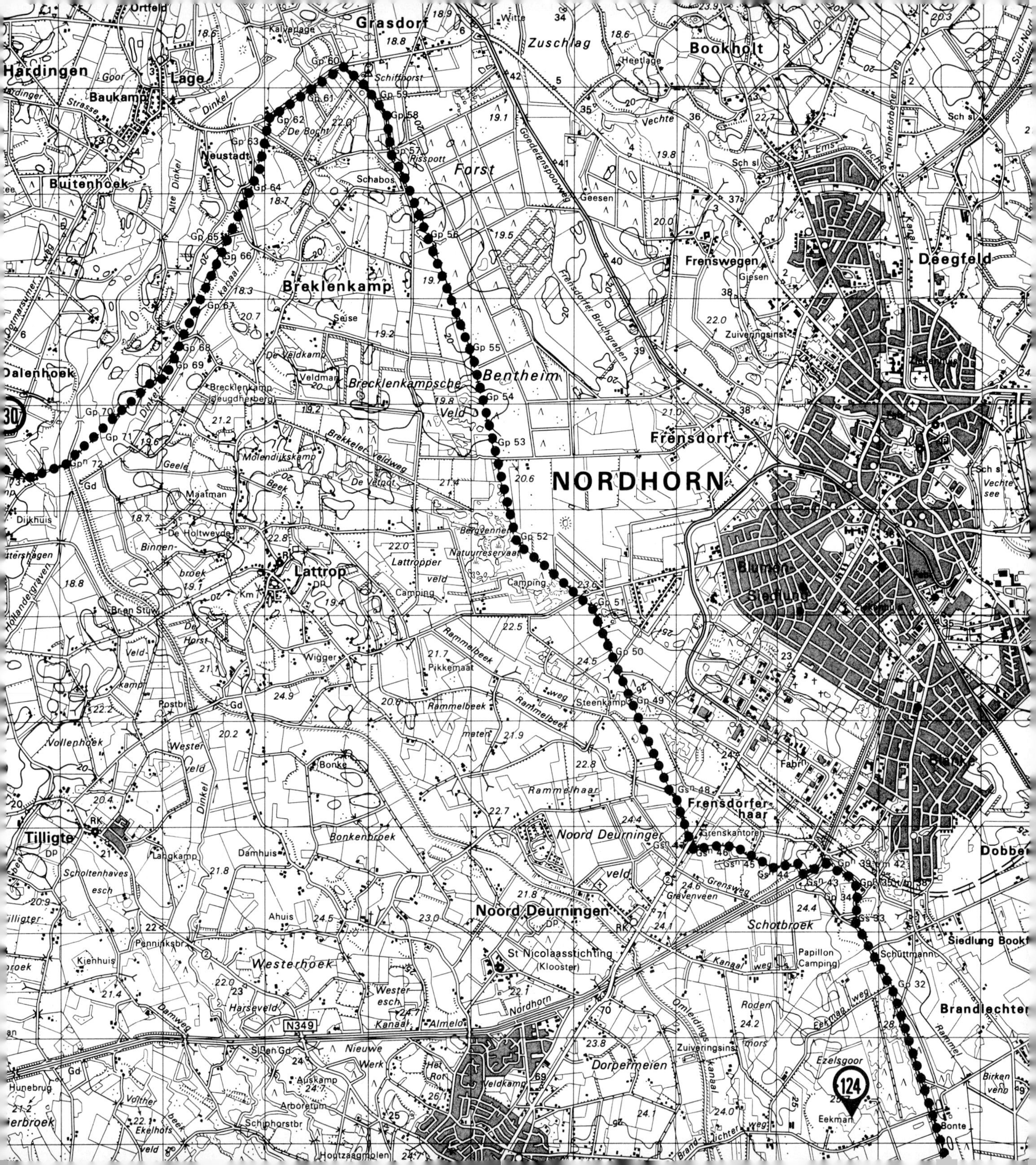
NORDHORN
Grasdorf
Bookholt
Hardingen
Lage
Baukamp
Neustadt
Buitenhoek
Forst
Zuschlag
Frenswegen
Deegfeld
Breklenkamp
Bentheim
Brecklenkampsche Veld
Dalenhoek
Frensdorf
Lattrop
Tilligte
Frensdorfer haar
Noord Deuringer veld
Noord Deuringen
St Nicolaasstichting (Klooster)
Westerhoek
Schotbroek
Brandlechter
Nordhorn Almelo Kanaal
N349
124

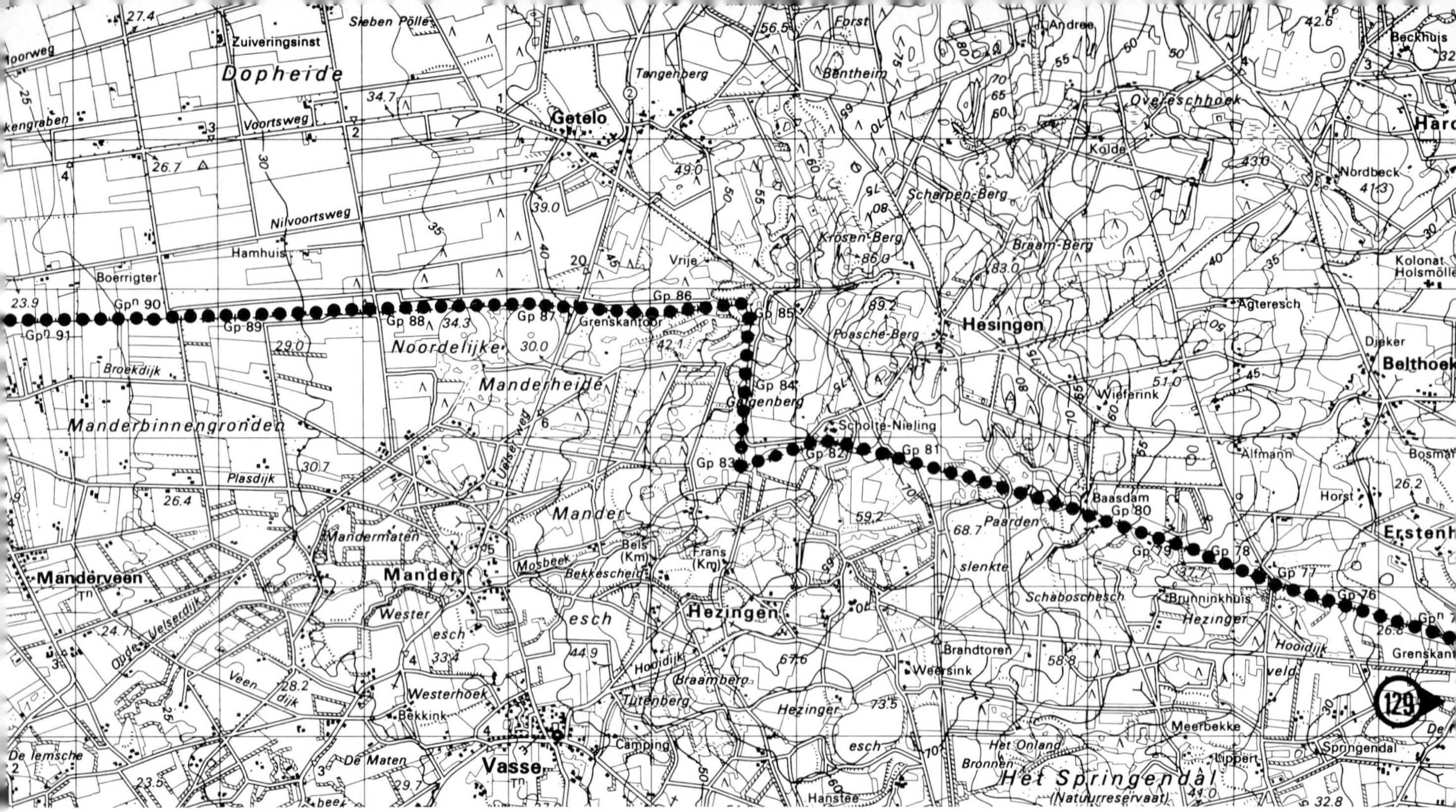
Dopheide
Zuiveringsinst
Sieben Pölle
Forst
Andree
Beckhuis
Getelo
Tangenberg
Bentheim
Overeschhoek
Kolde
Nordbeck
Voortsweg
Nilvoortsweg
Scharpen-Berg
Krosen-Berg
Braam-Berg
Hamhuis
Boerrigter
Vrije
Kolonat Holsmölle
Agteresch
Gpn 90
Gpn 91
Gp 89
Gp 88
Gp 87
Gp 86
Gp 85
Grenskantoor
Noordelijke
Manderheide
Poasche-Berg
Hesingen
Djeker
Belthoek
Broekdijk
Manderbinnengronden
Gp 84
Galgenberg
Scholte-Nieling
Wieferink
Gp 83
Gp 82
Gp 81
Alfmann
Bosmar
Plasdijk
Uelserweg
Mander
Mandermaten
Baasdam
Gp 80
Horst
Paarden
Erstenh
Manderveen
Bels (Km)
Frans (Km)
Mosbeek
Bekkescheid
slenkte
Gp 79
Gp 78
Gp 77
Gp 76
Schaboschesch
Brunninkhuis
Hezinger
Oude Velserdijk
Wester
esch
Hezingen
Hooidijk
Grenskant
Brandtoren
Weersink
veld
Veen dijk
Westerhoek
Braamberg
Tutenberg
Bekkink
Hezinger
Meerbekke
129
De lemsche
De Maten
Vasse
Camping
esch
Het Onland
Bronnen
Lippert
Springendal
Het Springendal
(Natuurreservaat)
Hanstee
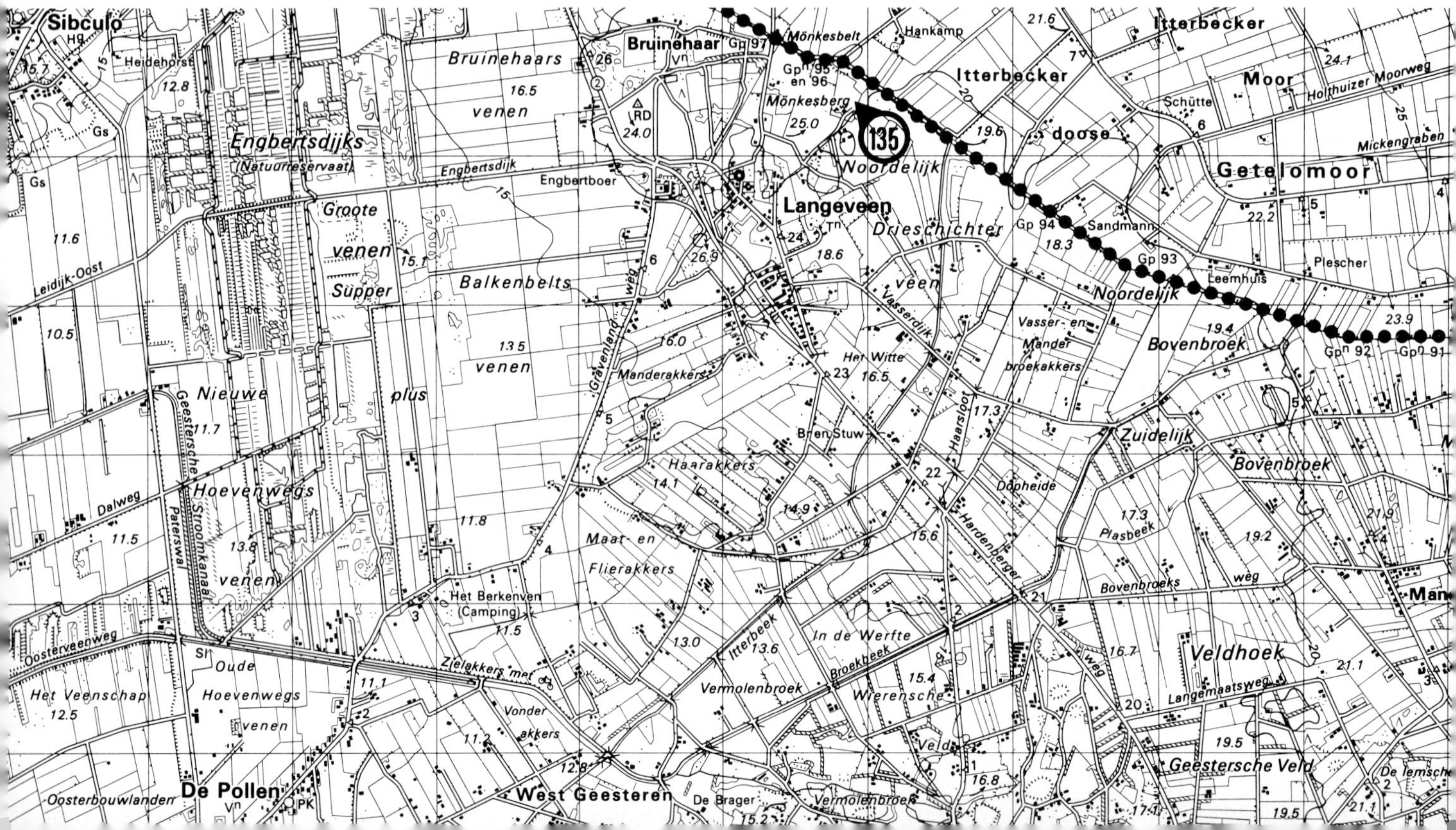
Sibculo
Heidehorst
Bruinehaars
Bruinehaar
Gp 97
Mönkesbelt
Hankamp
Itterbecker
venen
RD
Gpn 95 en 96
Mönkesberg
Itterbecker
Moor
Holthuizer Moorweg
Schütte
135
doose
Engbertsdijks
(Natuurreservaat)
Engbertsdijk
Engbertboer
Noordelijk
Mickengraben
Getelomoor
Langeveen
Drieschichter
Gp 94
Sandmann
Groote
venen
Süpper
Balkenbelts
Leidijk-Oost
Gp 93
Plescher
Leemhuis
veen
Noordelijk
Vasserdijk
Vasser- en Mander broekakkers
Bovenbroek
Gpn 92
Gpn 91
Gravenlandweg
Manderakkers
Het Witte
Nieuwe
plus
Geestersche Stroomkanaal
Hoevenwegs
venen
Haarakkers
Bren Stuw
Haarsloot
Zuidelijk
Bovenbroek
Dopheide
Dalweg
Paterswal
Maat- en
Flierakkers
Hardenberger
Plasbeek
Bovenbroeks weg
Het Berkenven (Camping)
Itterbeek
In de Werfte
Broekbeek
Veldhoek
Oosterveenweg
Oude
Hoevenwegs
venen
Zielakkers met
Vermolenbroek
Wierensche
Langemaatsweg
Het Veenschap
Vonder
akkers
Veld
Geestersche Veld
De lemsche
De Pollen
Oosterbouwlanden
PK
West Geesteren
De Brager
Vermolenbroek

Betrieb ihrer Landwirtschaft nötig ist, vorbehalten sein; daher können die Besitzer solcher Grundstücke Mist, Stroh, Streu und sonstigen Dünger für den Anbau ihrer Felder, so wie alle Sorten Feld-, Garten- und Baumfrüchte aus- und einführen, ohne daß sie irgendwelchen Rechten, sei es Ein- oder Ausfuhr, Transit oder dergleichen Belastungen unterworfen werden können. Sie brauchen bloß durch Zertifikate ihrer Ortsbehörden nachzuweisen, daß sie jenseits der Grenzen Eigentum besitzen und anbauen, dürfen sich aber den Besichtigungen und Durchsuchungen der Zöllner oder anderer zur Verhütung des Schwarzhandels gesetzlich angestellter Beamten nicht entziehen. Diese dagegen sind nur befugt, auf ihrem jeweiligem Gebiet Visitationen anzustellen." Diese Regelung stand dem Landwirtschaftsbetrieb an der Grenze nicht im Wege. Im Gegenteil, wie anderswo an der Grenze konnten die Bauern die besondere Situation zu ihrem eigenen Vorteil nutzen.

Daß Landesgrenzen aber auch Hindernisse sein können, sollten die deutschen Grenzbauern nach dem Zweiten Weltkrieg zu spüren bekommen. Diese Bauern wurden nicht nur durch die Unsicherheit über ihre Staatsbürgerschaft und durch die formal erst 1952 aufgehobene Räumung der Grenzzone getroffen. Vor allem wurden sie durch die Enteignung ihres Besitzes durch den niederländischen Staat geschädigt. Eine speziell errichtete niederländische Behörde verpachtete oder verkaufte diese konfiszierten Ländereien an niederländische Bauern. Nur deutsche Bauern, die nachweisen konnten, daß sie auf der Seite der Alliierten gekämpft hatten, wurden geschont. Um ihre politische Gesinnung festzustellen, sind jahrelang die sogenannten „Entfeindungsprozesse" geführt worden. In Bentheim erhielten 30 der insgesamt 104 betroffenen deutschen Grenzbauern Dispens. Eine höhere Rate als in anderen Grenzregionen.

Eine komplizierte Grenzziehung hat am Hof der Familie Lohuis am Grenzstein 69 stattgefunden. Seit dem Vertrag von Meppen aus dem Jahre 1824 verlief die Grenze hier mitten durch den Betrieb. Ein Teil des Wohnhauses sowie die Pferde, Kühe und Schweine standen in Deutschland. Beim Mittagessen saß ein Teil der Hausbewohner in Deutschland, während die anderen sich beim middagmaal in den Niederlanden befanden. Um dem Betrieb eine gesetzliche Grundlage zu ermöglichen, boten die Finanzbehörden Deutschlands und der Niederlanden schließlich eine Lösung an. Nach gemeinsamen Beratungen beschloß man, die Zollgrenze nicht mit der Reichsgrenze, die quer durch das Haus verlief, zusammenfallen zu lassen, sondern den gesamten Betrieb fiskalisch Deutschland zuzurechnen. Die Mitglieder der Familie Lohuis blieben allerdings niederländische Staatsbürger.

Im Gegensatz zu den deutschen Traktatbauern im Breklenkamp konnte Lohuis seinen Betrieb nach dem Zweiten Weltkrieg weiterführen. Dabei mußte er notgedrungen auf den niederländischen Absatzmarkt umsteigen. Die politischen Verwicklungen hatten aber traurige Folgen in der Privatsphäre. Obwohl der Bauernhof von alters her zur Kirchengemeinde Uelsen gehörte, war es 1948 nicht möglich, ein verstorbenes Familienmitglied auf dem Uelsener Friedhof zu begraben.

An den Grenzen gibt es mal Regen und mal Sonnenschein. Als sich die Situation nach 1952 erst einmal normalisiert hatte, blühte der Betrieb durch die Wiedereröffnung des deutschen Marktes auf. Das Leben an der Grenze fand wieder seinen gewohnten Gang. Letzten Endes hat die Region der Nation den Rang abgelaufen, so daß sich dort die Niederlande und Deutschland wieder halbwegs vermischen . . .

Der Braam-Berg

Der Traktathof Goudkamp liegt am Übergang zwischen dem Breklenkampschen Dinkeldal und dem Stauwall des Braamberges.

Auch auf dieser Moräne ist die Region von alters her immer stärker gewesen als die Nation. Dies läßt sich unter anderem an den Ortsnamen feststellen, die zu beiden Seiten der Grenze verwendet werden. Der Lokalhistoriker W. Dingeldein schrieb kurz nach dem Zweiten Weltkrieg, daß die Familien zu beiden Seiten der Grenze seit Menschengedenken durch Blutsbande miteinander verbunden waren und daß die Sprache, die im deutschen Gebiet gesprochen wurde, den Menschen aus Noord-Twente genauso vertraut in den Ohren klang wie ihre eigene Muttersprache.

Dies war schon in der Jungsteinzeit und in der Bronzezeit so: Auf der Moräne wird dies zu beiden Seiten der Grenze durch Grabhügel und Urnenfelder dokumentiert.

Der Grenzstein 73 steht auf dem Grundstück des Hofes Goudkamp. Drei Mauern einer Scheune grenzen an Deutschland, die Scheune selbst ist niederländisch. Sobald das kleine Gebäude verschwindet, wird dieser merkwürdige Winkel deutsches Territorium.

Vom Bauernhof Goudkamp an gewinnt die Moräne nach und nach an Höhe. Zu den höchsten Punkten an der Grenze gehören der niederländische Braamberg zwischen Vasse und Hezingen mit einer Höhe von etwa 75 Metern und der mehr als 80 Meter hohe deutsche Braam-Berg nördlich von Hesingen. Ab Grenzstein 88 läuft die Moräne in die ehemaligen Moorgebiete hinab. Im Norden der Grenze in der Höhe von Wilsum taucht die Moräne aus dem Stromtal der Vechte wieder auf und reicht südlich der Grenze bis etwa zum Kuiperberg bei Ootmarsum.

Diese Moräne bildet die Wasserscheide der Flußgebiete von Regge und Dinkel. Zwischen ihren höchsten Erhebungen liegt eine leicht hügelige Landschaft, die aus kargen, trockenen bis feuchten Flugsandinseln besteht. Diese Inseln sind von niedrig gelegenen und ursprünglich nassen Bachablagerungen umgeben.

Früher überwog in dem Gebiet an der Grenze die Heidelandschaft, heute gibt es hier hauptsächlich Wald. Vor allem auf deutscher Seite wurde das Land kultiviert, teilweise bis zur Grenze. Auf niederländischer Seite beschränkt sich die Landwirtschaft auf einige größere Feldmarken wie die von Mander und Vasse und auf direkt an den Bächen gelegene Böden. Desweiteren sind auf der niederländischen Seite einige interessante Naturgebiete zu finden. Südlich des Grenzsteins 76 liegt das Landgut Springendal (336 Hektar), Eigentum der Vereniging tot Behoud van Natuurmonumenten. Das Landgut ist ein wunderschönes Beispiel für die einmalige, abwechslungsreiche Landschaft Noordoost-Twentes. Nicht weit von hier, in der Nähe des Grenzsteins 83 und des Galgenbergs, befindet sich das 78 Hektar große Tal des Mosbeeks, botanisch ein sehr wertvoller Schatz der „Stichting Het Overijssels Landschap“.

Eine solche Umgebung verdient die Aufmerksamkeit des naturliebenden Wanderers. Nicht weit vor dem Grenzstein 81 werden daher in einem kleinen alten Bauernhof einfache Schnitzereien verkauft, vor allem Spazierstöcke. Am

Grenzstein 80 steht ein Campingbauernhof mit dem passenden Namen „De Grens"; einen hübschen Zeltplatz beim Bauern findet man beim Grenzstein 81. Auch gibt es hier den Euregioweg, der Teil einer Langstrecken-Wanderroute ist. Ein Schild zeigt an: „Emmerich 190 km".

Alle Aktivitäten der Naturschützer und Wanderer lassen nicht darüber hinwegsehen, daß Austrocknung und Versaurung den Wäldern auf den kargen Böden schwere Schäden zufügen. Wochenendbewohner des oben genannten Campingplatzes sprachen von Verlusten, die vor allem in den achtziger Jahren überdeutlich waren.

Nachdem man einige Hügelgräber hinter sich gelassen hat, sieht man am Grenzstein 87 zwei mysteriöse, kreisförmige Grundstücke liegen, die landwirtschaftlich genutzt werden. Die beiden je elf Hektar großen Kartoffeläcker sind teilweise von Wacholdersträuchern umsäumt. Ein argloser Passant könnte denken, daß diese Kreise wie die Hügelgräber aus der Steinzeit stammen. Sie sind jedoch als Janninkkreise bekannt und stammmen aus den dreißiger Jahren dieses Jahrhunderts. Der Textilfabrikant Jannink aus Enschede nahm die Erschließung der Heide nach modernen – man sagt amerikanischen – Erkenntnissen vor. Durch die agrarische Nutzung sind diese Böden allmählich nährstoffreicher geworden. Die Stichting Het Overijssels Landschap hat dieses Terrain aufgekauft und will es in den ursprünglichen Zustand der Heidelandschaft zurückversetzen. Es wird dabei nicht leicht sein, der Anreicherung des Bodens durch den sauren Regen entgegenzuwirken.

Am Grenzstein 88 zeigt sich die Landschaft völlig verändert: Bioindustrie, Wiesen und Äcker, so weit das Auge über den leicht abfallenden Hang der Moräne reicht. Mitten in diesem Gebiet intensiver Viehzucht gewinnt die Overijsseler Wasserwerksgesellschaft Trinkwasser. Auffallend sind außerdem die unterschiedlichen Formen der Kultivierung zu beiden Seiten der Grenze. Links eine streifenförmige, ziemlich unregelmäßige Feldeinteilung, rechts eine blockförmige Einteilung in größere Parzellen. Bäche, die dicht hinter der Grenze in Deutschland entspringen, kreuzen die Grenze. Wegen des verhältnismäßig großen Gefälles haben sie sich tief eingeschnitten, einige scheinen ausgetrocknet zu sein. Einige an der Grenze gelegene Auffänger für Sand sind zu kleinen, von Grün umgebenen Oasen geworden. Ein Spaziergänger hat, so scheint es auf den ersten Blick, hinter dem Grenzpfahl 88 nichts verloren.

Wege über die Grenze

Auf der Höhe von Bruinehaar (Grenzstein 99) und zwischen Kloosterhaar und Balderhaar (Grenzstein 102) befinden sich niedrigere Moränenwälle. Aber wie lange noch? Die Moräne zwischen Klooster- und Balderhaar wird nämlich im großen Stil abgegraben. Der Moränenwall zwischen Balderhaar und Wielen (Grenzstein 111) reicht übrigens bis an die Grenze. Unmittelbar an diese höhergelegene Landschaft schließt sich ein Gebiet an, das überwiegend aus kultiviertem Moorland besteht.

Die Moor- und Heidegebiete im Urstromtal der Vechte, zwischen Balderhaar und Coevorden, sind lange Zeit unberührt geblieben. Im Mittelalter begann man vom Westen aus mit der Torfgewinnung, weil das Waldgebiet als Brennstofflieferant nicht mehr ausreichte. Zuletzt begann man im Grenzgebiet. Durch die Erfindung des Kunstdüngers wurde die Kultivierung von Moor und Heide interessant.

Um 1800 wurde die endlose Wüste zwischen Ommen und Coevorden noch wie folgt beschrieben: „Die Heidepflanze und einige Moossorten waren die einzigen Pflanzen weit und breit. An Tieren fand man die Wasserschnecke vor, Wasserinsekten, Wasserhühner, Sumpfhühner und auf den trockenen Stellen vereinzelt einen Hasen. Kein menschliches Wesen besuchte die Gegend außer dem Jäger und einem Hirten, der dort, wo der Boden nicht zu versumpft war, seine Schafe weiden ließ. Denn die ganze weite Fläche war mit einer zwei bis fünf Ellen dicken Kruste überzogen und wie ein vollgesogener und übersättigter Schwamm mit Wasser gefüllt." Nur an wenigen Stellen in diesem Brachland waren ost-westlich gerichtete, durchgehende Wege möglich.

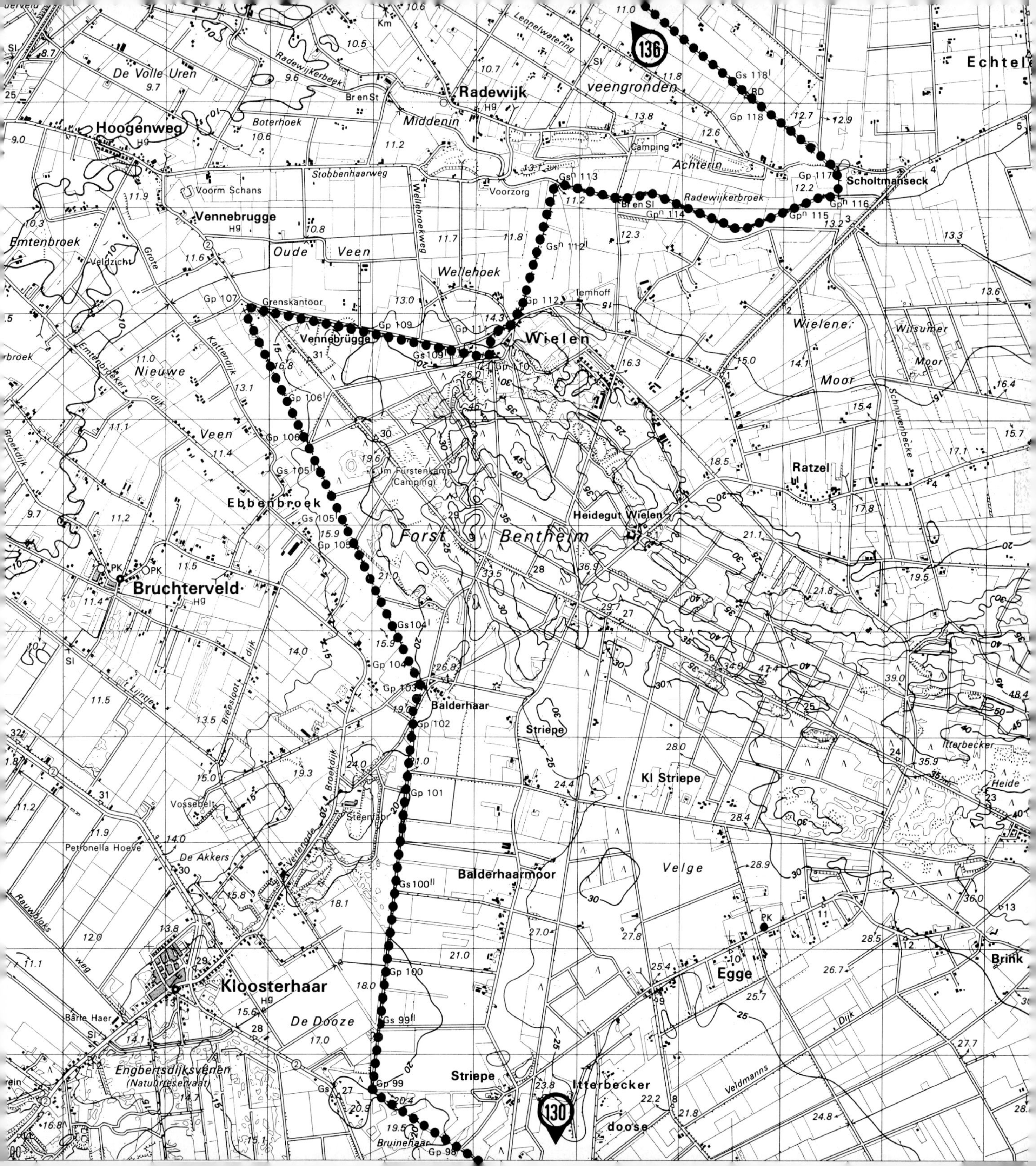

136
Echteler
Radewijk
veengronden
Hoogenweg
De Volle Uren
Radewijkerbeek
Lennelwatering
Boterhoek
Middenin
Camping
Achterin
Stobbenhaarweg
Voorm Schans
Voorzorg
Scholtmanseck
Radewijkerbroek
Vennebrugge
Oude Veen
Wellebroekweg
Wellehoek
Emtenbroek
Veldzicht
Grote
Grenskantoor
Temhoff
Wielen
Vennebrügge
Wielene
Wilsumer
Moor
Nieuwe
Kattendijk
Emtenbroeker dijk
Schnuvenbecke
Veen
Im Fürstenkamp (Camping)
Ratzel
Ebbenbroek
Heidegut Wielen
Forst Bentheim
Bruchterveld
Broekdijk
Balderhaar
Striepe
't Lijntje
Breeslootdijk
Itterbecker
Heide
Kl Striepe
Vossebelt
Broekdijk
Steenfabr
Petronella Hoeve
De Akkers
Vellenode
Balderhaarmoor
Velge
Rauwbloks weg
Brink
Egge
Kloosterhaar
Barte Haer
De Dooze
Engbertsdijksvenen (Natuurreservaat)
Striepe
Itterbecker doose
Veldmanns
Dijk
Bruinehaar
130

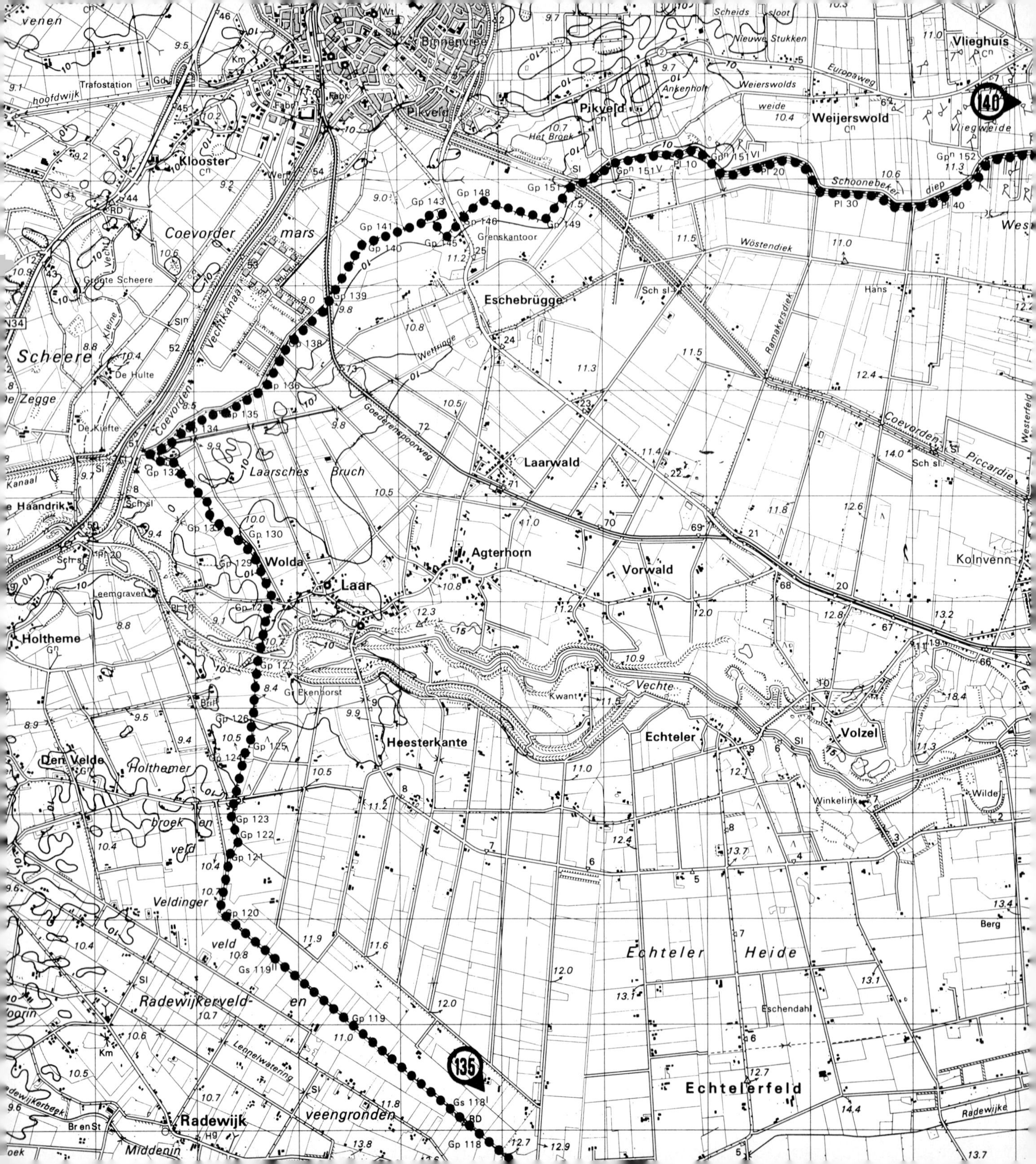

Coevorder mars
Klooster
Pikveld
Weijerswold
Vlieghuis
140
Schoonebeker diep
Grenskantoor
Eschebrügge
Scheere
De Hulte
Laarsches Bruch
Laarwald
Agterhorn
Vorwald
Wolda
Laar
Holtheme
Kolnvenn
Vechte
Echteler
Volzel
Heesterkante
Den Velde
Holthemer broek en veld
Veldinger veld
Radewijkerveld- en veengronden
Echteler Heide
Eschendahl
Echtelerfeld
Radewijk
135
Coevorden-Piccardie
Goederenspoorweg
Vechtkanaal
Europaweg
Wöstendiek
Ramakersdiek
Lennelwatering

Initiative und Kapital zur Erschließung kamen von holländischen und Groninger Unternehmern. Die Moorarbeiter stammten aus Friesland, Groningen, Hannover und aus dem Münsterland. Diesen Arbeitern – vielfach ohne ausreichenden finanziellen Spielraum und mit zu wenig Erfahrung, um die kultivierten Böden selbst nutzen zu können – folgte hinter der „Moorlinie" ein neuer Strom von Immigranten. Zu diesem Strom, der um 1890 die Niederungen in Kultur nahm, gehörten vor allem größere Bauern aus Groningen. Die Bauernhöfe, die sie im Groninger Stil anlegten, zeugen von ihrer Herkunft.

Wo die Hügel des Bentheimer Moränenwalles bis knapp über die Grenze reichen, steht der Grenzstein 99 am ehemaligen Landgoed de Bruinehaar. Auf diesem ehemaligen Dreiländereck zwischen Twente, Salland und Bentheim lag der teilweise noch bestehende Verbindungsweg zwischen der deutschen Bauernschaft Striepe und dem Kloster Sibculo. Der Weg führte teilweise durch Moore und hieß darum in den Niederlanden „de Zwarte Dijk". In Deutschland benutzte man den Namen Mönchsdeich und Strieperdeich. Dieses Dreiländereck befand sich in den Jahren 1770–1779 etwa 200 Meter weiter westlich am Zwarte Dijk. Bei der am 30. August 1770 geschlossenen Vereinbarung zur Festlegung des Grenzverlaufs wurde dies von den Herrlichkeiten Almelo und Vriezenveen und von der Drostei Salland sicherheitshalber beschlossen. Ein Bauer aus Striepe hatte die Vertreter nämlich darauf hingewiesen, daß die Grenze an der bewußten Stelle nie richtig markiert worden war. Die Herren wollten auf keinen Fall einen Grenzstreit mit Bentheim riskieren und beschlossen, wozu der Bauer ihnen geraten hatte. 1779, als man nach Beratungen mit der Grafschaft Bentheim den exakten Verlauf der Grenze neu bestimmte, wurde das Dreiländereck endgültig wieder zurückverlegt.

Die Ortsnamen Vennebrugge und Vennebrügge (Grenzstein 107) deuten auf einen in der Vergangenheit wichtigen Weg durch das Moor. Der Weg aus der Richtung Hardenberg führte dort, wo heute das Dörfchen Hoogenweg liegt, über einen Sandrücken. Seine strategische Bedeutung wird durch die Vennebruggerschans unterstrichen, die einen Kilometer westlich von der Grenze entfernt am Weg liegt. Noch wichtiger war der Knotenpunkt von Wegen, der durch die Festung Coevorden und ihre Schanze Katshaar kontrolliert wurde. Die einzige nennenswerte Verbindung von Ommen nach Groningen fand dort Anschluß an die Strecke nach Münster.

Die Kultivierung der Moore hat praktisch alle Spuren der Pässe in der Landschaft verwischt. Nur einige Reste der Vennebruggerschans und der Katshaar sind übrig geblieben. Nur mit viel historischer Phantasie verweisen die enormen Munitionsdepots der niederländischen Armee zwischen den Grenzsteinen 136 und 138 noch auf die frühere militärische Bedeutung der Festung Coevorden.

Streit um das Schoonebeekerdiep

Östlich von Coevorden und Emlichheim stellt das Schoonebeekerdiep, auch als Grenzaa bekannt, die Grenze dar.

Der Vollständigkeit halber erwähnen wir den Betonturm am Grenzstein 153. Er stammt aus den fünfziger Jahren und wurde als Wachturm gebaut, um frühzeitig vor Luftangriffen warnen zu können. Der Turm versteckt sich heute in einem Wäldchen. Typischer ist die kleine Brücke über die Aa am Grenzstein 153,1, an der ein

einfaches, aber anschauliches Denkmal befestigt ist: zwei einfache Spaten als Andreaskreuz. Auch hier haben die Torfgewinnung und, noch tiefer, das Bohren nach Öl für die entsprechenden Auseinandersetzungen gesorgt.

Die Wiesen am Schoonebeekerdiep werden schon seit Jahrhunderten als Weidegründe genutzt. Die Siedlung Schoonebeek aus der Zeit vor 1800 bestand aus Westeinde, Middendorp und Oosteinde und gehörte zur Landschap Drenthe. Die Bauernhöfe dieser Ortschaften lagen auf Sandrücken, die das Tal des Schoonebeekerdieps vom Moor trennten. Durch eine besondere Parzelleneinteilung, die sogenannte „opstrekkende verkaveling", besaß jeder Bauernhof einen proportionalen Teil des Moores, der Sandgründe und der Wiesen. Die länglichen Parzellen, die auf diese Weise zustandekamen, sind noch heute im Feld zu erkennen. Die Höfe wurden gemischtwirtschaftlich betrieben.
Der östliche Teil des Gebietes von Schoonebeek, das ungefähr dem Gebiet des heutigen Dorfes Nieuw-Schoonebeek entspricht, war Markgenossenschaft. Dieses Gebiet bestand aus Wiesen und wurde jahrhundertelang für die Aufzucht hauptsächlich von Ochsen genutzt. Das Vieh und die Hirten übernachteten in Ochsenställen – sogenannten Buhen –, weil die Entfernung zum Dorf für den täglichen Weg zu groß war. Waren sie fettgemästet, trieb man die jungen Ochsen in kleinen Herden über Coevorden und Venebrugge auf den Herbstmarkt nach Köln.

Auf der Südseite des Dieps lagen die Bentheimer Dörfer Großringe und Kleinringe. Auch die Bauern von Großringe gründeten Buhen, im Gegensatz zu ihren Kleinringer Nachbarn, die näher an den Weidegründen wohnten. Auf einmal standen in den Gemeinschaftsgründen des Grenzgebietes 30 bis 40 solcher Ställe. Bis auf die Wilms' Boe sind heute alle verschwunden. Wilms' Buhe steht noch an ihrer ursprünglichen Stelle am Europaweg in Nieuw-Schoonebeek unweit des Grenzsteins 155. Eine weitere, Heckmans Boe, wurde als touristische Attraktion im Zentrum von Schoonebeek neu errichtet.

Neben den Wiesen wurde von Schoonebeek aus auch das im Norden gelegene Moor in die Kultivierungsmaßnahmen miteinbezogen. Hier boten die Ufer entlang der Moorbäche und -tümpel Weidemöglichkeiten. Es wird angenommen, daß die Schoonebeeker ihre am weitesten entfernten Brüche bereits um 1500 erschlossen hatten.

Daß dies nicht immer ohne Probleme vonstatten ging, beweisen neben dem Namen des Grenzgebietes, die Twist, auch die zahlreichen Konflikte, die die Schoonebeeker von 1600 an mit ihren deutschen Nachbarn hatten. Die Nutzungsrechte an den Weidegründen waren wegen allerlei alter und verworrener Forderungen der Grenzbewohner umstritten. Schließlich ging man um 1800 dazu über, dieses Land gemeinschaftlich zu beweiden, es kam zum sogenannten Compascuum.

Ab 1788 förderte die Regierung von Münster die Kolonisation des Grenzgebietes. In den Jahren 1809 und 1810 siedelten sich die ersten Kolonisten aus Hannover und Münster in den Gemeinschaftsgründen Schoonebeeks an und gründeten so Nieuw-Schoonebeek. Diese Hollandgänger waren katholisch und im Jahre 1849 bekannten sich schon 425 der 491 Bewohner von Nieuw-Schoonebeek zu diesem Glauben. In Oud-Schoonebeek gab es unter den 669 Bewohnern nur 15 Katholiken. Folgenschwerer als die Glaubensunterschiede war, daß die Kolonisten Ansprüche auf die gemeinschaftlichen Weidegründe erhoben. Neue Konflikte bestimmten die Tagesordnung. Im Grenzvertrag von Meppen wurde das Gemeindegut daher auf die beiden Länder aufgeteilt (Artikel 28): „Das in dem Grenzvergleich zwischen dem ehemaligen Münsterlande und den Niederlanden vom Jahre 1764 und 1784 näher bezeichnete compascuum im Twist, wird getheilt und soll die Theilungslinie des Compascui daselbst zugleich die Territorial-Grenzlinie bilden.“ Und im Absatz 8 des gleichen Artikels heißt es: „Nach geschehener Theilung des Compascui, soll es beiderseitigen Unterthanen untersagt seyn, ihr Vieh auf der andern Theil zu weiden zu lassen, oder durch denzelben zu treiben.“

Vor allem in der zweiten Hälfte des 19. Jahrhunderts ist das Grenzgebiet hinter Coevorden-Emlichheim zwecks Torfgewinnung verstärkt erschlossen worden. So wurde Coevorden 1860 durch den Coevorden-Vechtkanaal mit der Vecht in Overijssel verbunden und im Jahre 1883 mit der Siedlung Alte Piccardie. Zu dieser Siedlung hatte der Prediger Johann Piccardt aus Coevorden im Jahre 1613 den ersten Anstoß gegeben. Im Jahre 1892 konnte der Coevorden-Piccardie Kanal an den Süd-Nord-Kanal angeschlossen werden.

Diese Erschließungen und der dadurch möglich gewordene Abbau von Torf blieben für das Schoonebeekerdiep nicht ohne Folgen. Das Torfstechen führte zu großflächigen Bodenabsenkungen, was zu zahlreichen Überschwemmungen führte. Die Aa ist deshalb in den Jahren 1929 bis 1931 begradigt worden, um das Wasser schneller ableiten zu können.

Zur gleichen Zeit entdeckte man auf deutscher Seite der Grenzaa Öl, dessen Förderung rentabel erschien. 1943 wurde auch bei Schoonebeek ein Loch gebohrt, das aber nur einen geringfügigen Ertrag einbrachte. In der Nachkriegszeit waren Bohrungen lukrativer, und jahrlang förderte man zu beiden Seiten der Grenze Öl. Das Öl wurde (und wird) per Pipelines abtransportiert, das niederländische nach Rotterdam, das deutsche nach Emden.

Nach dem Zweiten Weltkrieg mußte Gerüchten entgegengetreten werden, nach denen das Öl unterirdisch aus den Niederlanden nach Deutschland floß. In Deutschland hegte man dagegen den Verdacht, daß deutsches Öl entwendet würde, indem man von den Niederlanden aus schräg bohren würde. Darum wurde im Jahre 1949 vertraglich vereinbart, daß die jeweiligen Bohrtürme mindestens 50 Meter von der Grenze entfernt stehen mußten.

Einer neueren Zeitungsmeldung zufolge verkauft die Nederlandse Aardolie Maatschappij (die niederländische Erdölgesellschaft) nun die Antriebsböcke ihrer Erdölpumpen. Nach der Demontage sollen sie nach Venezuela gebracht werden. Auch die texanischen Querelen um das

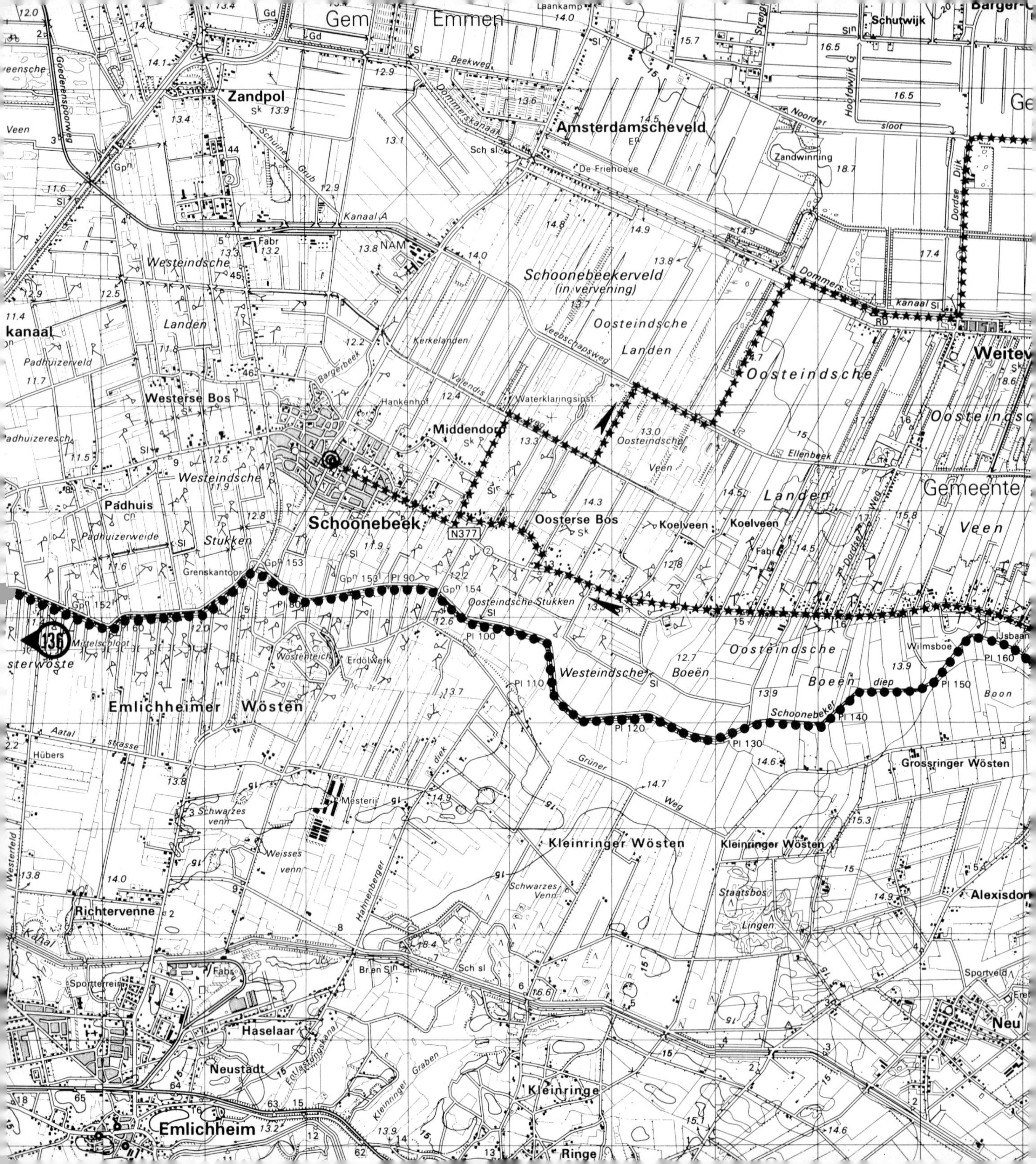
Gem Emmen
Zandpol
Amsterdamscheveld
Schutwijk
Westeindsche Landen
Schoonebeekerveld
(in vervening)
Oosteindsche Landen
Oosteindsche
Westerse Bos
Middendorp
Padhuis
Westeindsche Stukken
Schoonebeek
Oosterse Bos
Koelveen
Gemeente
Landen
Veen
Grenskantoor
Oosteindsche Stukken
Oosteindsche Boeën
Westeindsche Boeën
Emlichheimer Wösten
Grossringer Wösten
Kleinringer Wösten
Richtervenne
Alexisdorf
Haselaar
Neustadt
Kleinringe
Emlichheim
Ringe
136
N377
Dommerskanaal
Kanaal A
Zandwinning
Waterklaringsinst.
Schwarzes venn
Weisses venn
Mesterei
Staatsbos Lingen
Wilmsboer
IJsbaan
Sportveld
Sportterrein

143
Barger Oosterveen
Bargerveen
(Hoogveenreservaat)
Emmen
Verlengde Noordersloot
Brandtoren
Provinzial-
moor
Klein Fu
Amsterdamsche Veld
Süd-Nord-Kanal
Zuidersloot
Schoonebeeker
veld
Oosteindsche
Landen
(in vervening)
Schoonebeek
Rühlertwist
Sportveld
Schoonebeek
Middendorp
N377
Grenskantoor
Zuiveringsinst
Röckersdiek
Klein
Oosteindsche
Stukken
Nieuwe Sloot
Grenzaa
Twist
Sportveld
Neuringe
Alt Hesepertwist
Sportveld
Twister Aa
Hesepertwist
Adorf
Diek
Bathorner

Schoonebeekerdiep gehören damit definitiv der Vergangenheit an.

Das Naturmuseum

Noch vor einigen Jahrhunderten lag im deutsch-niederländischen Grenzgebiet das Bourtanger Moor. Die Hochmoore erstreckten sich in einem breiten Gürtel von der Grenzaa bis zum Bellingwolder Marschland. Das nährstoffarme Moor wuchs bis zu einigen Metern über den Meeresspiegel hinaus. Aus etwa 50 000 Hektar wassergesättigten, schwammartigen Deckschichten strömten von Zeit zu Zeit unkontrollierbare Wassermassen, die sich einen Weg zu niedriger gelegenen Regionen bahnten.

Die Sümpfe und die feuchten Hochmoore wurden wegen des Nebels und der Gase, die aus den faulenden Tümpeln aufstiegen, von Lebewesen gemieden. Man kann es sich nur schwer vorstellen, aber die größte Bedrohung für die letzten Reste des Bourtanger Moores stellt heute die Austrocknung dar.

Nirgendwo ist die trennende Auswirkung der Grenze so deutlich wie bei den Grenzübergängen Rühlertwist-Schoonebeek und Zwartemeer-Schöninghsdorf. Mal ist das Moor rechts, dann wieder links von der Grenze kultiviert worden. Hier und da hat man das Moor zu beiden Seiten abgegraben, so daß auf der Grenze eine zehn Meter breite und zwei bis fünf Meter hohe Erhebung liegt, die aus vertrocknetem Moor besteht.

Unaufhörlich hat man am Wasserspiegel gewerkelt, zuerst, um den enormen Energievorrat zu fördern. Torf war früher eine wichtige Energiequelle zum Kochen und Heizen, so wie es heute noch in Irland der Fall ist. Später erforderten die Ertragszahlen in der Landwirtschaft eine rigorose Wasserregulierung. Wie in Irland ist in den Moorkolonien die Kartoffel vorherrschend.

In dieser Gegend bietet nur ein einziges Naturgebiet vielen Pflanzen und Tieren die letzte Überlebenschance. Aber auch diese Naturgebiete sind kaum und nur mit Kunstgriffen vor der Austrocknung zu bewahren. Im Moorreservat Bargerveen erhalten Naturschützer die letzten Reste des Hochmoores in musealer Weise. Um den Wachstumsprozeß des Moores wieder in Gang zu bringen, sind Wasserbecken und ein umfangreiches System aus Stau- und Moordeichen angelegt worden. Es ist von größter Bedeutung, daß das Regenwasser optimal zurückgehalten wird, denn das Hochmoor braucht zum Wachsen nährstoffarmes Wasser. Vor Ort wartet man stolz mit der Nachricht auf, daß die ersten Ergebnisse bereits zu verzeichnen sind. Das Hochmoor lebt wieder! Der Erhalt und das Wachstum des Hochmoores sind damit jedoch noch nicht gesichert. Für eine endgültige Sicherung ist eine Pufferzone im angrenzenden Deutschland nötig. Diese Zone muß mindestens einige hundert Meter breit sein. An der Stelle, die für diese Zone in Frage kommt, ist das Moor allerdings schon abgegraben worden. Indem man das Grundwasser dort so hoch wie möglich hält, kann das Grundwasser im Reservat bis in das Moor reichen. Dies reicht gerade, um das Moor am Leben zu halten.

Ein Problem ist jedoch, daß die deutschen Behörden wegen u. a. agrarischer Ansprüche in dieser Gegend an einer solchen Pufferzone nur wenig interessiert sind. Und wegen staatsrechtlicher Bedenken unternimmt der niederländische Staat keine Grundstücksaufkäufe im Ausland.

Besonders in Deutschland wird in der Grenzregion und auch anderswo noch viel Torf

147
141
Haar
Altharener
Fehndorf
Segbe
Foxel
Kanaal EE
Westelijke
Blokplaatsen
Oostelijke
Blokplaatsen
Oosterdiep
Brede Sloot
Zwartenbergerveen
Compascuum
Zwartenberger
Limietweg
Limietwijk
Lindloher
Moor
Catharina hoeve
Sch sl
Verlengde Oosterdiep
Runde
Berken rode veen
Uitzichttoren
't Oale Compas
(Veenmuseum)
Barger-Compascuum
Oosterveen
Lange Runde
Hoofdwijk III
Wesuwer
Moor
Mers bach
Wesuwermoor
Hebelermeer
Süd-Nord-Kanal
Ruimzicht
N37
Grenskantoor
Hoogeveensche Vaart
Verlengde
Zwartemeer
Beatrixhoeve
Sportpark
Hoge Veenkanal
Schöninghsdorf
Versener
Südliche Versener Moorschloot
Provinzialmoor
Gross
Meerwijk
Kamerlings wijk
Barger- Oosterveen
Hoge Weg
Gp 163 VII
Gp 163 VI
Gp 163 V
Gp 163 IV
Gp 163 III
Gp 163 II
Gs 163
Gs 162
Gp 161
Gs 160 XI
Gp 160 VI
enaveen
ienaveen-Noord

gestochen. Diese Förderung läuft mindestens solange weiter, bis die erteilten Konzessionen abgelaufen sind. Aus der Moorerde wird Torfstreu hergestellt, die im Gartenbau und in Privatgärten verwendet wird. Ein Teil des produzierten Torfs wird in die Niederlande transportiert, beispielsweise nach Klazienaveen, wo die NORIT-Fabrik ihn zu Aktivkohle verarbeitet. Diese Aktivkohle wird in Wasser- und Luftfiltern benutzt und dient der Pharmaindustrie als Rohstoff.

Einige Kilometer hinter dem geschützten Bargerveen liegt das Lindloher Moor (Grenzstein 163,2–163,5), eine scheußliche, öde Kulturlandschaft. Die Torfproduktion ist dort noch in vollem Gange. Auf der Erschließungsstraße, die direkt an der Grenze entlangläuft, sahen wir vollbeladene LKW's, unter anderem aus Deurne, in die Richtung des Grenzübergangs fahren. Deurne ist eine Stadt in der Nähe der geschützten Überbleibsel des Moorgebietes „de Peel", früher ein riesiges Heide- und Moorgebiet auf der Grenze der niederländischen Provinzen Limburg und Noord-Brabant.

In Barger-Compascuum und in Groß Hesepe zeigen das Museum 'T Aole Compas und das Emsland-Moormuseum, wie alles im Bourtanger Moor so weit hat kommen können. Und Deurne hat sein Museum Groote Peel.

Compascuum

Das Dorf Roswinkel auf der Höhe des Grenzsteins 168 gehört zu den älteren Siedlungen im Moor. Roswinkel liegt an der Südspitze des Westerwolder Sandgebietes. Südlich davon drang früher die Runde weit in das Moor vor. Die Weiden an diesem und an anderen Moorflüssen, sowie auch um das Hebeler- und das Zwartemeer herum, waren die Grundlage zur Nutzung des Moores. Roswinkel und die Eschdörfer Emmen und Barge waren durch schlecht begehbare Moordeiche und -wege mit diesen Weiden verbunden. Aber auch die Eschdörfer an der Ems nutzten diese Gründe. Schließlich kam man auch hier gegen Ende des 18. Jahrhunderts zu grenzüberschreitenden Gemeindegründen, hier Compascuum genannt.

Die 14 kleinen Dörfer, die im Jahre 1788 vom Fürst-Bischof von Münster als Augen an der Grenze im Moor gegründet wurden, waren Neurhede, Neudersum, Neusustrum, zweimal Twist, Schwartenpohl, Mühlengrabe, Neuversen, Tuntel, Hebelermeer, Rütenbrock, Hahnentange, Schwartenberg und Lindloh. Anders als in den angrenzenden niederländischen Moorkolonien war die Zusammensetzung der Bevölkerung hier homogen. Bei der ersten Kolonisationswelle verloste man insgesamt 249 Siedlungsplätze. Sie lagen so verstreut, daß jedes Dorf wenigstens über etwas Weideland verfügen konnte. Weil es aber nicht genug Weiden gab, war die Viehhaltung kaum möglich. Den Bauern blieb nur das Flämmen übrig. Dabei wurde die oberste Schicht des Moores abgebrannt, um anschließend Buchweizen darauf sähen zu können.

Im Gegensatz zur Twist (am Grenzstein 158) blieben die Gemeinschaftsgründe hier bei der Markierung der Grenze im Jahre 1824 vorläufig noch bestehen. Die Folge einer Teilung wäre schließlich nur gewesen, daß die niederländischen Wiesen an der Runde und ihrer Umgebung für die Eschdörfer an der Ems und für die Siedler an der Grenze verloren gegangen wären. Der Artikel 32 des Traktats von Meppen bestimmt daher: „Hinsichtlich des Compascui Westlich der Territorial-Linie, auf Niderländischem Gebiethe in der Gegend des Schwarzen und Hebeler

Meers belegen, worin die Hannoverschen Gemeinheiten Wesuwe und Versen, nach art. 5 des Convenants vom 11ten October 1784 mit ihren Kühen und Schafen bis an das Schwarze Meer zu weiden berechtigt sind, sowie in Betreff des Compascui in der gegend vom Grenzstein, zwischen dem Schwarzen- und Hebeler Meer, bis zum Steine am Schwarzenberge, in welchen des Hannoverschen Gemeinheiten Alten Haren, Ober- und Niederlangen, nach Art. 7 des obgedachten Convenants vom Jahre 1784, das Mitweiderecht für ihr Vieh, so wie solches daselbst stipulirt worden, bis an die Aa verblieben ist werden den benannten Hannoverschen Gemeinheiten diese in jenem Convenant stipulirten Gerechtsamen ferner vorbehalten, . . ."

Erst 1862 wurde das gemeinschaftliche Weideland aufgeteilt. Die deutschen Grenzbauern aus Schwartenberg und Hebelermeer wurden entschädigt und erhielten zum Ausgleich einen 450 Hektar großen Streifen niederländischen Hochmoores zwischen den Grenzsteinen 166 und 167. Im Zusammenhang mit dem Bau des Stads-Compascuumkanaals mußte 1878 mit den deutschen Eigentümern dieses Landes wiederum eine Regelung getroffen werden. Man vereinbarte, daß die Bauern nach der Abgrabung des Moores und nach Fertigstellung des Kanals die Niederungen zurückerhalten würden.

Im Norden des Bargerveens, von Zwartemeer bis hinter Emmer-Compascuum, kam die Kultivierung in der zweiten Hälfte des vorigen Jahrhunderts erst richtig in Gang, nachdem die Kanäle ein Stück in die Moore hinein durchgezogen worden waren. Aus dem Westen, aus den älteren Moorsiedlungen Frieslands, Overijssels und Drenthes, immigrierten Siedler über die Hoogeveensche Vaart und den Oranjekanaal. Aus dem Norden kamen Groninger über den Stadskanaal und über die verschiedenen Flußmündungen. Siedler und Bauer kamen auch aus dem Osten, aus dem Münsterland und Hannover. Außerdem ließ sich hier eine große Zahl Menschen nieder, für die das Leben anderswo zu schwer oder der Boden unter den Füßen zu heiß geworden war. Die Literatur spricht in diesem Zusammenhang von Desperado-Kolonien und gescheiterten Existenzen. Viele Menschen lebten bis zu Beginn dieses Jahrhunderts in Unterkünften, die nicht einmal als Hütten bezeichnet werden können. Sie bestanden oft aus Gras- und Heidesoden hinter einem Holzgiebel und standen an Orten, die vorläufig noch nicht für die Torfgewinnung vorgesehen waren.

Die Moorsiedlung Emmer-Compascuum wurde im Jahre 1879 gegründet. Die unterschiedliche Herkunft und das Wesen der Bevölkerung kamen in den fünf Kirchen zum Ausdruck, die nur eine Wegstunde voneinander entfernt lagen. Am Stads-Compascuumkanaal entstand neben der Siedlung Emmer-Compascuum und gegenüber Schwartenberg die Moorkolonie Munsterscheveld. Deutsche Moorbauern, von der wirtschaftlichen Not aus dem Emsland vertrieben, ließen sich am Kanal als Torfstecher nieder.

Weiter südlich gab es eine Zeit lang Zweifel über den Verlauf der Verlengde Hoogeveensche Vaart ab Nieuw-Amsterdam und Erica hin zum Süd-Nord-Kanal. Zwei Kilometer südlich von Zwartemeer wurde einstweilen eine Kirche gebaut, in der Erwartung, daß der Kanal geradlinig durchgezogen werden würde. Es kam anders, so daß diese Kirche etwas verloren in der Landschaft steht.

Vor dem Zweiten Weltkrieg war, wie oben bereits gesagt, das Land zwischen dem Stads-Compascuumkanaal und der Grenze größtenteils in deutschem Besitz. Die dazugehörigen Bauernhöfe standen in Schwartenberg auf der anderen Seite der Grenze. Auch dieses Land wurde nach 1945 vom niederländischen Staat beschlagnahmt und anschließend verpachtet oder verkauft. Die deutschen Bauern, die oft nicht mehr übrig behielten als ihr Haus und etwas Land, setzten alles in Bewegung, um ihr Eigentum zurückzuerhalten. Mindestens ein niederländischer Bauer, der konfisziertes Land gekauft hatte, mußte dieses an den früheren deutschen Eigentümer abtreten.

In Fehndorf ließen sich nach 1911 einige niederländische Siedler nieder. Die Art der Moorerschließung – die Einteilung durch Kanäle und Stichkanäle – gleicht denn auch der niederländischen Aufteilung und ist als solche auf den Karten noch deutlich zu erkennen.

Heute gibt es immer mehr niederländische Bauern, die in Deutschland Land hinzupachten.

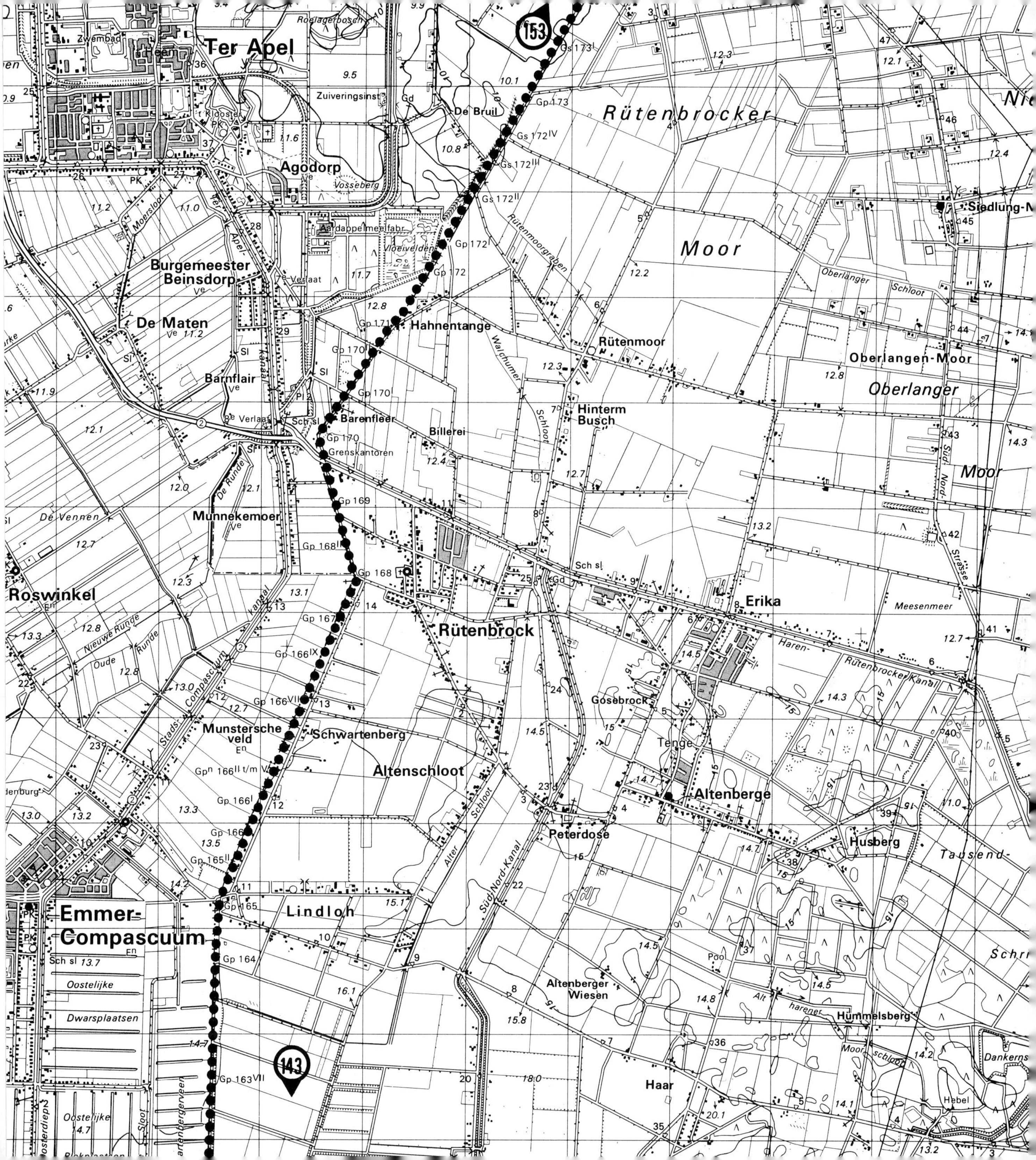

153
Ter Apel
Zwembad
Roelagerbosch
Zuiveringsinst
De Bruil
Agodorp
Vosseberg
Rütenbrocker
Moor
Aardappelmeelfabr
Vloeivelden
Burgemeester Beinsdorp
De Maten
Hahnentange
Rütenmoor
Rütenmoorgraben
Oberlanger Schloot
Oberlangen-Moor
Oberlanger
Moor
Siedlung-M
Barnflair
Barenfleer
Billerei
Hinterm Busch
Walchumer Schloot
Grenskantoren
Munnekemoer
De Runde
De Vennen
Roswinkel
Nieuwe Runde
Oude Runde
Rütenbrock
Erika
Meesenmeer
Haren-Rütenbrocker Kanal
Süd-Nord-Strasse
Stads-Compascuum kanaal
Munstersche veld
Schwartenberg
Altenschloot
Gosebrock
Tenge
Altenberge
Peterdose
Husberg
Tausend-
Alter Schloot
Süd-Nord-Kanal
Emmer-Compascuum
Lindloh
Oostelijke
Dwarsplaatsen
Altenberger Wiesen
Altharener Moorschloot
Hümmelsberg
Haar
Hebel
Dankerns
143

Letzen Endes verschwand das Moor. Bourtange, Hasseberg und die Grenzsteine stellen heute die einzige Verbindung zur früheren Landschaft her. Sie bieten weit und breit die einzigen Orientierungspunkte in der Landschaft der endlosen Öde.

Die Kultivierung durch die Moorkolonien im südöstlichen Drenthe Mitte des vorigen Jahrhunderts kann natürlich nicht isoliert für sich betrachtet werden. Bereits viel früher, im Jahre 1599, hat man in Groningen bei Pekel A systematisch Torf gestochen. Im 17. Jahrhundert wurden, hauptsächlich von der Stadt Groningen, große Teile des Bourtanger Moores entwässert und abgegraben. Nach der Festlegung der Provinzgrenze im Jahre 1815 – der schnurgeraden Semslinie zwischen dem Zuidlaardermeer und Ter Apel – kolonisierte Groningen das angrenzende Moorgebiet in der Provinz Drenthe.

Auch auf deutscher Seite der Grenze wurde im 17. Jahrhundert systematisch Torf gewonnen. 1633 wurde östlich der Ems die Moorkolonie Grossefeen gegründet. Dazu wurden etwa 400 Hektar in Erbpacht abgegeben. Auf diese Weise entstanden in Ostfriesland im selben Jahrhundert noch sechs weitere Moorsiedlungen mit einer Gesamtfläche von etwa 1000 Hektar. Im Unterschied zu Groningen haben sich die ostfriesischen Behörden nicht an der Kultivierung des Moores beteiligt, so daß das Ausmaß der Vermoorungen dort, im Vergleich zu Groningen und Drenthe, gering geblieben ist. Die deutsche Torfgewinnung war außerdem weniger ergiebig. Galt auf niederländischer Seite eine Torfschicht von fünf Metern als normal, war hier nur eine Lage von drei Metern zu erwarten.

Die Torfgewinnung in Ostfriesland reichte schon vor 1744 längst nicht mehr aus, um den eigenen Bedarf decken zu können. Papenburg baute das einzige norddeutsche Moor ab, das im 17. und 18. Jahrhundert Torf für den Export erbrachte.

Die Kultivierungen führten zur Austrocknung des Moores. Aus diesem Grund und um den Erschließungsdrang an der Grenze zu bremsen, ergriff der niederländische Staat gegen den Willen der ansässigen Bevölkerung eine Reihe von Maßnahmen. So hat man 1672 nördlich von Sellingen einen Damm als Engpaß in die Ruiten A eingebracht und einen Graben (die sogenannte Nieuwe Ruiten A oder auch Moddermansdiep) in Richtung des Forts Bourtange gezogen. So konnte man in Bourtange die Sümpfe unter Wasser setzen und die Umgebung des Forts überschwemmen lassen.

In Zusammenhang mit dem Fort Bourtange wurden Leitdeiche an der Grenze entlang angelegt. Diese Deiche sollten eine zu schnelle Entwässerung des Gebietes zwischen dem Deich und der Grenze verhindern. Auf der Höhe der Bewässerungsfelder der Kartoffelmehlfabrik in Ter Apel (Grenzstein 172) ist ein Teil eines solchen Deiches noch zu sehen. 1824 wurde dieser Leitdeich zum letzten Mal verstärkt. Die topographische Militärkarte aus dem Jahre 1842 verzeichnet beim Grenzstein 172 an diesem Leitdeich ein militärisches Wachhäuschen. Die Aufschüttung und Bewachung des Leitdeiches waren notwendig, weil die Siedler von Hahnentange und Rütenbrock die Entwässerung für ihr Land verbessern wollten. Die Leitdeiche standen dem jedoch im Wege und wurden darum manches Mal durchbrochen.

Ein weiterer Schritt, den die deutschen Siedler zur Verbesserung der Wasserabfuhr unternahmen, war die Verbreiterung der Alter Schlot, die bei Grenzstein 173,2 in die Oldensloot überging. Außerdem gruben sie einen großen

Wassergraben von der Alter Schlot dicht an der Grenze entlang in nördliche Richtung bis zum Lauder Hock (am Grenzstein 174). Überschüssiges Wasser floß daher sowohl über die Alter Schlot-Oldenschloot als auch bei Wessingtange über die Grenze. Dort verursachte das Wasser vor allem bei lang andauernden Regenfällen große Probleme.

Einen vergleichbaren Zustand gab es bei Neurhede und Bourtange. Die Bewohner von Neurhede hatten im vorigen Jahrhundert nördlich des Grenzsteins 179 bis zur Sandhöhe bei Abeltjeshuis einen Deich angelegt. Dieser Deich sollte das Land der Siedler schützen, indem er das überschüssige Wasser auf niederländisches Gebiet ableitete. Dagegen wurde das nördlich von Bourtange gelegene Rhederveld – das Deutschen gehörte – über das Alte Tief zur Ems hin entwässert. Das Alte Tief verlief etwa dort, wo jetzt auf niederländischem Gebiet die Rille liegt.

In beiden Fällen verletzten die Eingriffe den Grenzvertrag aus dem Jahre 1824.

Weitere Maßnahmen der Obrigkeit waren im Jahre 1694 die Verbote, Deiche durchzubrechen oder abzugraben, Wasser abzuleiten, das Flämmen des Moores und das Einsähen von Buchweizen, das Weiden von Vieh und das Anlegen von Pfaden und Wegen im Moor. Da diese Vorschriften nur in der Nähe der Grenze galten, hatten sie keinerlei Einfluß auf den aufkeimenden Kultivierungsdrang im übrigen Bourtanger Moor.

So war im Jahre 1824 die widersprüchliche Situation entstanden, daß sich militärische Ingenieure noch für die Instandhaltung dieser Moorlinie einsetzten, während das Hochmoor faktisch bereits weitgehend entwässert war. Mit den militärischen Interessen ging mit der Zeit auch das Moor an der Grenze verloren. So

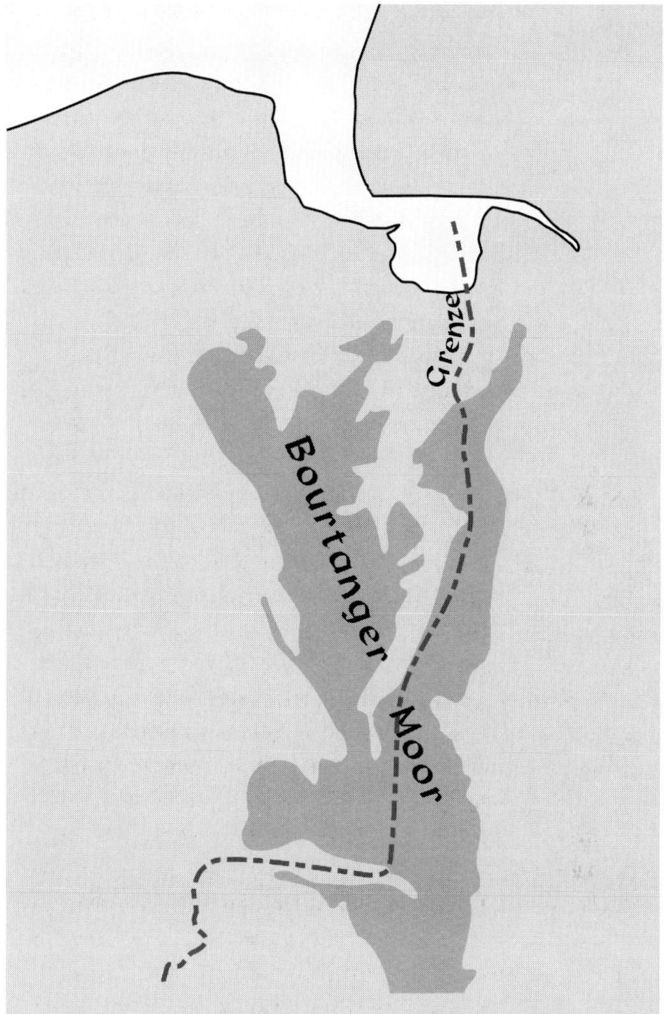

wurde der Damm in der Ruiten A bei Sellingen sehr bald entfernt. Die Kultivierung des Moores konnte nun zum Abschluß kommen.

Wie in Südost-Drenthe und Ost-Groningen lag das Gebiet zwischen der Ems und der Grenze lange Zeit isoliert. Die Eisenbahnen des Königreiches Hannover erreichten das östliche Ufer der Ems im Jahre 1856, und ab 1870 baute man

Kanäle. Am Ende des 19. Jahrhunderts wurden durch den Süd-Nord-Kanal (der bis zum Grenzstein 168 südlich von Ter Apel reicht) die Moorgebiete westlich der Ems erschlossen und entwässert. Der Landhunger der Emsländer Bevölkerung – seit langem eine der kinderreichsten Gruppen in Deutschland – steigerte sich nach dem Ersten Weltkrieg. Aus diesem Grund förderten die Behörden eine erneute Siedlungswelle, vor allem in dem Gebiet nördlich des Grenzsteins 168. Der Staat kaufte im Emsland zwischen 1925 und 1945 25 604 Hektar Moorgründe und Brachland auf.

Um die Nord-Süd-Straße zur Erschließung ab Groß Hesepe über Dutzende von Kilometern bis an Bourtange-Neurhede vorbei anzulegen und für die Ausführung der notwendigen Entwässerungsarbeiten wurde auch der Arbeitsdienst eingesetzt.

Die Nord-Süd-Straße ist weitmöglichst auf Sandrücken im Moor angelegt worden. Die Straße markiert eine Wasserscheide: Die Moore im Westen leiten ihr Wasser in Richtung Niederlande ab. Die Walchumer Schloot, die für die Ableitung überschüssigen deutschen Wassers sorgt, biegt beim Hasseberg in östliche Richtung ab und verläuft durch die Wasserscheide hindurch zur Ems.

Im Grenztraktat aus dem Jahre 1824 war festgelegt worden, daß sich innerhalb von 400 Metern Entfernung von der Grenze weder ein Weg noch ein Haus oder ein Baum befinden durfte. Diese Bestimmung ist an der Walchumer Schloot entlang der Grenze noch gut zu erkennen.

Auf die Erschließung der Grenzregion folgte die Kultivierung der Moorgründe. Die Strafgefangenen, die man hiermit beauftragt hatte, waren in dreizehn Baracken an der Nord-Süd-Straße (damals hieß sie noch Lagerstraße) untergebracht. Als später auch Homosexuelle und politische Gefangene hierher deportiert wurden, waren an den Arbeiten zeitweise 2000 Zwangsarbeiter beteiligt.

Nach 1945 erfuhr die Torfgewinnung großen Aufschwung. Aus deutscher Sicht wurde die schnelle Erschließung der Moor- und Heidegebiete damals lebensnotwendig, um die Existenz von 53 000 Flüchtlingen und Heimatlosen absichern zu können.

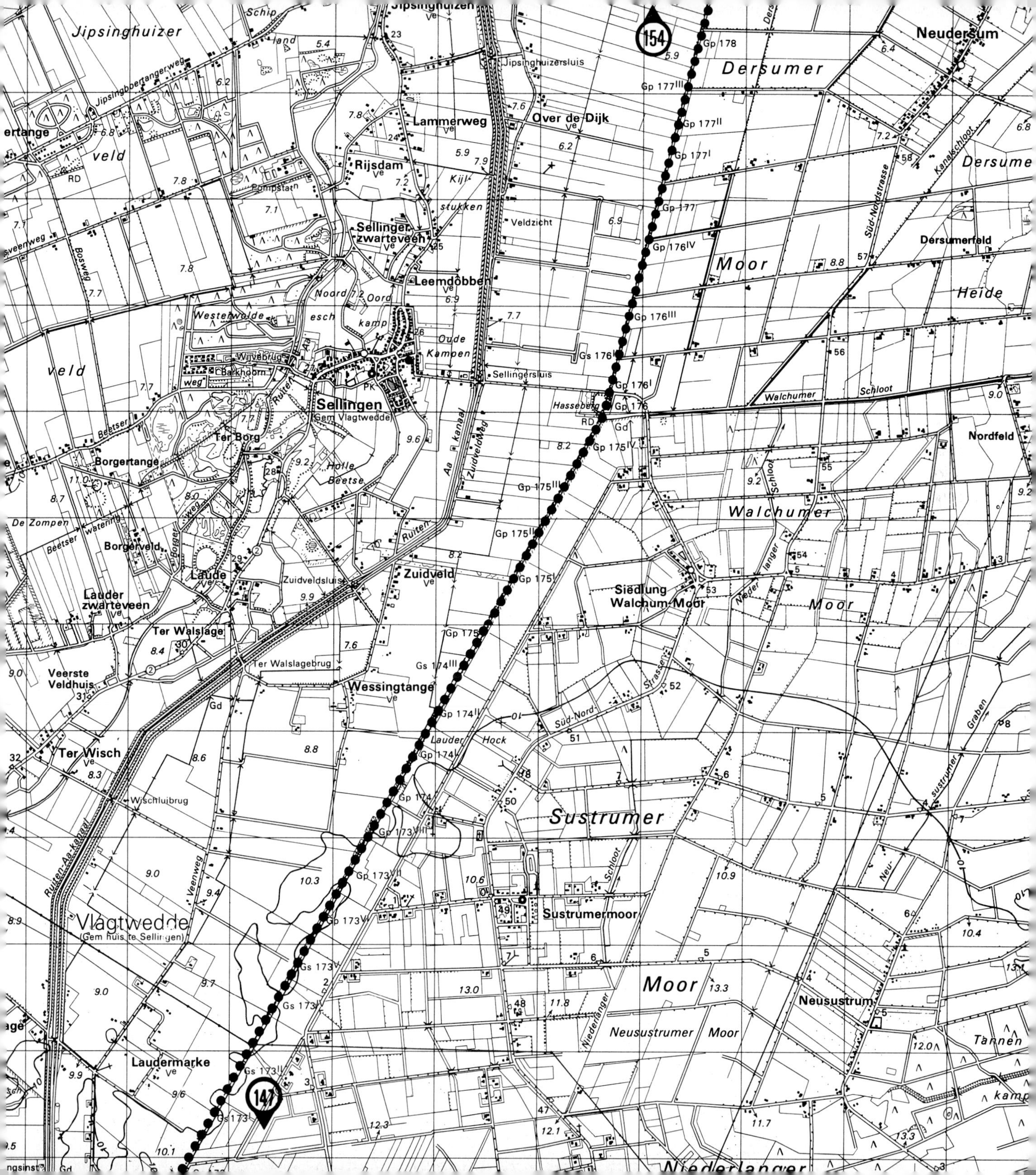

154
147
Jipsinghuizen
Jipsinghuizer
Jipsinghuizersluis
Neudersum
Dersumer
Dersumer Moor
Over de Dijk
Lammerweg
Rijsdam
Kijlstukken
Pompstat
Veldzicht
Sellinger zwarteveen
Leemdobben
Dersumerfeld
Heide
Westerwolde
Noord Oord esch kamp
Oude Kampen
Wilvebrug
Barkhoorn
Sellingersluis
Hasseberg
Walchumer Schloot
Sellingen
Gem Vlagtwedde
Ter Borg
Borgertange
Holle Beetse
Nordfeld
Walchumer Moor
Süd-Nordstrasse
Kanalschloot
De Zompen
Beetser watering
Borgerveld
Borgerweg
Laude
Zuidveld
Zuidveldsluis
Zuidveldweg
Aa kanaal
Ruiten
Siedlung Walchum-Moor
Lauder zwarteveen
Ter Walslage
Ter Walslagebrug
Veerste Veldhuis
Wessingtange
Süd-Nord-Strasse
Lauder Hock
Ter Wisch
Wischluibrug
Sustrumer
Sustrumer Graben
Sustrumer Schloot
Ruiten-Aa-kanaal
Veenweg
Vlagtwedde
(Gem huis te Sellingen)
Sustrumermoor
Moor
Neusustrum
Neusustrumer Moor
Niederlanger
Laudermarke
Tannen
Niederlanger

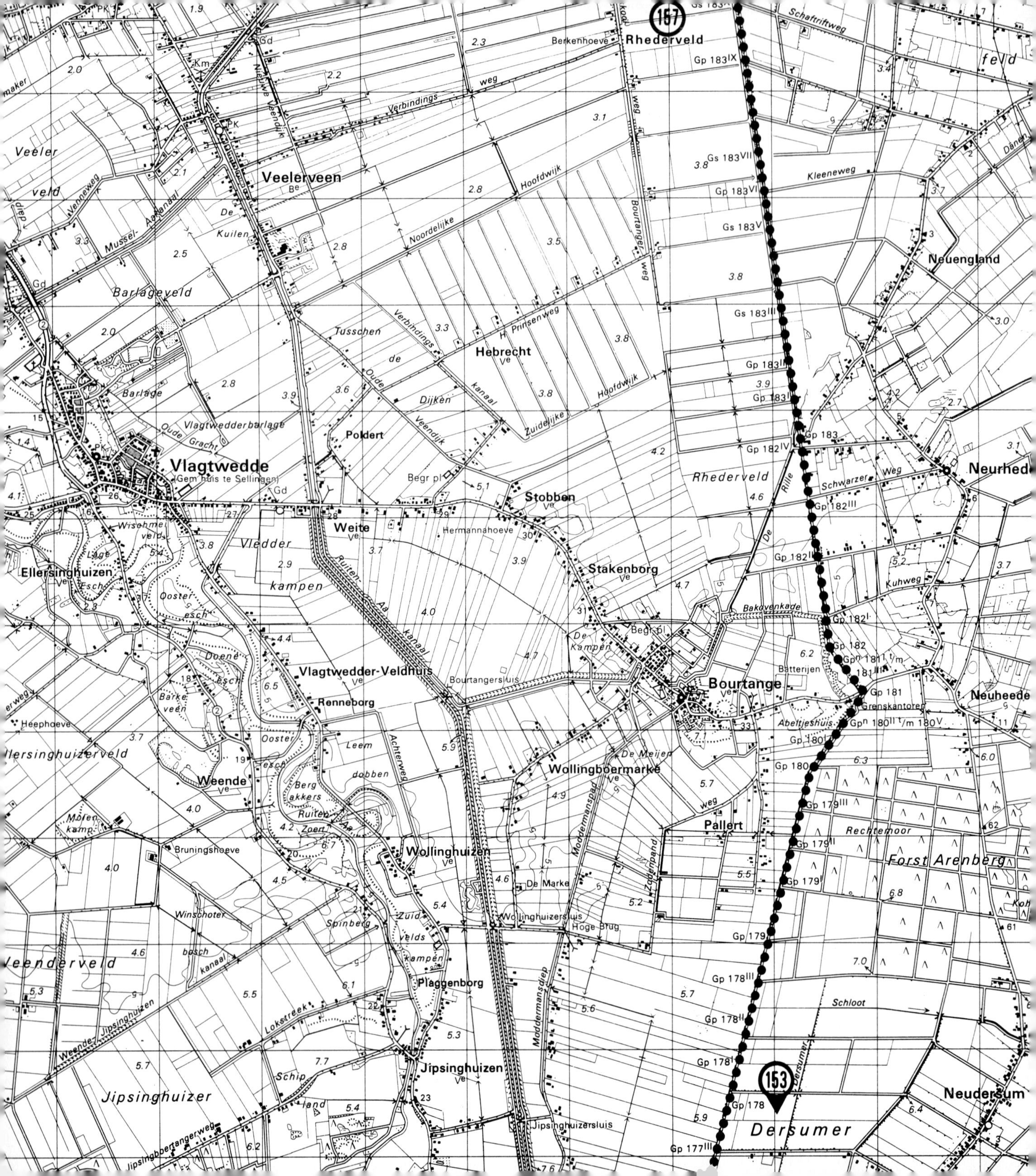
167
Rhederveld
Berkenhoeve
Schaftriftweg
feld
Veelerveen
Veeler
veld
Mussel-Aakanaal
De Kuilen
Verbindingsweg
Noordelijke
Hoofdwijk
Bourtanger weg
Kleeneweg
Neuengland
Barlageveld
Barlage
Tusschen de Oude Dijken
Verbindings kanaal
H. Prinsenweg
Hebrecht
Zuidelijke Hoofdwijk
Vlagtwedderbarlage
Oude Gracht
Poldert
Veendijk
Vlagtwedde
(Gem huis te Sellingen)
Rhederveld
De Rille
Schwarzer Weg
Neurhede
Stobben
Weite
Hermannahoeve
Wischmei veld
Ellersinghuizen
Lage Esch
Vledder kampen
Stakenborg
Kuhweg
Bakovenkade
Ruiten-Aa kanaal
Ooster esch
Doene esch
De Kampen
Batterijen
Bourtange
Grenskantoren
Abeltjeshuis
Neuheede
Vlagtwedder-Veldhuis
Bourtangersluis
Renneborg
Barke veen
Heephoeve
Ellersinghuizerveld
Leem dobben
Achterweg
De Meijen
Wollingboermarke
Weende
Berg akkers
Ruiten Aa
Zoert
Molen kamp
Pallert
Rechtemoor
Forst Arenberg
Bruningshoeve
Wollinghuizen
Moddermanspad
Zodenpad
De Marke
Winschoter bosch kanaal
Spinberg
Zuidvelds kampen
Wollinghuizersluis
Hoge Brug
Veenderveld
Plaggenborg
Moddermansdiep
Schloot
Lokstreek
Weende-Jipsinghuizen
Dersumer
Jipsinghuizen
Schip land
153
Neudersum
Jipsinghuizer
Jipsinghuizersluis
Jipsingboertangerweg

Die Moorsiedlungen entwickelten zu beiden Seiten der Grenze eine sehr einseitige und damit auch eine empfindliche Struktur. Die Strohpappe-Industrie ist bereits so gut wie verschwunden. Jetzt leidet die Region an der eigenen Kartoffelmüdigkeit. Durch die Preispolitik der Europäischen Gemeinschaft in der Person des irischen Kommissars für Landwirtschaft McSharry läßt sich mit dem Kartoffelanbau kaum noch Geld verdienen. Viele Bauern kapitulieren vor der Stillegungsregelung eben dieser Gemeinschaft. Trotzdem bedeutet diese Regelung für so manchen Bauern eine wichtige Einkommensquelle. Die Behörden suchen hartnäckig nach Mitteln, um die Region und die Landschaft erneut zu beleben. So untersucht die Provinz Groningen die Möglichkeit, zu Erholungszwecken einen 1000 Hektar großen See anzulegen und Wälder aufzuforsten. Man hat sich auch mit Planungen befaßt, nach denen die brachliegenden Flächen zu einem militärischen Übungsgelände erklärt werden sollten.

Auf deutscher Seite denken die Behörden vor allem an die Entwicklung des Hafens von Emden und an dessen Anbindung an das deutsche Hinterland über die Emslandlinie. Es ist noch fraglich, ob diese Emslandlinie einen spürbaren Beitrag zur regionalen Wirtschaft leisten kann. Doch ermöglicht sie einen sicheren Transport gefährlichen Chemiemülls (chlorierte Kohlenwasserstoffe, Dioxine, Schwermetalle usw.) aus dem Ruhrgebiet. Derartiger Müll wird schon heute in den ausgelaugten unterirdischen Salzstöcken des Emslandes gelagert.

Die Landschaft erscheint leer und sinnlos, der Hasseberg und die Festung Bourtange sind vorerst die einzigen Bojen. Der Hasseberg, ein 14 Meter hohes Überbleibsel des Moränenwalles, dient als Fluchthügel. Auf seiner niederländischen Seite liegt ein Getreidefeld, das von der staatlichen Forstverwaltung mehr verhätschelt denn bewirtschaftet wird. Irgendwann einmal ist hier ein merkwürdiges Saatgemisch aus Feld- und Wiesenkräutern ausgestreut worden.

Auf deutscher Seite beherbergte die frühere Zöllnerwohnung im Jahre 1990 eine kurdische Asylantenfamilie, die das Sozialamt dort untergebracht hatte.

Die Festung Bourtange ist völlig überholt und herausgeputzt worden. Wahrscheinlich ist sie das zukünftige Zentrum einer neuen Erholungslandschaft.

Land und Wasser am Dollart

Hinter der Stelle zwischen Rhede und Rhederbrug, wo die Grenze den Rhederweg/Zollstraße kreuzt, verändert sich die Landschaft zusehends. Zwischen dem B.L. Tijdenskanaal und der Grenze liegen längliche Streifen. Der Kanal folgt bis Bellingwolderveen dem Verlauf des früheren Leitdeichs. Auf deutscher Seite sind die Parzellen blockförmig angelegt. Hier und dort wird das Land auch heute noch erschlossen, wie im Rheder Moor auf der Höhe des Grenzsteins 185,4. Die Grenze liegt dort auf einem kilometerlangen Wall. Hinter Bellingwolde gibt es keine Moorsiedlungen mehr, Land und Wasser des Dollart kündigen sich an.

Jeder Rückgewinnung von Land im Dollart folgte eine mühsame Neubestimmung der Grenze.

Die Entstehung des Dollart und die Zeit davor ist trotz der umfangreichen Literatur, die es zu diesem Thema gibt, noch nicht restlos erforscht worden. Geologische und bodenkundliche Untersuchungen haben ergeben, daß das heutige

Gebiet der Marschen weit vor unserer Zeitrechnung aus Moor und stellenweise auch aus Sandhügeln bestanden haben muß.

Der Emsmund ist in relativ kurzer Zeit gegen Ende des 15. und zu Anfang des 16. Jahrhunderts entstanden. Einige Ortschaften, sowohl auf den Warften als auch im Moorgebiet, machten Bekanntschaft mit der „dollen Art“ des Dollart. Im Untergrund liegen noch die Reste dieser Dörfer. Der wohl bedeutendste Ort im versunkenen Land war Torum. Es lag im heutigen Dollart südlich der deutschen Hafenstadt Emden. Torum war eine recht große Stadt mit zwei Kirchen und einem Wochenmarkt. Es wurden dort Münzen geschlagen, und in der Stadt hatten sich sage und schreibe acht Gold- und Silberschmiede niedergelassen. Die Stadt muß bis 1507 existiert haben.

Um 1545 war der Dollart am größten. Er war so weit ins Reiderland vorgedrungen, daß sich zwischen Winschoten und Blijham Ebbe und Flut abwechselten. Im Westen wurde der Dollart vom höher gelegenen Land aufgehalten; im Osten im Gebiet von Bellingwolde und Ostfriesland wütete er dafür umso mehr.

Trotzdem blieben dort einige Stellen festeren Untergrundes über Wasser. Dies war auch mit einem ausgedehnten Stück Land nordöstlich von Ulsda der Fall. Ulsda liegt zwischen Winschoten und Nieuweschans an der Westerwoldschen Aa. Die Grundstücke, die sich hier gegen den Dollart behaupten konnten, wurden Lange Akkeren genannt. Bei hoher Flut fanden dort Pferde, Kühe, Schafe und Schweine der Groninger und ostfriesischen Dörfer Bellingwolde, Wymeer und Boen eine gemeinsame Zuflucht.

Bereits 1545 legte die Stadt Groningen in der östlichen Dollartbucht den Oude Dijk über Booneschans an. Die Karte zeigt, wie der Dollart nach und nach zurückgedrängt worden ist. Durch den 1605 angelegten Deich wurden die Lange Akkeren und das alte Bonder Nyland gesichert. Gleichzeitig mit den aufeinanderfolgenden Eindeichungen – die nach Norden hin immer jüngeren Deiche existieren heute noch – ergab sich die Notwendigkeit, die Territorien Ostfrieslands und Groningens voneinander zu trennen. Von seiten des niederländischen Staates strebte man nach militärischer Sicherung der Grenze.

Die Umgebung von Oudeschans wurde durch die Eindeichung von gut 2000 Hektar Land trockengelegt. Nördlich davon lag ein breiter und ungesicherter Streifen Marschland am Dollart. Die Schanze von Bellingwolde lag auf dem alten Dollartdeich aus dem Jahre 1545. 1593 ist die Festungsanlage vom Grafen Willem Lodewijk van Nassau noch verstärkt worden. 1626 lagen die Schanze und die nahegelegene Bellingwolder

Koudehoek
Draaierij
Binnenlanden
Boven
landen
Oudeschans
Aalandsheem
Den Ham
Dünebroek
Mittelweg
Klostergut
Kloster Dünebroek
Heerenland
Wymeer
Uiterdijksweg
Pastorieweg
Westerwoldsche
Aa
Hamsterweg
Rigtersheert
Nieuwlandse
Weg
Grenshof
Grenskantoor
Brualer Schloot
Brualer
Moor
Bellingwolde
(Gem Bellingwedde)
Rigtersborg
De Lethe
Lethebrug
Moersloot
Veendijk
Langebrug
Veen
bouwten
Heemhof
Zwembad
Leidijksbrug
Vriescheloër
Zijldiep
Camping
Stroate
Veendiep
Boven
streek
Rhederbrug
Rheder
Dankenschloot
Eerste
Tweede
vennen
Bisschopsweg
Sluisweg
B.L. Tijdens
kanaal
Rhederweg
Bergweg
Bouwten
Loosterveen
Moor
Schwarzer
Weg
Kremershoeve
Vriescheloo
Wedderheide
Scheidings laan
Vereenigd of
Buiskool
Rhederveld
Berkenhoeve
Schaftriftweg
Rheder-
feld
Verbindings
weg
Nieuwe Veendijk
Veelerveen
Hoofdwijk
Kleeneweg
Gp 189
Gp 188
Gp 187
Gp 186
Gp 185
Gp 184
Gp 183
158
154

Coenraad polder
Drewsheerdt
Onnesheerd
Reiderwolderpolderdijk
Nieuwe Statenzijl
Boezemkanaal
Hoofdweg
Kwelderdijk
Stadspolder
Kl Ham
Egyptische Dijk
Buiten-Tjamme
Hongerige Wolf
Kostverloren
Oudedijk
Ganzedijk
Finsterwolderhamrik
Drieborg
Aardgas exportstation
Oude Statenzijl
Kroonpolder
Molen
Binnen-Tjamme
De Binnenlanden
Crueningenhof
Eberhards- Polder
Hardenberg
Mühlentief
Charlottenpolder
Nieuw-Beerta
Nieuwe Spitlanden
Oudezijl
Nieuweschans
Zwembad
Beersterhoogen
Grens kantoor
Uiterdijken
Hoofdweg
IJsbaan
Ulsderweg
Aadijk
Buiskool
N7
E35
Westerwoldsche Aa
Uiter dijken
Bunderneuland
De diep
Buitenlanden
Herstelling
Remkesheerd
Hamdijk
Booneschans
Vereenigd- of Blijdenskanaal
Grashaus Dünebroek
Wymeerer Sieltief
Hessentief
Oberlandtief
Ulsda
Reiderland
Klein-Ulsda
Bovenlanden
Klosterlandtief
Gem. Bellingwedde
(Gem. huis te Bellingwolde)
De Bult
Landschaft polder
Bunder Interessen polder
Süder-
Ditzum- Bunder-Sieltief
Heinitzpolder
Wymeerer Sieltief
Buiten-Aa
Nieuwe Buitengeul van Reiderland
161
157

Schleuse durch die Landgewinnung nicht mehr am Wasser. Infolgedessen hatten die sogenannten Flêche und Redoute (siehe Abb. S. 152) bei Bellingwolde (Grenzstein 187) einen großen Teil ihres Wertes eingebüßt.

Inzwischen war der Dreißigjährige Krieg (1618–1648) in vollem Gange. Als kaiserliche Truppen nach Ostfriesland einmarschierten und sich der Grenze näherten, hielten die Verbündeten Friesland sowie Stadt und Land Groningen die Zeit für gekommen, die gesamte Verteidigungslinie an der Ostgrenze bis zum Dollart gründlich zu verbessern. Man war sich darüber einig, daß nördlich von Bellingwolde und Booneschans neue Befestigungen zur Sicherung des oben genannten Marschlandstreifens notwendig seien.

Im Jahre 1628 stimmten die Generalstaaten dem Bau einer Schanze zu. Die Stadt Groningen hatte jedoch noch ihre eigenen Interessen und verhinderte, daß Booneschans eine richtige Festung wurde. Vielmehr trieb Groningen den Bau eines Forts auf den Lange Akkeren voran, die damals als höher gelegene Landzunge außerhalb des Dollarddijk lagen: die Festung Nieuweschans.

Beim Bau der Verteidigungsanlagen beschloß man, die Moersloot (oder Lethe) ab Bellingwolde nach Norden über Booneschans zum Dollartdeich hin zu verlängern, um so die Landesgrenze zu markieren. Außerdem wurde die Grenze zwischen Bellingwolde und dem ostfriesischen Teil des Reiderlandes mit Pfählen exakt markiert.

Es sollte noch bis 1636 dauern, bevor Graf Enno von Ostfriesland mit einer anderen Vereinbarung einverstanden war. Groningen zahlte ihm 16 000 Gulden, die unter anderem als Entschädigung für das wertvolle Deichvorland, die späteren Dollartpolder, gedacht waren.

1657 war das gesamte Gebiet südwestlich von Nieuweschans eingedeicht; Oudeschans und Booneschans wurden dadurch definitiv vom Meer getrennt.

Die Eindeichung erfolgte zu beiden Seiten der Grenze getrennt. Trotzdem war es notwendig, sich untereinander abzustimmen und zusammenzuarbeiten. Aus diesem Grund sind die Methoden der Eindeichung und die Entwicklung der Marschen über die Grenze hinweg nahezu identisch.

Nördlich von Nieuweschans suchte die Westerwoldsche Aa sich im Schlick des Dollart windend ihren Weg nach Norden. Als die Eindeichungen im 17. Jahrhundert auch dort fortgesetzt wurden, war es mehrfach nötig, die Abwasserschleuse nach Norden zu verlegen. Die Oude Statenzijl, zwei Kilometer nördlich von Nieuweschans, ist im Jahre 1707 erbaut worden. Bis zu jenem Zeitpunkt war die Aa die Grenze gewesen. An der Außenseite des Deiches der Oude Statenzijl wiederholte sich die Geschichte. Hier bog die Westerwolder Aa jedoch ein wenig nach Westen ab. Ostfriesland, für das diese

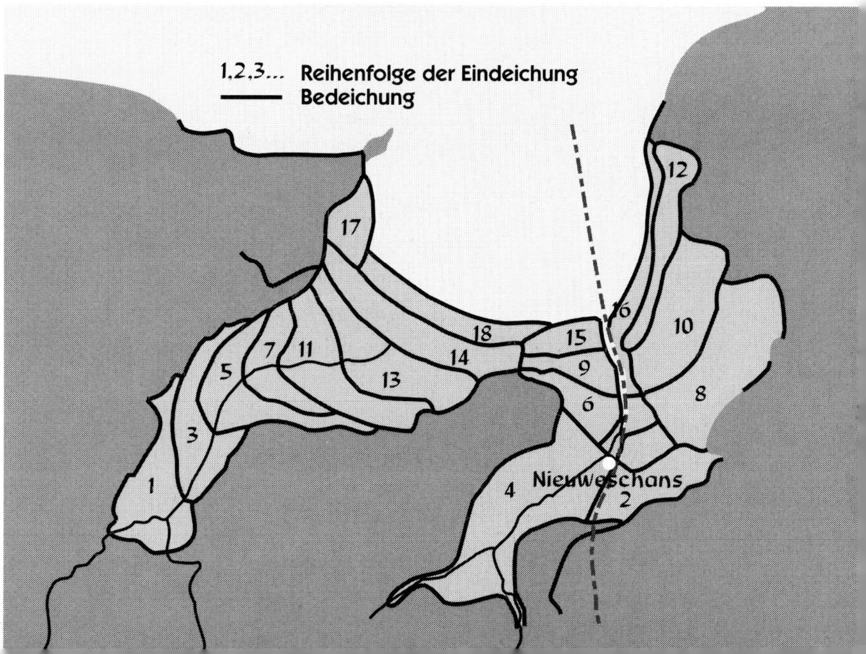

Abweichung vorteilhaft war, erhob Anspruch auf jede zukünftige Landgewinnung östlich der Aa. 1723 und 1738 wurden hierüber Regelungen getroffen, die einen Mittelweg beschritten.

Im Jahre 1874 kam es zu einer Neuregelung, die den Bau der Nieuwe Statenzijl im niederländischen Teil des Dollart festlegte. Auch sollte die Entwässerung des niederländischen Gebietes radikal von der des preußischen Gebietes getrennt werden. Desweiteren bestimmte diese Regelung eine genauere Grenzmarkierung auf einem Teilstück der Buiten-Aa, das durch den Bau der neuen Schleuse verlanden würde. Östlich der Nieuwe Statenzijl ist dadurch ein 8,25 Hektar kleines Stück niederländisches Gebiet entstanden. In den Jahren 1874 und 1877 wurden die letzten Eindeichungen fertig, nämlich der zweite Abschnitt des Reiderwolderpolders und der Kanalpolder.

1991 wurde die Schleuse durch einen Neubau ersetzt. Eine Freilichtausstellung stellt die Geschichte und Zukunft der Wasserwirtschaft dar.

Die schwer bewachte Wasserscheide, die mit so viel Vorbedacht zwischen die Polder Ostfrieslands und Groningens eingefügt worden ist, wird heutzutage auf mehrfache Weise überwunden. Im modernen Kurort von Nieuweschans baden vor allem deutsche Touristen im Luxus der vitalisierenden Wirkung des aus der Tiefe emporgepumpten Quellwassers.

Und am Fuße des Seedeiches entlang des Dollart versuchen Naturschützer, die Wanderwege des Otters teilweise wiederherzustellen. Über ein System sauberer und fischreicher Wasserwege sollen – zweifellos in ferner Zukunft – Otter aus dem östlichen Niedersachsen über das Emsland zu den Seen Groningens und Frieslands ziehen.

Größere Erfolgschancen werden jenen Naturschützern eingeräumt, die für ein grenzüberschreitendes Naturreservat im Dollart eintreten. Jetzt, wo dank der Ungewißheit über die Lage der Grenze aus der Hafenerweiterung in Emden nichts wird, kann die wertvolle Flußmündungszone gesichert werden.

Dem Seedeich vorgelagert liegt das Polderland, das sich wegen der Erdgasgewinnung langsam absenkt. Der Deich mußte wegen diesem Anstieg des Meeresspiegels vor kurzem erhöht werden. Oben am Deich steckt der Grenzstein 203,2 bis zur Spitze im Erdreich. Von dort aus markiert ein nagelneuer Zaun die Grenze, der nach Norden in Richtung Emden verläuft. Unterwegs verliert sich die Grenze in den Wellen des Dollarts.

Polder
Larrelter Polder
Städtischer Polder
Aussenhafen
Neuer Binnenhafen
Elektr Centrale
Gr Seeschleuse
Jarssumer Hafen
Hilmarsum
Jarssum
Borssumer Siel
Widdelsw
Vorhafen
Veer op Borkum
NAAR EMDEN
EMS
Geisesteert
Geise
Groote Gat
Hoogzand
Heringsplaat
Piksak
OLLARD
Maanplaat
Oude Geut
De Laagte
Hooge Plaat
Dwarsgat
Schanskerdiep
Oost Friesche Plaat
Bundefriet
158
Pogu
Sieltief
Wymeerer
Gr Ditzum Warper
Dyksterhuse
polder
Ditzumer hammrich
Kanalpolder
Heinitz
Tief

Ausflüge über die Grenze

Die deutsch-niederländische Grenzregion ist einen Besuch unbedingt wert. Neben der Natur, die man hier und da findet, der Ruhe und der schönen Landschaft bieten die Grenzregion und ihre Bewohner eine Menge interessanter Anknüpfungspunkte für einen kürzeren oder einen längeren Aufenthalt.

Im folgenden werden fünf Tagestouren beschrieben, gleichmäßig über die Grenzregion verteilt. Das Gebiet, durch das die jeweilige Tour führt, wird in einer Einleitung thematisch umrissen.

Anschließend wird die Strecke kurz charakterisiert.

Es folgt eine ausführliche Wegbeschreibung, die auch einiges Wissenswertes enthält.

Bis auf die erste Tour sind alle Strecken in den topographischen Karten dieses Buches verzeichnet. Die Karten sind in den entsprechenden Kapiteln zu finden.

Wir weisen darauf hin, daß die gebotenen Informationen im Laufe der Zeit überholt sein können. Dies gilt besonders für Telefonnummern und für die Abfahrtszeiten der öffentlichen Verkehrsmittel. Es ist daher empfehlenswert, wichtige Informationen vor der Abfahrt kurz zu überprüfen.

Die hier beschriebenen Strecken:

1 ***Grenzland im Aufbruch*** ist eine Autotour, die durch die Mineralienlandschaft zwischen Rhein und Maas führt.

2 ***Nachbar Natur*** ist eine Wanderstrecke über den Moränenwall zwischen Nijmegen und Kleve.

3 ***Anstelle Textil*** ist eine Wanderstrecke in der Textilregion Twentes und im westlichen Münsterland.

4 ***Entflammte Energielandschaft*** ist eine Erkundungstour der Twist mit dem Fahrrad.

5 ***Erholung ohne Grenzen*** ist eine Wanderstrecke durch das Land des Dollart.

Bei den Wegbeschreibungen werden die folgenden Abkürzungen verwendet:

R bedeutet **Rechts**
L bedeutet **Links**
G bedeutet **Geradeaus**
T-Ga bedeutet **T-Gabelung**
Y-Ga bedeutet **Y-Gabelung**
K bedeutet **Kreuzung zweier Wege**

1 Grenzland im Aufbruch

Ein Krieg wütet, auch wenn er niemals erklärt worden ist. Wie der Tod waltet er im Grenzland, eine Spur der Verwüstung hinter sich lassend. Dörfer verschwinden vom Erdboden. Inzwischen wurden bereits 30 000 deutsche Bürger unter Mitnahme ihrer Toten umgesiedelt.

Die Gruben sind zu groß, um sich darüber zu wundern; sie liegen jenseits jeder Verhältnismäßigkeit. Schaufelradbagger, der größte 220 Meter lang und 96 Meter hoch, graben sich ihren Weg durch fruchtbares Ackerland.

Innerhalb von 40 Jahren sind in Nordrhein-Westfalen 230 Quadratkilometer abgebaut worden, mindestens 130 weitere werden noch folgen. Die Braunkohle liegt in einer Tiefe von 150 bis 500 Metern. Sie wird im Tagebau in unvorstellbar großen und tiefen Gruben gewonnen. Zahlreiche Pumpen müssen diese Gruben trockenhalten. Jährlich pumpt die Firma Rheinbraun AG etwa eine Milliarde Kubikmeter Wasser weg. Der Grundwasserspiegel ist im weiten Umkreis – auch in den Niederlanden – um mehr als einen Meter abgesenkt worden, wodurch die grenzüberschreitenden Flüsse und Bäche weniger Wasser führen. Die Niers ist durch die Abgrabungen um einige Kilometer verkürzt worden.

Auch wenn die Kiesgruben an der Maas in Midden-Limburg nicht ganz so tief sind, findet auch hier ein Abbau in großem Stil statt. In einem Tempo von 100 Hektar pro Jahr entsteht hier ein touristisches Wassersportgebiet, das man eher in der Provinz Friesland erwarten würde. Auch die Kiesgruben sorgen in weitem Umkreis für Austrocknung.

Neben der Landwirtschaft und der Trinkwasserversorgung leidet vor allem die Natur ernsthaft unter dieser Austrocknung. Im grenzüberschreitenden Naturpark Maas-Schwalm-Nette, der mitten zwischen Braunkohlegruben und Kieslöchern liegt, können die Folgen katastrophal werden. Der Park genießt, unter anderem wegen seines einzigartigen Wasserhaushaltes, noch immer ein hohes internationales Ansehen.

Das Land Nordrhein-Westfalen hat der Rheinbraun AG kürzlich die Genehmigung erteilt, die Grube Garzweiler zu erweitern. Diese Konzession umfaßt nicht die 66 Quadratkilometer, die Rheinbraun gern haben wollte, sondern nur 48 Quadratkilometer. Mit dieser Einschränkung hofft man, die Austrocknung des Naturparks unter Kontrolle zu halten.

Schon heute muß in mehrere kleine Naturgebiete rund um die Braunkohlegruben fortwährend Wasser aufgepumpt werden. Diese Maßnahmen müssen wahrscheinlich 100 Jahre fortgesetzt werden.

Angesichts der Tatsache, daß die Wirklichkeit tiefgreifender ist, als diese Geschichte und die Zahlen vermuten lassen, darf Ihr Besuch nicht ausbleiben. Zum Wandern und Radfahren ist diese Mondlandschaft ungeeignet; ein solcher Abbau verlangt nach dem Auto.

Die Strecke ist etwa 80 km lang.

Die Strecke

Ab Jülich führt die Tour zur Braunkohlengrube Hambach I und von dort über die noch vorhandene Ortschaft Elsdorf zum Schloß Paffendorf, dem Informationszentrum der Rheinbraun AG.

Die Geisterfahrt führt uns an Kraftwerken vorbei, die mit Braunkohle betrieben werden, durch die noch abzubauende Konzession Garzweiler 2, durch das deutsche Zechengebiet und weiter über Autobahnen durch das Gebiet der touristischen Seen Midden-Limburgs. Die Tour endet am sympathischen Museum gegenüber der schönen St. Dionysuskirche von Asselt.

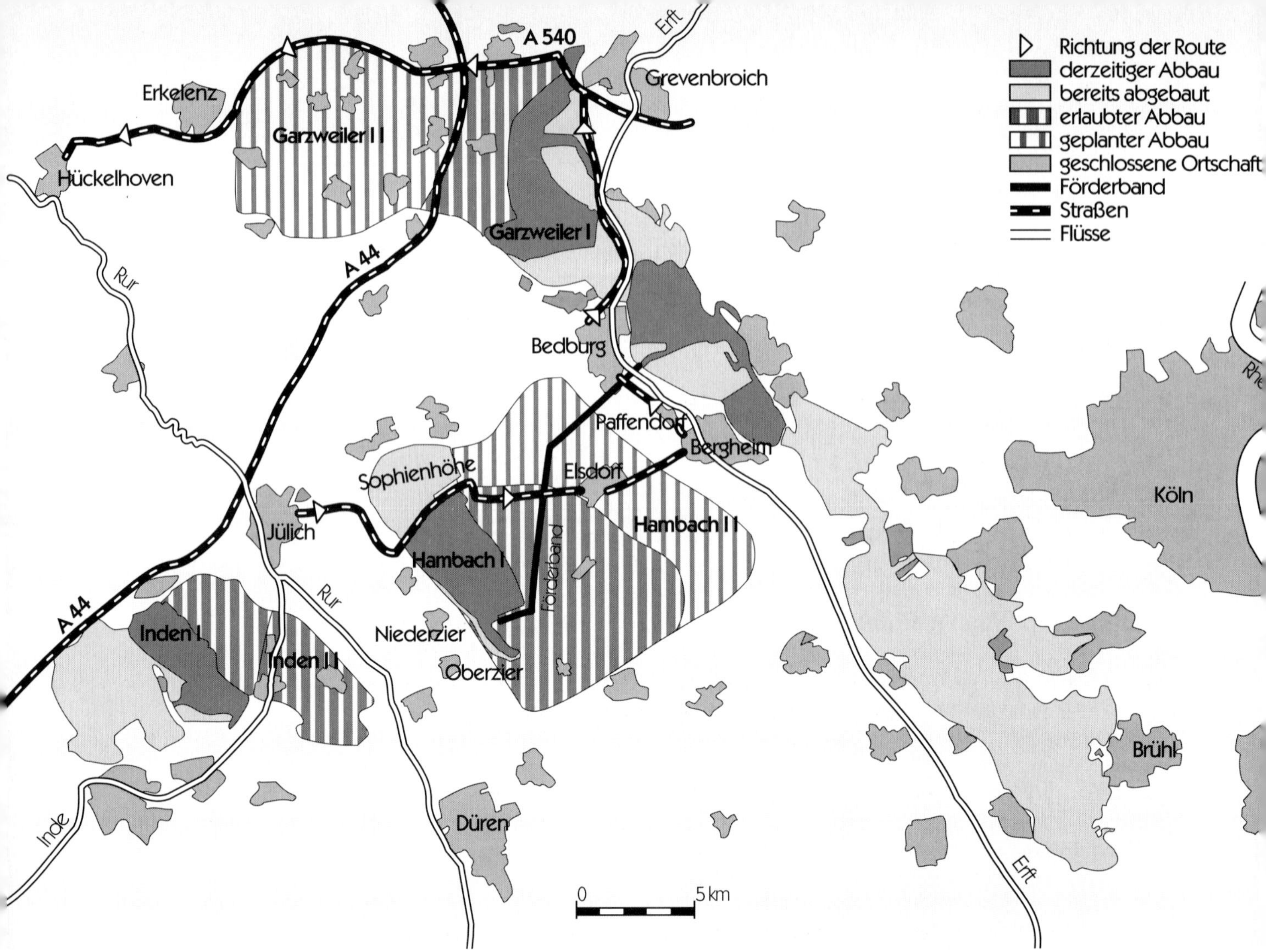

Die Adressenliste im Anhang des Buches nennt Ihnen die Öffnungszeiten des Informationszentrums und des Museums.

Anfahrt

Von Aachen aus ist der Startpunkt über die Autobahn BAB 44, Abfahrt Jülich/Koslar zu erreichen. Von Roermond aus: über die Straße Richtung Melick zur Grenze; von dort an Wassenberg vorbei nach Jülich.

Wegbeschreibung

- Startpunkt ist die Brücke über die Rur im Zentrum Jülichs bei der Gaststätte Haus Hesselman in der Großen Rurstraße.

- Es geht über die Rur und die Große Rurstraße entlang bis zum Straßenschild Römerstraße.

- R Richtung Niederzier/Welldorf/Stetternich.
  (Kurz hinter Jülich liegt auf der linken Seite das neue Lich-Steinstraß. Nur der Name erinnert noch an das Dörfchen, das der Braunkohlengrube Hambach I weichen mußte.)

- In Stetternich G, dann R abbiegen nach Niederzier/Aussichtspunkt Tagebau Hambach und anschließend L zum Aussichtspunkt.
  (Die zum Schutz gegen Verwehungen bepflanzte Sophienhöhe ist aus der Deckschicht der Braunkohlengrube aufgeschüttet worden. Zwischen der Sophienhöhe und der Grube steht eine Reihe von Pumpen zum Trockenhalten der Grube.
  Das Plateau am Aussichtspunkt gibt eine Vorstellung von den Ausmaßen des Loches und der Größe der Maschinen.)

- Beim Verlassen des Parkplatzes R, am Ende des Weges R und am nächsten Ende des Weges L nach Elsdorf.
  (Unterwegs überqueren Sie ein Förderband, das die Braunkohle von der Grube Hambach I direkt ins Kraftwerk transportiert. Nach den Plänen der Rheinbraun AG soll durch die Erweiterung von Hambach 2 die ganze Region bis hinter Elsdorf abgebaut werden.)

- In Elsdorf G über die Kölner-Aachener Straße nach Bergheim, dann L den Schildern folgend nach Paffendorf.

- In Paffendorf an der Kirche vorbei, R nach Schloß Paffendorf.
  (Nachdem Baron von dem Bongart 1958 wegen der Anlage der Braunkohlengrube Fortuna ausgezahlt worden ist, hat die Rheinbraun AG im Schloß ein Informationszentrum eingerichtet. Dort wird es peinlichst vermieden, das Publikum zu beunruhigen. In der Programmschrift der Rheinbraun wird angekündigt: „Ein buntes Programm mit 12 Konzerten ist vorgesehen und an 20 Sonntagen heißt es Leinwand frei für Filme bzw. Diaschauen über den Braunkohlenbergbau.“ Nach den ausschließlich in deutscher Sprache gehaltenen Broschüren zu urteilen, rechnet man (noch) nicht mit Besuchern aus den Niederlanden. Wenn im nahen Bergheim durch den Grundwasserentzug auch der Kirchturm wankt, so pflegt Rheinbraun im 7,5 Hektar großen Park um das Schloß – trotz aller Austrockung – ein Arboretum.)

- Vom Parkplatz am Schloß aus fahren Sie über die Burggasse bis zum Ende der Straße und hier R Richtung Bedburg.
  (Unterwegs überqueren sie zum zweiten Mal das Förderband, das von Hambach I aus Braunkohle zum Kraftwerk bringt.)

Das Geologische Museum von Kleve besitzt eine wertvolle geologische Sammlung. Der Schwanenturm bietet übrigens einen wunderschönen Ausblick über den Moränenwall und die Rheinebene.

Die Öffnungszeiten beider Museen sind in der Adressenliste im Anhang dieses Buches zu finden.

Beschrieben werden hier eine lange (über Kranenburg) und eine kurze Strecke. Die längere Strecke beträgt etwa 40 Kilometer, die kürzere etwa 35 Kilometer.

Ab Kleve fährt sechs mal täglich ein Bus nach Nijmegen. Der letzte Bus fährt um 18.22 Uhr ab (Sonntags 16.47 Uhr). Es ist auch möglich, mit dem Bus über Emmerich und dann per Zug über Arnhem nach Nijmegen zurückzukehren.

Auf halbem Wege, in der Umgebung von Groesbeek, gibt es mehrere Campingplätze und Hotels.

Anfahrt

Startpunkt ist das Naturmuseum Nijmegen an der Gerard Noodtstraat 21. Vom Hauptbahnhof Nijmegen aus ist das Naturmuseum ausgeschildert. Das Museum liegt in der Nähe des Stadtparkes Het Valkhof.

Wegbeschreibung (Karten S. 78, 79, 81)

- Start ist am Naturmuseum Nijmegen, Gerard Noodtstraat 21. Sie stehen mit dem Rücken zum Museum.

- R bis T-Ga, dann L.
  (Die Stadt Nijmegen tut unheimlich viel für die Natur. Noch kürzlich hat sie eine gewaltige Eiche, die andernorts im Weg stand, ausgegraben und per Sondertransport zum Valkhof gebracht, um sie dort einzupflanzen.)

- An der Ampel R, über die Straße, dem Fußweg folgen, ca. 25 Meter hinuntergehen und an der Ampel über den Zebrastreifen beim Denkmal „Eintracht schafft Macht“ zum Stadtpark Het Valkhof.

- Durch das Tor, G, L an der Ruine vorbei, dann R die Treppe hinunter.

- Unten in den Ubbergseweg gehen, Viadukt unterqueren, danach das Hollandsch-Duitsch gemaal (Pumpwerk) links liegen lassen und die Straße weiter G bis zur Vorfahrtstraße. Straße überqueren und L.
  (Die rot-weiße Markierung verweist auf LAW6, einen Langstreckenwanderweg, der in Hoek van Holland beginnt. Auf der Höhe des Wijlerbergmeeres an der deutsch-niederländischen Grenze hat diese Strecke Anschluß an die E8, die nach Wien führt.)

- Erste Straße R hinauf (Beekmansdalse Weg) und an der K L (Ubbergseveldweg). Wenn Sie dem Ubbergseveldweg konsequent folgen, kommt man an der Hogeschool Nijmegen vorbei. *(Gegenüber der Hochschule liegt ein alter, von einer prachtvollen Hecke umgebener Hochstammobstgarten. Viele Pflanzen und Tiere haben dort ein Unterkommen gefunden. Naturschützer bangen wegen des geplanten Wohnungsbaus um den Fortbestand des Obstgartens, der von einigen Freiwilligen mit viel Liebe gepflegt wird.)*

- Über den geklinkerten Weg (Holleweg) und an der Ampel L Richtung Berg en Dal; nach etwa 100 Metern L den Pfad hinunter und am asphaltierten Weg G (Berkenlaan, Verlängerung: Stollenbergweg).

- Dieser etwa 2 km langen Straße bis an die T-Ga folgen (Ende Stollenbergweg). *(Stollenbergweg 22–24 ist das alte Kutschenhaus „De Moerbei" (Maulbeere) des ehemaligen Landgutes Stollenberg. Ein Maulbeerbaum steht im Garten hinter dem Teich.)*

- R und den ersten Weg L (Molenbosweg) und nach 500 Metern G über den Kiesweg in den Wald. An einer Grube vorbei (auf der rechten Seite) L und 100 Meter vor der asphaltierten Straße R durch die Wiesen. Hinter den Wiesen L hinunter, am (behelfsmäßigen) Büro des Gemeentelijk Bosbeheer (kommunale Forstverwaltung) vorbei.

- An der T-Ga asphaltierte Straße R und nach Hausnummer 17, L auf den Radweg nach Groesbeek.

- T-Ga Ende Radweg wieder L und nach ca. einem Kilometer oben auf dem Berg (nach der Lichtung auf der linken Seite) R.

- Asphaltierte Straße überqueren (Nijmeegse Baan) und G über den Waldweg am Zaun entlang. *(Für private Jagdzwecke hält der Direktor des Medisch Centrum Dekkerswald innerhalb der Umzäunung eine Gruppe Wildschweine.)*

- T-Ga L Bahndamm entlang, erste Einmündung R und ersten Schienenstrang überqueren. *(Die Bahnlinie Kleve–Nijmegen wurde 1991 kurz nach Christi Himmelfahrt stillgelegt. Freiwillige des IVN Vereniging voor Natuur- en Milieueducatie (Vereinigung für Natur- und Umwelterziehung) entfernen regelmäßig wild wachsende Sträucher von der Böschung des Bahndammes. Vor allem Reptilien haben den Nutzen davon.)*

- Vor der Eisenbahnbrücke L, am Bahndamm entlang, dem Weg parallel zu den Schienen folgen. *(Das offene Gelände zur Linken heißt Mulderskop. Staatsbosbeheer (die Staatsforstverwaltung) versucht hier mit Hilfe der oben genannten Freiwilligen, die Heide – trotz Versauerung – durch Abbrennen und Sodenstechen zu retten. Der seltene Deutsche Brem wächst hier über die ganze Heide verstreut.)*

- An der asphaltierten Straße L.
  (Geplant ist, die Rijlaan für autofrei zu erklären. So würde zwischen den angrenzenden Naturgebieten ein besserer Zusammenhang entstehen.)

- Und sofort R hinauf zum Jagdschloß De Mookerheide.
  (J. Luden-van Heumen kaufte am Ende des vorigen Jahrhunderts die gesamte Mookerheide und baute ein Jagdschloß, „das die Faktoren einer unberührten Natur und der höchsten Künste in sich vereint". Wie die ehemalige Synagoge, in der sich das Naturmuseum Nijmegen befindet, ist auch das Jagdschloß von den Architekten Oscar und Henri Leeuw erbaut worden.
  J. Luden-van Heumen hatte seine eigenen Vorstellungen von der Natur. Er richtete ein Vogellaboratorium ein und steckte viel Zeit und Energie in die Erforschung der Methoden, um wissenschaftlich zu bestimmen, wann ein Vogel als nützlich bezeichnet werden kann und wann nicht.
  Am Schloß lag ein Teich, in dem er Seehunde hielt. Vom damaligen Bahnhof Molenhoek aus wurde über eine spezielle Schmalspurbahn regelmäßig frisches Meerwasser herangeschafft.
  Experten behaupten, daß der Park des Jagdschlosses, von dem heute insbesondere noch das Wegemuster zu erkennen ist, u. a. von dem in den Niederlanden berühmten Gartenarchitekten Springer entworfen worden ist.)

- Y-Ga vor dem Jagdschloß R und nach ca. 100 Metern R zum Waldweg, der hinter dem Schlagbaum in den Wald führt.
  (De Vereniging tot Behoud van Natuurmonumenten ist die größte und älteste private Naturschutzorganisation der Niederlande. Sie ist Eigentümerin der Mookerheide, der Heumense Schans und des Jagdschlosses. Sie strebt nach einer Verbesserung der natürlichen Werte in diesem Gebiet. Im Jagdschloß hat sich vor einigen Jahren ein renommiertes Hotel-Restaurant niedergelassen, im Wäldchen an der Frontseite des Gebäudes hat man 1991 den alten Wildkeller als „Fledermaushotel" eingerichtet. Um den Lebensraum der Fledermäuse zu verbessern, werden in den Wäldern die Bäume beringt.)

- An der asphaltierten Straße L hinter dem Gewächshaus entlang und hinter der Wiese R am Waldrand entlang hinunter, erster Waldweg L und an der Kreuzung im Wald R hinauf.
  (Rechts vom Weg hinter dem Gewächshaus hat man ein Becken angelegt. Der Untergrund ist so durchlässig, daß eine Schicht aus Kunststoff angebracht werden mußte.)

- Hinter der Wiese (auf der rechten Seite) L, dem Sandweg folgen und an der asphaltierten Straße R bis zur Vorfahrtstraße **(Vorsicht bei der Überquerung!).**
  (Gennep und Umgebung haben eine Zeit lang zu Kleve gehört. Gefangene wurden damals im Schwanenturm zu Kleve abgeurteilt. Auf dem Weg dorthin übernachtete man häufig im Zwaantje. Ein Wandgemälde im Café-Restaurant erinnert noch daran.)

- G (Bisseltsebaan) und nach ca. 1,5 Kilometer in der Kurve, bei der K am Ende des Waldes, L hinunter über den Sandweg nach Groesbeek.

(Wo heute große und eintönige Äcker liegen, wuchs zu Beginn dieses Jahrhunderts noch Wald. Spargel und Zierpflanzen sind beim heutigen Verbraucher beliebter als Heidelbeeren. Die Lerche singt immer in den höchsten Tönen.)

- K mit Knapheideweg, G auf den asphaltierten Weg.
  (Der Heemtuin de Ark – eine Sammlung heimischer Pflanzen – liegt links etwa 300 Meter entfernt am Knapheideweg.)

- Vorfahrtstraße R und nach 25 Metern L (Oude Drulse Weg).
  (Mit der Ausbreitung der Groesbeeker Neubaugebiete hat die Werkgroep Natuurbeheer Groesbeek ihr Naturentwicklungsprojekt Foeperpot gestartet. Indem das Gelände, das jetzt von Neubauten umgeben ist, feucht und nährstoffarm gehalten wird, hofft die Arbeitsgruppe, daß hier wieder Orchideen wachsen.)

- K (asphaltierte Straße) R und nach 50 Metern an der nächsten Kreuzung G an den Sportplätzen entlang.

- K wieder G (Ashorst); nach ca. einem Kilometer hinter dem letzten Haus, in der Kurve hinter dem Schlagbaum, liegt das Naturschutzgebiet De Bruuk.
  (Die morastigen Wiesen bilden ein Eldorado für den Pflanzenfreund, die hier vorkommenden Orchideen sind dessen Höhepunkt. Der höchste Punkt ist allerdings die ehemalige Müllkippe neben dem Reservat. Um De Bruuk – Restbestand eines ehedem viel größeren Gebietes – vor dem Verfall zu schützen, hat man den Müllberg in Plastik eingepackt.)

- K am Ende der geklinkerten Straße R und nach 100 Metern L. Im Kirchdorf De Horst an der zweiten Kreuzung R, an der Y-Ga wieder R.
  (Die Sandfänger, in die der Groesbeek und der Leigraaf einfließen, sollen Schlick im Herkunftsland absetzen. Das Auffangbecken soll in absehbarer Zukunft um einen Hektar vergrößert werden und Bestandteil einer internationalen, natürlichen Verbindungszone werden.
  Am Rand des Reichswaldes steht der Grenzstein 602.)

Die Strecke über Kranenburg

- Beim Schlagbaum am grünen Grenzübergang L, auf der asphaltierten Straße weiter am Reichswald vorbei und nach etwa einem Kilometer in der Kurve wieder L (Kreuzfurth).
  (Das kleine Waldgebiet bei Kreuzfurth ist vielfältig und abwechslungsreich. Wegen der Einschränkung des Autoverkehrs ist es ein besonders abgelegener Winkel.)

- Anschließend erste asphaltierte Straße R (Oliepann).
  (Der Groesbeek ist einer der wenigen Bäche, die von den Niederlanden nach Deutschland fließen.
  Am Bauernhof stand früher eine durch den Groesbeek angetriebene Wassermühle.)

- An K R, Y-Ga L über die Schienen, dem Weg folgen, parallel zur Bahnlinie und vorbei am ehemaligen Bahnhof Kranenburg.
  (In diesem Bahnhof befindet sich heute die Naturschutzstation Kranenburg. Regelmäßig gibt es hier Ausstellungen und werden Exkursionen organisiert.)

- Hinter dem Bahnhof über den Gleisübergang die Schienen überqueren und an T-Ga (asphaltierte Straße) L.

- Zweite Abfahrt R (In den Pferdeweiden), erster Weg R (Hesseltchen), Vorfahrtstraße L und K (Vorfahrtstraße) R hinauf (Galgensteg – Genneper Weg).
  (Auf der Kuppe des Brandenberges, etwa 100 Meter links vom Weg, ist ein alter Bunker als Bleibe für Fledermäuse eingerichtet worden. Die Fledermäuse leiden stark unter der intensiven Forst- und Landwirtschaft, die das Auffinden von Nahrung fast unmöglich machen.
  Auf halbem Wege zum Brandenberg hinunter liegt ein mit Draht geschützter Ameisenhaufen. Derartige Ameisenhaufen hat sich die Universität von Würzburg als Beitrag zur Gesundheit der Bäume ausgedacht.)

- Nach anderthalb Kilometern (Ende der asphaltierten Straße, an der Wohnung des Försters) L Richtung Frasselt und anschließend der Streckenbeschreibung ab dem Punkt ¥ der kurzen Strecke folgen.
  (Ein großes Problem, das auch dem Forstamt im Reichswald zu schaffen macht, ist der sich verschlechternde Gesundheitszustand der Bäume. Zwei Drittel des Baumbestandes sind von der Versauerung angegriffen. Am deutlichsten wird dies bei der Rotfichte. Als Notlösung streut man im Reichswald große Mengen Kalk.

Um die Luftverschmutzung aus den Niederlanden zu messen, steht im Garten des Forsthauses ein Container mit Meßgeräten.)

Die kurze Strecke

- Am Schlagbaum des grünen Grenzübergangs G durch den Zaun, an T-Ga R und nach 100 Metern (Ende der asphaltierten Straße, an der Wohnung des Försters) L Richtung Frasselt.
- ¥ *Fortsetzung der Route über Kranenburg*
- Einmal aus dem Wald hinaus, T-Ga R und nach 250 Metern die erste asphaltierte Straße L (Treppkesweg).
- Das Viadukt überqueren , K G (Felderhof), Y-Ga R und am Waldrand über den unasphaltierten Weg wieder in den Reichswald hinein.
- Am Gedenkstein in Klever Platt am Ende des Waldes vorbei, asphaltierte Straße G (Treppkesweg), Vorfahrtstraße hinauf folgen und dann immer G bis zur Innenstadt von Kleve.
- In Kleve am Lohengrinbrunnen vorbei R hinauf (Schloßstraße) zur Schwanenburg. *(Am Fuß der Schwanenburg erinnert der frühere Verlauf des Rheines (Kermisdahl) noch an den ungezähmten Rhein aus der Vorzeit.)*
- Ein schöner Abschluß der Tour ist ein Aufstieg zum Geologischen Museum oben im Turm.

3 Anstelle Textil

Die Textilindustrie hat sich in die Niedriglohnländer geflüchtet. Ähnlich, wie man in den südlich gelegenen Bergbauregionen mit wechselndem Erfolg versucht, der Wirtschaft eine neue Grundlage zu geben, so versucht man in Twente und im westlichen Münsterland, die Textilindustrie durch etwas Neues zu ersetzen. Fabriken, in denen Arbeiter unter erbärmlichen Umständen für karge Hungerlöhne viele Stunden schuften mußten, gehören hier der Vergangenheit an. Die meisten Textilfabriken sind abgerissen, nur einige werden als historische Monumente erhalten. Und mit den Fabriken sind auch viele Textilbahnlinien verschwunden. Alte Arbeiterviertel sind abgerissen oder vielfach an die modernen Wohnstandards angepaßt worden.

Vor allem in Gronau und anderswo im westlichen Münsterland findet man einige noch in Betrieb befindliche Textilfabriken. Aber auch dort wird dieser Betriebszweig, ähnlich wie in Twente, immer museumsreifer.

Die Strecke

An einigen Relikten der Textilbranche entlang führt die Wanderung durch das schöne Dinkeltal über das Amtsvenn/Aamsveen zum Museum Jannink, einer alten Textilfabrik auf einem Industriegelände in Enschede.

Die Öffnungszeiten des Museums finden Sie in der Adressenliste im Anhang des Buches.

Die Länge der Wanderung beträgt ca. 20 Kilometer.

Anfahrt

Der Bahnhof Gronau ist in Deutschland mit öffentlichen Verkehrsmitteln gut zu erreichen. Von Enschede aus gibt es eine gute Busverbindung zum Gronauer Bahnhof.

Wegbeschreibung (Karten S. 114, 115)

- Start ist die Bushaltestelle am Gronauer Bahnhof. Von hier zum ehemaligen Fabriksgebäude M. van Delden & Co. laufen.
  (Es fällt auf, daß so manche Gronauer Textilfabrik von Industriellen aus Twente gegründet worden ist und daß der Architekt Beltman aus Twente viele der Gebäude entworfen hat. Ein Teil des Gebäudes von Van Delden ist renoviert worden und harrt einer anderen Zweckbestimmung.)

- L (Bahnhofstraße), Bahnlinie überqueren und dem Weg folgen (Fabrikstraße).
  (Ein Schornstein trägt die Aufschrift „Baumwollspinnerei Gronau 1911". In der Nähe verfallener Arbeiterwohnungen unternimmt die Euregio energische Versuche, neuen industriellen Elan zu entwickeln.)

- Über die Dinkel (Bentheimer Straße) an der NTS Teppichgarn Spinnerei vorbei und T-Ga (Ampel) R.

- Zweimal die Schienen überqueren, am Blumenhaus Deuss-Schoo vorbei, an der Ampel G und vor der Kirche R.

- Auf der Neustraße über die Dinkel und den Schildern „Driland-Museum" folgen.
  (Im Einkaufzentrum gibt es viele Textilgeschäfte.)

- Ab dem „Driland-Museum" durch das Gäßchen, L, dann R (Enscheder Straße) und anschließend L (Franz-Kerkhoff-Straße), Vorfahrtstraße (Ampeln) G, Viadukt unterqueren und dann direkt L Fußweg.

- Im Park Fußweg R am Seitenarm der Dinkel entlang und ab dem Schwimmbad der Dinkel selbst folgen.

- T-Ga (asphaltierte Straße) R über die Dinkel und nach 100 Metern L den Rad/Fußweg nehmen.
- T-Ga (asphaltierter Weg) R und bei K, G auf den Sandweg; T-Ga (asphaltierter Weg) L und Y-Ga R am Waldrand entlang.
- K, R in den Wald hinein und K (Vorfahrtstraße) G.
- An nächster K, G auf den Sandweg und am Amtsvenn Pfad R bis T-Ga.
- Hier Pfad L und ca. 25 Meter vor dem Grenzstein 845 F wieder L, dem Zollpfad folgen (gelbe Pfosten).
  (In der Mitte des vorigen Jahrhunderts war das Moor noch praktisch unberührt. Es hatte damals eine Fläche von etwa 2000 Hektar, davon 1900 Hektar auf deutschem Gebiet. Besonders in Deutschland ist ein Großteil davon abgegraben und kultiviert worden. Durch die Absenkung des Grundwasserstandes für landwirtschaftliche Zwecke verbleibt nun ein größtenteils ausgetrocknetes Moor. Auf niederländischer Seite ragen hier und da ausgetrocknete Hochmoorbänke aus der sonst abgegrabenen Ebene.)
- T-Ga L (Lappenpad).
  (Der Lappenpfad läuft von Enschede direkt zu einem verfallenen deutschen Bauernhof, etwas südlich des Grenzsteins 845. Dieser Bauernhof wurde „Roter Lappen“ genannt. Ein herausgehängter roter Lappen warnte die Schmuggler vor den Zöllnern.)
- K (asphaltierte Straße) G und erste Abzweigung L (Horsterveldweg).
- K (Allemansveldweg) G und in das Neubauviertel am Rand von Enschede, vorne vorbei und quer durch das Wohngebiet (Hanenberglanden) bis zur Y-Ga.
- Hier L, auf den Sandweg an der Wiese entlang bis zur Vorfahrtstraße.
- Vorfahrtstraße überqueren, Fußweg R und an K (Stroink) G.
- Am Kreisverkehr L, Radweg nach Buurse und Haaksbergen nehmen, am Abzweig nach Buurse, R (Buursestraat).

(Der Fußweg im Wäldchen an der Buursestraat ist der Bahndamm der früheren Ahaus-Enschede Eisenbahn (AEE), die am Grenzstein 840 H die Grenze überquerte.)

- Vorfahrtstraße (Ampel) G (Hazelaarstraat) und T-Ga (Radwege) L über das Viadukt und über die Verkehrsstraße.

- An der K von Radwegen L und T-Ga R.
  (Die frühere Bahnlinie ist eine grüne Ader, die ins Herz von Enschede führt.)

- Vorfahrtsstr. G und bei der 90°-Kurve des Radwegs G über den Sandweg unter der Straße. Dem Sandweg folgen, auf dem früher die Bahnlinie verlief, bis zum Museum Jannink, einer Spinnerei aus der Zeit um die Jahrhundertwende.

4 Entflammte Energielandschaft

Nach einem Augenzeugenbericht aus den späten siebziger Jahren gab es in der Twist noch einige Hochmoorkomplexe mit Pflanzen und Tieren, die andernorts durch die Vermoorung schon vor einigen Jahrzehnten aus den Niederlanden vertrieben worden waren. Die sehr seltene Veenorchidee, der Raubwürger und das Schwarzkehlchen wurden beobachtet. Dieser Augenzeuge scheint damals die letzten gelben Regenpfeifer (Pluvarius apricarius) des Emslandes gesehen zu haben. Die Namen Rühlertwist, Groß Hesepe und Wietmarschen waren zu jener Zeit noch mit lebendigen Hochmooren und brütenden gelben Regenpfeifern verknüpft.

Kaum zehn Jahre später endet auch auf der deutschen Seite der Grenze das tausende von Jahren alte Pflanzen- und Tierreich abrupt. Wo der gelbe Regenpfeifer 1980 noch seine Brutstätten hatte, wird das inzwischen trockengelegte Hochmoor erschlossen. Millionen Torfballen warten auf ihren Abtransport.

Trotzdem stoßen die Schauplätze auch heute wieder an der Grenze aneinander. Direkt an der Grenze investiert der niederländische Staat Millionen, um dem vernachlässigten Hoogmoorreservat Bargerveen neues Leben einzuhauchen. Und etwa 50 Kilometer weiter, im Südwesten der Provinz Drenthe, will die Vereniging tot Behoud van Natuurmonumenten mit einem teuren und umfangreichen Naturentwicklungsprojekt den gelben Regenpfeifer wieder heimisch machen.

Im Amsterdamsche Veld erinnern ausgediente, rostige Gerätschaften an die Torfgewinnung. Den Grenzübergang Nieuw-Schoonebeek dagegen überqueren LKW's mit Torf.

In der Ferne sind die Schornsteine der Norit-Fabrik von Klazienaveen zu sehen. Allein schon im Jahre 1985 sind für die Produktion von Aktivkohle 363 Millionen Torfballen in Rauch aufgegangen.

Die Strecke

Bei der Erkundung der Landschaft der Moorkolonien ist das Fahrrad als Transportfahrzeug prädestiniert. Die Strecke führt über das Amsterdamsche Veld zum deutschen Wesuwer Moor und zum Provinzialmoor, wo die Kultivierung noch in vollem Gange ist. Wegen des Torfstiches ist der Weg an zwei Stellen für Radfahrer kaum oder gar nicht befahrbar. Diese kurzen Wegstücke können am besten zurückgelegt werden, indem man das Fahrrad hier schiebt. Möglicherweise wird sich das Wegemuster im Laufe der Zeit hier und da noch ändern. Mit Hilfe der Karte ist es jedoch nicht schwer, den Weg zu verfolgen. Es macht die Strecke eigentlich nur abenteuerlicher.

In der Nähe der Strecke befinden sich zwei Moormuseen. Näheres zu den Museen kann man im Anhang des Buches erfahren.

Die Länge der Strecke beträgt etwa 50 km.

Anfahrt

Die Tour beginnt an der Reformierten Kirche am Europaweg von Schoonebeek. Der Linienbus hält in der Nähe der Kirche.

Schoonebeek ist von Coevorden und Emmen per Buslinie 26 zu erreichen. Von Meppen fährt die Buslinie 60 bis Klazienaveen, dort hat man mit der Linie 26 Anschluß bis Schoonebeek. Linie 60 fährt vom 1. Juni bis 29. August und vom 28. November bis 30. Dezember (außer Sonntags, am 8. Juni und am 24./25./26. Dezember).

In der Nähe der Kirche und der Bushaltestelle können Fahrräder gemietet werden:
Rijwielhuis Eilering (früher Tankstelle Het Olieveld), Kosterijweg 1, Schoonebeek,
Tel: 0 52 43–13 76.

Die Strecke ist ein Rundgang: Man kann sie an jedem willkürlichen Punkt beginnen.

Wegbeschreibung (Karten S. 140, 141, 143)

- Startpunkt ist die Reformierte Kirche am Europaweg von Schoonebeek.

- Zwei Kilometer den Europaweg entlang in die Richtung von Nieuw-Schoonebeek bis zum Petit Restaurant Brouwer (links von der Straße), dann L.
  (Die Nederlandse Aardolie Maatschappij fördert das Öl mit Hilfe elektrisch angetriebener Pumpen. Um so viel Öl wie möglich gewinnen zu können und weil das Schoonebeeker Öl ziemlich zähflüssig ist, werden warmes Wasser und Dampf in die Förderstelle eingebracht. Hierdurch wird das Öl verdünnt und leichter.)

- An der T-Ga R, nach 1,5 Kilometer (200 Meter vor der Werkstattscheune) L und nach fünf Metern R der Straße mit dem Steinschlag folgen, am Graben entlang.

- T-Ga (geklinkerte Straße) R.
  (Im Südosten der Provinz Drenthe gab es siebzehn Betriebe, in denen Torfstreu hergestellt wurde. Einer dieser Betriebe liegt hier am Wegesrand.)

- T-Ga (Vorfahrtstraße) L.
  (Etwas weiter auf der beschriebenen Strecke verläuft ein grüner Streifen durch die Landschaft. Es handelt sich um den ehemaligen Damm der Feldbahn, die ab dem deutschen Schöninghsdorf Torf zu den Fabriken der De Griendtsveen Mij brachte.)

- Erste Abzweigung R (Verlengde Noordersloot) am Hochmoorreservat Bargerveen entlang und auf der asphaltierten Straße bleiben bis Zwartemeer.
  (Warum die kleine Kirche am Rand von Zwartemeer steht, haben wir an anderer Stelle in diesem Buch beschrieben.)

- T-Ga (Vorfahrtstraße) L, entlang der Verlengde Hoogeveensche Vaart und erste Abzweigung R, über den Kanal.
  (Links sieht man in der Ferne die Schornsteine der Norit-Fabrik in Klazienaveen.)

- Viadukt unterqueren und sofort R, zum Bauernhof mit der Nummer 139, R über die unasphaltierte Straße und anschließend 500 Meter am Graben entlang zur Grenze.

- Asphaltierter Weg L, an der Grenze entlang, an der Kirche in Hebelermeer wieder L und an der Vorfahrtstraße R den Süd-Nord-Kanal entlang.

- Nach vier Kilometern an der kleinen Kirche in Schöninghsdorf L, über den Süd-Nord-Kanal und nach etwa zwei Kilometern R, auf den Sandweg. Am Ende G, an der Feldbahn entlang bis zur asphaltierten Straße.

- Hier R, Süd-Nord-Kanal überqueren und an der Vorfahrtstraße L.
  (Rechts liegen die Klasmann Werke; viele ausländische LKW laden hier Torf auf.)

- An der Vorfahrtstraße (Café Zur gemütlichen Ecke) G, T-Ga R bis Twist.

- In Twist bei der Y-Ga (Vorfahrtstraße) L und nach Kilometerstein Nr. 6, R (Schoonebeeker Diek).

- Vorfahrtstraße in Nieuw-Schoonebeek, L.
  (Nach etwa einem Kilometer liegt links in den Oosteindschen Boeën die Wilmsboe.)

- Am Kilometerstein Nr. 13 (er steht auf der linken Seite) R (Oosterse Bos) und anschließend erste Abzweigung L.
  (Am Haus mit der Nummer 17 steht ein Grenzstein im Garten. Der Stein stand vor einigen Jahren noch am Schoonebeeker Diep. Nach der Begradigung des Dieps und der Grenze war der Stein überflüssig.)

- Y-Ga L und T-Ga (Vorfahrtstraße) R zu der niederländisch reformierten Kirche am Europaweg, dem Beginn der Tour.

5 Erholung ohne Grenzen

Nur wenige Gegenden sind so stark durch Menschenhand gestaltet worden wie die Marschen. Um sich im wattähnlichen Grenzgebiet gegen Stürme und Springfluten zu schützen, schütteten seine ersten Bewohner Warften auf. Die wirkliche Landgewinnung mit Deichen begann erst im elften Jahrhundert. Große Teile des Grenzgebietes waren zu jener Zeit mit Moor bedeckt. Dieses Moor wurde von den Uferwällen und von den höher gelegenen Sandhügeln aus erschlossen. Die Bodenoberfläche wurde hierdurch gesenkt. Dies führte zusammen mit einem Anstieg des Meeresspiegels im 15. und 16. Jahrhundert zu Einbrüchen des Dollart. Heute vermitteln die Deiche in der Landschaft einen Eindruck der aufeinanderfolgenden Schritte, mit denen dem Dollart Land abgerungen wurde.

Auch jetzt senkt sich der Boden und steigt der Meeresspiegel. Nach den letzten Vorhersagen wird der Untergrund im Jahre 2050 um 40 Zentimeter abgesunken sein; dieses Mal wegen der Erdgasförderung.

1962 ist ein Vertrag zwischen Deutschland und den Niederlanden geschlossen worden, in dem festgelegt wurde, daß im umstrittenen Dollart, in dem die Grenze nicht festliegt, jeder ein Recht auf die Hälfte der Rohstoffe hat. 30 Jahre später stellt sich heraus, daß eine Schlichtung zwischen den beiden Staaten nötig ist. Denn wie ist die Sachlage?

Unter dem Meeresboden des Dollart fördert ausschließlich die Nederlandse Aardolie Maatschappij Gas. Diese Gesellschaft liefert die vereinbarte Menge Erdgas nach Deutschland. Vor kurzer Zeit hat man festgestellt, daß viel weniger Erdgas gewonnen worden ist, als anfänglich abgeschätzt worden war. Nach den Berechnungen sollen 20 Milliarden Kubikmeter Erdgas zu viel an Deutschland geliefert worden sein.

Auf deutscher Seite wird der Seedeich am Kanalpolder verstärkt, in den Niederlanden hat man die Deiche kürzlich auf Deltahöhe gebracht und die Schleuse Nieuwe Statenzijl gebaut. Mit dieser neuen Abwässerungsschleuse ist die Entwässerungskapazität vergrößert worden. Der Wasserstand in den Poldern kann dadurch noch weiter erniedrigt werden, mit den entsprechenden Folgen für die Natur. So drohen Weidegebiete, die heute noch einigermaßen feucht sind, weiter auszutrocknen. Ein Wiesenvogel wie der Rotschenkel wird dadurch in die Enge getrieben.

Jedoch hat man mit der Natur nur das Beste vor. Auf offener See, im Ästuar des Dollarts, setzen die niederländischen Behörden trotz der zunehmenden Wasserverschmutzung Seegras aus. Die eingesetzten Pflanzen werden an der deutschen Wattinsel Sylt zusammengetragen. Bis in die dreißiger Jahre hat diese zähe, bis zu einem Meter hohe Unterwasserpflanze große Teile des Wattenmeeres bedeckt. Die Pflanze wurde von einer mysteriösen Krankheit befallen und verschwand beinahe vollständig aus dem Watt.

Die Strecke

Die Strecke führt von der Grenzortschaft Nieuweschans die Westerwolder Aa entlang zum Dollart und von dort durch den Landschaftspolder wieder zurück nach Nieuweschans. Mit etwas Glück kann man Rehe sehen, an nasseren Stellen Säbelschnäbler, Brachvögel, Austernfischer, Rotschenkel und am Dollart auch die gelbe Bachstelze.

Hier wird man von der Lerche begleitet, wie überall an der Grenze:

„Der ganze Tag reicht
nicht für die Lerche,
singen will sie, singen –“
Haiku van Matsuo Basho (1644–1694)

Die Länge der Strecke beträgt etwa 20 Kilometer.

Anfahrt

Die Tour beginnt am Bahnhof in Nieuweschans. Dieser Bahnhof ist aus den Niederlanden sowohl per Bus als auch mit dem Zug zu erreichen. Von Bunde aus gibt es eine Busverbindung nach Nieuweschans.

Wegbeschreibung (Karte S. 158)

- Start ist der Bahnhof in Nieuweschans.
- Zu Fuß in Richtung des Hotels „De Leeuwerik“ (Die Lerche); an der T-Ga (Hotel) L (Oudezijl).
- Erste Abzweigung R (entlang Strohpappenfabrik) und vor der Kurve über den Zaun steigen, hinauf zum Deich und auf ihm an der Westerwolder Aa entlang.
  (Ein wichtiger Fluß für die Entwässerung ist die Westerwolder Aa. Die Geschichte der Aa hängt eng mit der Bedeichung des Dollart zusammen. Die erste erwähnte Schleuse in der Aa ist die 1590 erbaute Bellingwolderzijl.

1657 wurde der Deich von Nieuweschans nach Stocksterhorn Schanskerdijk angelegt. In diesen Deich wurde unter anderem die Entwässerungsschleuse Oudezijl eingebaut.
Durch das Öffnen und Schließen der Schleusen konnte das Gebiet, wenn nötig, geflutet werden. Nach diversen Eindeichungen wurde 1707 die Oude Statenzijl gebaut.)

- Etwa vier Kilometer auf dem Deich bleiben, an Oude Statenzijl vorbei, bis zu den Häusern.
  (Bei Oude Statenzijl gibt es keine Schleuse mehr. An ihrer Stelle gibt es eine Erdgas-Exportstation. Weiter fallen die großen Äcker auf. Nach der Rinderpest, die in der Ebene von Groningen wütete, schalteten die Bauern nach und nach auf Ackerbau um. Der schwere Lehmboden war für den Anbau von Getreide und Saatgut sehr gut geeignet. Hierdurch hat sich im 18. Jahrhundert die Oldambster Hofform immer weiter verbreitet. Diese Form ist von einer einzigen Fassadenlinie gekennzeichnet, hinter der sich Wohnhaus und Scheune befinden. Dieser auffallend große Bautyp für Bauernhäuser stammt aus dem angrenzenden Ostfriesland.)

- Über die kleine Brücke und die asphaltierte Straße zum Nieuwe Statenzijl.
  (Die erste Nieuwe Statenzijl ist hier im Jahre 1907 erbaut worden. Die Entwässerung wurde hierdurch verbessert. Die Schiffahrt erhielt mehr Möglichkeiten durch den Bau einer Kammerschleuse neben der Entwässerungsschleuse. Außerdem wurde die Aa verbreitert, vertieft und begradigt.
  Nach dem Lesen der Informationssäulen und Panoramatafeln an der Nieuwe Statenzijl stellt man sich die Frage, ob der Endpunkt der deutsch-niederländisch Grenze eine ebenso große touristische Attraktion werden wird, wie ihr Anfang bei Vaals.)

- An der Schleuse die Treppe hinauf und über die Aa, danach dem Weg nach, über das Schafsgatter und dem Weg bis zum Fuß des Deiches folgen.
  (Auf der Kuppe des Deiches ist vom Grenzstein 203,2 durch die Deicherhöhung nicht mehr als ein kleiner Stumpf übrig geblieben. In der Ferne ist Emden zu sehen.)

- T-Ga R und (L) asphaltierte Straße entlang der deutschen Entwässerungsschleuse folgen.
  (Direkt an der Grenze hat man parallel zur Grenze das Wymeerer Sieltief angelegt, das seit 1874 das überschüssige Wasser aus den deutschen Poldern zur Ems abführt.)

- Vorfahrtstraße an Deichunterbrechung (verschließbare Öffnung im Deich) R.

- Der Straße vier Kilometer folgen und hinter dem Bahnübergang G über Fuß- und Radweg.

- Hinter der Zugbrücke (Naoberbrug) L und dann asphaltierte Straße (T-Ga) R am Camping entlang (Bunderweg).

- Erste Abzweigung L und diesem Weg bis zu einer Kanone folgen. Hier R bis zu einer Musikkapelle. *(Im Laufe des 19. Jahrhunderts ging die militärische Bedeutung der Nieuweschans zurück. 1870 legte ein königlicher Beschluß fest, daß die Festung geschleift werden sollte. Weitere Informationen hierzu finden Sie im Festungsmuseum.)*

- Von der Musikkapelle aus den Wegweisern zum Bahnhof folgen.

Museen und anderes Wissenswertes

Ein Besuch der deutsch-niederländischen Grenzregion wird durch die Informationen, die in zahlreichen Museen und anderen Institutionen geboten werden, umso lohnenswerter. Die nachfolgende Liste ist nicht vollständig, bietet unserer Meinung nach jedoch eine Auswahl interessanter und attraktiver Informationsquellen.

Die Adressen werden der Reihe nach von Süd nach Nord wiedergegeben. Jede Adresse nennt hintereinander:

- Ort;
- Name;
- Adresse/Telefon;
- Öffnungszeiten;
- Eintrittspreise;
- kurze Information.

Wir weisen darauf hin, daß untenstehende Informationen im Laufe der Zeit ihre Richtigkeit verlieren können. Besonders bei kleineren Einrichtungen, die ja oft von Freiwilligen betrieben werden, ist es ratsam, vorher anzurufen. Man kann sich natürlich immer auch beim örtlichen VVV oder Fremdenverkehrsverein informieren.

Die Vorwahlnummer für Holland ist von Deutschland aus: **00 31.**
Die Vorwahlnummer für Deutschland ist von Holland aus: **09 49.**

Zu den Eintrittspreisen: für Gruppen, Kinder unter einem bestimmten Alter etc. gelten oft Sondertarife. Dies ist hier nicht immer erwähnt. Der Eintrittspreis für Erwachsene ist dagegen immer angegeben.

Wegweiser:
O bedeutet „Offen“
E bedeutet „Eintrittspreis“
T bedeutet „Telefon“
- bedeutet „von – bis“
/ **bedeutet „und“**
FT bedeutet „Feiertage“

IVN = Instituut voor Natuureducatie

Kelmis (Belgien)
Göhltalmuseum
Maxstrasse 9–11 **T:** 0 87 65–75 04
O: Sa 14.00–18.00; So 15.00–18.00
Außer Natur und Geologie wird die bewegte Geschichte des Kleinstaats Moresnet und seiner Zinkmine bildlich dargestellt

Moresnet-Chapelle (Belgien)
Franziskanerkloster
Rue de Chapelle 32 **T:** 0 87–78 61 58
O: keine festen Öffnungszeiten
E: gratis
Außer der Marienkapelle beherbergt dieser Wallfahrtsort einen Andachtspark mit dem Kalvarienberg und 14 Stationen. Heute hat die Dreiländerwallfahrt einem wöchentlichen Bittgang von Aachen über den Bittweg nach Moresnet Platz gemacht

Vaals
Museum De Kopermolen
Van Clermontplein 11 **T:** 0 44 54–46 68
O: Di–So 14.00–17.00
E: hfl 2; Kinder hfl 1
U. a. Geologie, Archäologie

Valkenburg
Steinkohlenbergwerk Daalhemergroeve
Daalhemerweg 31 **T:** 0 44 06–24 91
O: Apr–Okt 9.00–17.00;
sonst Sa/So 14.00–17.00
E: hfl 8,50; Kinder hfl 6,50

Kerkrade
Botanischer Garten
St. Hubertuslaan 74 **T:** 0 45–41 56 15
O: Apr–Okt Di–Fr 9.00–17.00;
Sa/So 13.00–17.00; sonst Di–Fr 9.00–17.00
E: hfl 2,50
Informationszentrum für Garten, Natur und Umwelt und Gewächshauskomplex mit Lehrfunktion

Kerkrade
Bergwerksmuseum in einem Flügel
der Abtei Rolduc
Heyendaallaan 80 **T:** 0 45–45 71 38
O: Di–Fr 9.00–17.00; So 13.00–17.00;
Juli–August Sa 13.00–17.00
E: hfl 3,50; Kinder hfl 1,25
Bergbau in Limburg und naturgetreue Wiedergabe einer Kohlenmine

Heerlen
Informationszentrum Schrieversheide
Schaapskooiweg 99 **T:** 0 45–22 31 31
O: Ostern–1. So Sept tägl. 10.00–18.00;
sonst Di–So 11.00–17.00
E: gratis
Natur und Geologie, u. a. des Schinvelder Waldes und der Brunssummerheide

Heerlen
Geologisches Museum
Voskuilenweg 131 **T:** 0 45–76 37 63
O: Mo–Fr 9.00–12.00/14.00–16.00
E: gratis
Stein-/Fossilien-Sammlung, hauptsächlich aus Bergwerken

Bergheim-Paffendorf
Rheinbraun-Informationszentrum
Schloß Paffendorf
Schloß Paffendorf Info: Rheinbraun AG
T: 02 21–4 80–21 40
O: März–Okt So 10.00–17.30;
Mo–Fr Gruppen nach Vereinbarung;
Schloßpark: tägl. 10.00–18.00.
Während der Sommerferien Mi 10.00–16.00
E: gratis
Ausstellung über Braunkohlengewinnung; auch Fossiliensammlung. Im Schloßpark ein Arboretum (Pflanzung verschiedenartiger Bäume)

Sittard
IVN-Wildpflanzengarten
President Kennedysingel
Info: Herr S. Koenders **T:** 0 46–51 01 26
O: siehe Info
E: gratis
Erreichbar: etwa 15 min Fußweg vom Bahnhof Sittard

Brunssum
IVN-Naturlehrgarten In de Struyken
Nic. Maesstraat **T:** 0 45–27 30 11
O: Di/Do-morgen; Sommer So 14.00–17.00
E: gratis
Mit Informationszentrum, Bienen- und Schmetterlingkasten

Geilenkirchen
Heimatmuseum des Kreises Heinsberg
Vogteistraße 2

O: Di–Sa 14.00–18.00;
So 10.30–12.30/14.00–18.00
E: gratis
Heimatkunde, Abteilung Naturgeschichte, Geologie, Paläontologie

Echt
Gemeindemuseum für Heimat und Geologie
Plats 1 **T:** 0 47 54–7 84 51
O: Di–Fr 10.00–17.00; So 14.00–16.30
E: hfl 2; Kinder hfl 1
Geschichte Echts und Umgebung, Geologie

Sint-Odiliënberg
Heimatmuseum Roerstreek
Kerkplein 10 **T:** 0 47 52–28 95
O: Di–Fr 10.30–16.30; So 13.30–17.30
E: hfl 2; Kinder hfl 1
Heimatkunde und Wechselausstellungen

Mönchengladbach-Wiekrath
Vogelkundliches Museum Schloß Wiekrath
Wiekrath 4 **T:** 0 21–66/2 01 01
O: Di–So 10.00–18.00
E: gratis
Vogelwelt des Rheinlandes; Säugetiere, Käfer und Schmetterlinge

Roermond
Gemeindemuseum
Andersonweg 8 **T:** 0 47 50–3 34 96
O: Di–Fr 11.00–17.00; Sa/So 14.00–17.00
E: hfl 1
Archäologie, Regionalgeschichte, bildende Kunst und eine Sammlung prähistorischer und römischer Funde

Niederkrüchten
Die Inschrift der Kapelle „Onze lieve Vrouw, bid voor ons“ läßt noch erkennen, daß der Pastor dieser Pfarre trotz der Grenzziehung im Jahre 1840 Niederländisch als Hauptsprache gebrauchte

Asselt
Volkskundliches Museum
Pastoor Pinckersstraat 26 a **T:** 0 47 40–15 01
O: Mai–Sept So 14.00–17.00 und nach Vereinbarung
E: hfl 1,50; Kinder hfl 1
U. a. Mammutknochen und -stoßzähne

Brüggen
Natur- und Tierpark Schwalmtal
Brachterstraße 98 **T:** 0 21 63–54 47
O: Ostern–Ende Okt 9.00–17.00
E: DM 7; Kinder DM 5

Brüggen
Jagd- und Naturkundemuseum
Burg Brüggen **T:** 0 21 63–52 70
O: Di–Fr 10.00–12.00/14.00–17.00;
Sa/So 10.00–17.00
E: DM 2,50; Kinder DM 1,50
Heimatkunde und Jagd

Brüggen
Informationszentrum des Naturparks Schwalm-Nette
Im Eingangsturm der Burg Brüggen
T: 0 21 63–67 68
O: Di–So 9.00–17.00
E: gratis
Ausstellung Naturpark Schwalm-Nette; Bücher/Fahrradtouren

Viersen/Ortsteil Wegberg
Naturlehrpark Haus Wildenrath
Rathausmarkt 3 **T:** 0 21 62–39 18 39
E: gratis

Rund um Haus Wildenrath gibt es sechs gekennzeichnete Wanderwege

Steyl
Museum Steyler Mission
St. Michaelstraat 7 **T:** 077–76 82 94
O: 21. März–20. Okt 10.00–17.00 und So 13.00–17.00; 21. Okt–20. März Di–So 13.00–17.00; Weihnachtsferien Di–So 10.00–17.00
E: hfl 3; Kinder hfl 2
1875 gründete der deutsche Priester Arnold Janssen notgedrungen über die Grenze hinweg in Steyl das deutsche Missionshaus St. Michael. Das Missionshaus besitzt – neben vielen Gegenständen, die die Missionare aus den Missionsgebieten mitgebracht haben – eine umfangreiche Tiersammlung. Die alte Einrichtung wie auch die historische Präsentation verleihen dem besonders schön gelegenen Museum seinen Charme.

Steyl
Botanischer Garten Jochum-Hof
Maashoek 2B **T:** 077–73 30 20
O: Ostern–31. Okt tägl. 11.00–17.00
E: hfl 4; Kinder unter 12 Jahren in Begleitung gratis

Venlo
Hochmühle und Burg. Bergerpark
Eugeniasingel/Rijnbeekstraat
Info: Herr Vingerhoets **T:** 077–59 67 56
O: immer
E: gratis
Erreichbar: etwa 15 min vom Bahnhof Venlo. Der Park ist ein Beispiel für Natur in der Stadt

Groesbeek
Befreiungsmuseum 1944
Wylerbaan 4 **T:** 0 88 91–7 44 04
O: Mo–Sa 10.00–17.00; So/FT 13.00–17.00
E: hfl 3,50; Kinder hfl 3
Kriegshandlungen 1944–1945 in der Umgebung Groesbeeks

Beek-Ubbergen
Dachs-Informations- und Auffangzentrum/ Vereniging Das & Boom
Rijksstraatweg 174 **T:** 0 88 95–4 22 94
O: nach Vereinbarung
E: hfl 2
Ausstellung und lebendige Dachse

Kranenburg
Naturschutzstation Kranenburg
Bahnhofstraße 15 **T:** 0 28 26–59 34
O: nach Vereinbarung
E: gratis
Exkursionen und (nicht immer) Ausstellungen über Natur in der Umgebung

Nijmegen
Reichsmuseum G. M. Kam
Museum Kamstraat 45 **T:** 0 80–22 06 19
O: Di–Fr 10.00–17.00; Sa/So 13.00–17.00
E: hfl 3; Kinder hfl 1,50
Nijmegen in der römischen Zeit, u. a. römische Grenzsteine

Nijmegen
Edukatieve Natuurtuin Goffert
Goffertpark **T:** 0 80–22 69 29
O: immer; Führung nach Vereinbarung
E: gratis
Naturlehrgarten mit zahlreichen einheimischen Pflanzen

Nijmegen
Naturmuseum Nijmegen (siehe Abb.)
Gerard Noodtstraat 21 **T:** 0 80–23 07 49

O: Mo–Fr 10.00–17.00; So 13.00–17.00
E: hfl 2; Kinder hfl 1
Dauerausstellung „Rijk van Nijmegen“ und Wechselausstellungen

Kleve
Geologisches Museum
Schwanenburgturm **T:** 0 28 21–2 28 84
O: Apr–Nov tägl. 11.00–17.00; Nov–Apr Sa/So 11.00–17.00
E: DM 2; Kinder DM 0,50
Geologische Sammlung, Mammut aus Valburg/NL. Herrliche Aussicht über die Rheinniederung

Kleve
Klever Tiergarten
am Weg Kleve–Kranenburg **T:** 0 28 21–2 67 85
O: tägl. 9.00–18.00
E: DM 3,50; Kinder DM 1,50

Emmerich
Rheinmuseum
Martinikirchgang 2 **T:** 0 28 22/75–4 00
O: Mo–Fr 10.00–12.30/14.00–17.00 (Do 18.00); Fr/So 10.00–12.30; Apr–Sept. Sa/So 10.00–12.30/14.00–17.00
E: DM 2; Kinder DM 1
Schiffahrts- und Rheinmuseum

Hoch-Elten
Drususbrunnen **T:** 0 28 22/75–4 15
O: meistens wochenends von etwa 10.00–17.00
E: DM 0,50
Der Drususbrunnen (57 Meter tief) auf dem Eltener Berg gehört zu den ältesten bekannten Burgbrunnen. Der Brunnen deckte laut Prof. Dr. Ing. Günther Binding den Wasserbedarf zur Zufriedenheit der Eltener

Zevenaar
Liemers Museum
Stationsplein 4 **T:** 0 83 60–3 36 15
O: Di/Do 10.00–12.30/14.00–17.00; Mi/Fr/So 14.00–17.00
E: hfl 2,50; Kinder hfl 1,50
Heimatmuseum

's-Heerenberg
Gouden Handen
Emmerikseweg 13 **T:** 0 83 46–6 23 43
O: Ostern–25. Okt 10.00–18.00
E: hfl 7,50
Von Deutschen gegründetes ehemaliges Jesuiten-kloster. Sammlung von Werken kunstsinniger

Laien und Amateure. Draußen u. a. ein Park mit praehistorischen Tieren in voller Lebensgröße

's-Heerenberg
Haus Bergh
Hof van Bergh 8 **T:** 0 83 46–6 12 81
O: Führungen nach Vereinbarung
E: hfl 6; Kinder hfl 4
Ein Teil der Sammlung besteht aus Gemälden niederländischer und deutscher Meister. Im Keller Abteilung mit Steinen und Fossilien

Dinxperlo
Grenzlandmuseum (siehe Abb.)
Markt 1 B
O: 1. Di im Mai–letzter Sa im Sept:
Di–Sa 14.00–17.00
E: hfl 1; Kinder hfl 0,50
Lehrmaterial für die Zollausbildung, Schmuggelware und Gemälde zum Thema „Schmuggeln"

Dinxperlo
De Rietstap
400 Meter nördlich von der Brücke über die Aa
Es ist unwahrscheinlich, daß es im Grenzgebiet eine kleinere Kirche gibt als de Rietstap. Herr Rietstap hatte testamentarisch festgelegt, daß von dem hinterlassenen Erbe zuerst eine Kirche gebaut werden mußte. Was übrig blieb, war für die Hinterbliebenen bestimmt: Der Jurist Rietstap, Neffe des Verstorbenen, ließ also ein sehr winziges Kirchlein bauen.
O: Mi/Sa/So 14.00–17.00
E: wahrscheinlich gratis

Bocholt
Textilmuseum Bocholt
Uhlandstraße 50 **T:** 0 28 71–18 42 24
O: Di–So 10.00–18.00
E: DM 2,50; Kinder DM 1
Das Interieur des Textilmuseums entspricht dem

Aussehen einer münsterländischen Weberei um 1900

Velen
Heimatmuseum Burg Ramsdorf
Burgplatz **T:** 0 28 63–53 76
O: Mi 14.00–17.00; So 9.30–11.30
E: DM 2
Geologie, Naturgeschichte, Archäologie, Stadtgeschichte

Winterswijk
Museum Freriks
Groenloseweg 86 **T:** 0 54 30–1 61 35
O: Mo–Fr 9.00–12.00/14.00–17.00; Sa/So 14.00–17.00
E. hfl 2; Kinder hfl 1,25
Geologische Sammlung über die spezielle Umgebung, Naturlehrgarten

Vreden
Hamaland-Museum
Butenwall 4 **T:** 0 25 64–10 36
O: Di–Sa 9.00–12.30/14.30–18.00; So 10.00–12.30/14.30–18.00; Führung nach Vereinbarung
E: DM 1,50; Kinder DM 0,75
Heimatmuseum für das westliche Münsterland

Zwillbrock
Biologische Station **T:** 0 25 64–3 15 51
O: ganzjährig
E: gratis
Naturgebiet und Ausstellung über Flora und Fauna des Münsterlandes. Im Garten an der Forschungsstation kleine Hochmoorteiche

Haaksbergen
IVN-Naturlehrgarten
Park Groot Scholtenhagen
Info: **T:** 0 54 27–2 43 82
O: So 14.00–17.00; Führung nach Vereinbarung
E: gratis
Erreichbar: ab Bahnhof Hengelo, TET-Buslinie 53; ab Bahnhof Enschede GSM-Buslinien 20, 21, 22, 27

Enschede
Naturmuseum
De Ruyterlaan 2 **T:** 0 53–32 34 09
O: Di–Sa 10.00–17.00; So 13.00–17.00
E: hfl 2,50; Kinder hfl 1
Ausstellung von Natur und Geologie hauptsächlich von Twente

Enschede
Textilindustriemuseum Janninkcomplex
Haaksbergerstraat
T: 0 53–31 90 93
O: Di–Fr 10.00–17.00; Sa/So 13.00–17.00
E: hfl 3; Kinder hfl 1,50
Eine Twenter Spinnerei um 1900

Enschede
Naturlehrgarten ’t Wageler im A. Ledeboerpark
Van Heeksbleeklaan 68
Info: Frau Cuiper-Pon
T: 0 53–35 49 81
O: Mo–Fr 9.00–16.00; So 11.00–16.00
E: gratis
Erreichbar ab Bahnhof Enschede mit den Buslinien 50, 51

Gronau
Driland-Museum
Bahnhofstraße 8 **T:** 0 25 62–44 19
O: Di–So 15.00–17.00; Führung nach Vereinbarung
E: gratis
Heimatmuseum

Losser
Arboretum Poort-Bulten
Postweg 35 (de Lutte) **T:** 0 54 15–19 75
O: von Sonnenaufgang bis Sonnenuntergang
E: gratis
Mehr als 1000 Holzgewächse. Zwischen 1912–1917 vom Gartenbauarchitekten Springer angelegt. Zugänglich für Blinde und Sehbehinderte

Denekamp
Naturmuseum Natura Docet
Oldenzaalsestraat 39 **T:** 0 54 13–5 13 25
O: Mo–Fr 10.00–17.00; Sa/So 13.00–17.00
E: hfl 2,50; Kinder hfl 1,25
Natur, Geologie und Wechselausstellungen

Ootmarsum
Geologisches Museum 't Los Hoes
Smithuisstraat 2b **T:** 0 54 19–9 30 99
O: Apr–Nov: Di–So 10.00–17.00; Nov–Apr: Di/Sa 10.00–17.00; Mi/Do/Fr/So 12.00–17.00; im Januar geschlossen
E: hfl 3; Kinder hfl 2
Sammlung von Edelsteinen, Mineralien, Gestein und Fossilien. In einer Edelsteinschleiferei werden Schmuck und Gebrauchsgegenstände hergestellt. Kinderbauernhof, Bienenhaus, Landwirtschaft

Schoonebeek
Zwaantje Hans-Stokman's Hof
Burgemeester Osselaan 5
T: 0 52 43–17 02
O: Mai–Juli Mo–Fr 14.00–17.00; außerdem nach Vereinbarung
E: hfl 2,50; Kinder hfl 1,50
Die aus der Grafschaft Bentheim stammende deutsche Familie Hans hat fast ein ganzes Jahrhundert auf diesem Bauernhof gelebt.

Lingen
Kreismuseum
Burgstraße **T:** 05 91–476 01/6 46 71
O: Mo/Do 15.00–17.00
E: DM 0,50; Kinder DM 0,20
Die gemeinsame Geschichte mit den Niederlanden wird anhand von Kupferstichen der Stadt und Festung Lingen verdeutlicht

Geeste
Emsland Moormuseum
Geestmoor 6
T: 0 59 37–18 66/14 71
O: Di–So/FT 9.00–18.00; Führung nach Vereinbarung
E: DM 3,50; Kinder DM 1,50
Das Museum dokumentiert die deutsche Kultivierung des Moores. Man kann dort sogar ein Torfstichdiplom erlangen

Barger-Compascuum
Nationales Moormuseum
Berkenrode 4
T: 0 59 13–4 96 31
O: 15. März–Okt tägl. 9.00–18.00; Nov–14. März tägl. 9.00–17.00
E: hfl 10; Kinder 7,50
Ein Museum für drinnen und draußen mit einem 100 Hektar großen Hochmoorgebiet mit der typischen Flora und Fauna und einer Herde Schafe

Haren
Schiffahrtsmuseum
Kanalstraße Info VVV Haren
T: 0 49 32–33 31
O: Mai–Sept Di/Mi 15.00–17.00/So 15.00–18.00 und Gruppen nach Vereinbarung
E: DM 1,50; Kinder DM 0,50
Freilichtmuseum mit alter Schleuse

Emmen
Biochron und Africanium
Hoofdstraat 18 **T:** 0 59 10–18 88 00
O: variiert nach Jahreszeit
E: hfl 16,50; Kinder 12,50
Das Biochron des Noordertierparks vermittelt ein Bild der Entwicklungsgeschichte des Lebens auf der Erde. Höhepunkt ist der tropische Schmetterlinggarten und das riesige Aquarium. Das Africanium beherbergt ein naturhistorisches und ein völkerkundliches Museum.

Emmen
Naturlehrpark Looackerhof
Looackers 29
Info: Herr T. Winkelman
T: 0 59 10–2 80 05
O: Mo–Fr 8.00–16.00
E: gratis
Erreichbar: ab Bahnhof Emmen Stadtbus nach Emmerhout; Fahrradverleih am Bahnhof Emmen

Ter Apel
Museumskloster Ter Apel
Boslaan 3 **T:** 0 59 95–13 70
O: Di–Sa 9.00–12.00/13.30–17.30;
So 13.30–17.30
E: hfl 4; Kinder hfl 2
Das Museum zeigt religiöses Leben im Mittelalter in den nördlichen Niederlanden und Deutschland. Außerdem ein Kräutergarten

Stadskanaal
Streekhistorisch Centrum
(regionalhistorisches Zentrum)
Ceresstraat 2 **T:** 0 59 90–1 26 49
O: Mo–Fr 9.00–12.00/13.00–16.00
E: hfl 2,50; Kinder gratis
Dokumentation über die Moorkolonien, außerdem Wechselausstellungen

Bourtange
Informationszentrum Festung Bourtange
Meestraat 3 **T:** 0 59 93–5 46 00
O: Apr–Nov Di–Fr 10.00–12.00/13.00–17.00;
Sa–Mo 13.00–17.00
E: hfl 6,50; Kinder hfl 3
Im Festungsdorf Bourtange stehen 14 jahrhundertealte Linden. Im Neurheder Dorfkern gibt es eine 800 Jahre alte Linde.

Papenburg
Dokumentations- und Informationszentrum Emslandlager
Wiek rechts 22 **T:** 0 49 61–49 71
O: Mo/Fr 8.00–13.00; Di/Mi/Do 8.00–17.00
E: DM 2; Kinder gratis
Geschichte des Emslandlagers von 1933–1945

Papenburg
Heimatmuseum
Am evangelischen Friedhof **T:** 0 49 61 –24 75
O: Di–So 15.00–17.00
E: DM 1; Kinder DM 0,50
Geschichte des Moores, des Schiffsbaus und der Schiffahrt

Bellingwolde
Heimatmuseum De Oude Wolden
Hoofdweg 171 Info: Frau Kruiter-Steenhuis
T: 0 59 73–13 64
O: Apr–Nov So/FT 14.00–17.00
E: hfl 2,50; Kinder hfl 1,75
Archäologische und geologische Gegenstände aus der Gegend

Oudeschans
Festungsmuseum
Achterstraat 4 **T:** 0 59 77–2 52
O: Apr–Okt So 14.00–17.00; in den Ferien auch Mi 14.00–17.00; außerdem nach Vereinbarung

E: hfl 2; Kinder hfl 1
Historischer Überblick über Festungswerke in Oost-Groningen und eine Ausstellung über die Natur in und um Oudeschans

Nieuweschans
Festungsmuseum
2e Kanonnierstraat 2
T: 0 59 72–20 20
O: Mo–Sa 10.00–12.00/14.00–16.00;
So 14.00–16.00
E: gratis
Erinnerungen an die Festung Nieuweschans

Delfzijl
Erholungspark Aquarion
Zeepadweg 7
O: tägl. 10.00–18.00; Sept–Apr Mo–Fr 13.00–17.00/Sa/So 13.00–18.00
E: hfl 5,50; Kinder hfl 4
Seeaquarium, meereskundliches Museum, Archäologie und Tropfsteinhöhle

Westerstede
Ammerländer Vogel- und Landschaftspark
T: 0 44 88–31 52
O: tägl. 9.00–19.00
E: DM 7; Kinder DM 4
Vögel und andere Tiere

Emden
Ostfriesisches Landesmuseum
Rathaus am Delft **T:** 0 49 21–2 28 55/8 74 78
O: Mo–Fr 10.00–13.00/14.00–17.00;
Sa/So 11.00–17.00
E: DM 2; Kinder DM 1
Kunst, Heimatkunde, Geschichte, Moorleiche

Südbrookmerland
Moormuseumdorf
Victorbürer Moor 7a **T:** 0 49 42–2 73 44
O: Apr–Okt Di–So 10.00–17.30
E: DM 3; Kinder DM 1
Freilichtmuseum am Rande des Hochmoores

Borkum
Heimatmuseum
Roelof Gerritz Meyer Straße **T:** 0 49 22–48 60
O: So/Mo 10.00–12.00;
Di–Sa 10.00–12.00/15.00–18.00
E: DM 3; Kinder DM 1,50
Das Museum hat u. a. einen „Walraum“